W0188283

Jacques Lacarrière

Die Gottesnarren

Jacques Lacarrière

Die Gottesnarren

Aus dem Leben der Wüstenväter

Mit einem Vorwort von Gisbert Greshake

Tyrolia-Verlag · Innsbruck-Wien

Mitglied der Verlagsgruppe „engagement"

Bibliografische Information Der Deutschen Bibliothek
Die Deutsche Bibliothek verzeichnet diese Publikation in der Deutschen
Nationalbibliografie; detaillierte bibliografische Daten sind im Internet
über <http://dnb.ddb.de> abrufbar.

2004
Sonderausgabe mit freundlicher Genehmigung der
F. A. Herbig Verlagsbuchhandlung GmbH, München
© B. Arthaud, Paris, 1961; Les hommes ivres de Dieu.
Für die deutsche Ausgabe: Limes Verlag, Wiesbaden 1967
Deutsch von Sieglinde Summerer und Gerda Kurz
Titelfoto: Der Besuch des hl. Paulos beim hl. Antonios,
Detail aus dem Isenheimer Altar von Matthias Grünewald;
© Musée d' Unterlinden, F-68000 Colmar; Foto: Octave Zimmermann
Fotos: Markus Ladstätter, Wien
Lithografie: Artilitho, Gardolo (I)
Layout: Verlagsanstalt Tyrolia, Innsbruck
Druck und Bindung: MA-Tisk, Slowenien
ISBN: 3-7022-2533-1
E-Mail: buchverlag@tyrolia.at
Internet: www.tyrolia.at

Inhalt

Keine Frage – alles, was mit Wüste, Wüstenspiritualität und Wüsten-
mönchtum zusammenhängt, findet seit einigen Jahren großes Interesse. Davon zeugt nicht nur eine Fülle von entsprechenden Publikationen,
sondern auch die geistliche Praxis der so genannten „Wüstentage", spiri-
tuell ausgerichteten Wüstenreisen und die Beschäftigung mit derartigen
Themen auf Vortragsveranstaltungen und Akademietagungen. Eine besondere Rolle spielt dabei das frühe Mönchtum der Wüste, dessen geistliche Botschaft zahlreiche Autoren für den heutigen Menschen zu übersetzen versuchen.

Was ist der Grund für dieses Interesse? Vielleicht hat Hans Conrad
Zander den Nagel auf den Kopf getroffen, da er seine „Geschichte der
Wüstenväter" mit dem Titel versah: „Als die Religion noch nicht langweilig war". Ist es der in unseren Ländern so erstickend langweilig gewordene
Glaube, der nach Formen und Gestalten Ausschau hält, die ihn wieder als
radikale, in Unruhe versetzende *Unbedingthei*t des Lebens ausweisen
könnten? Ist es unser weitgehend „verbürgerlichtes" Christentum, das im
Blick auf die Wüstenväter nach Alternativen oder wenigstens Orientie-
rungshilfen sucht?

Hermann Hesse hat in seinem „Steppenwolf" das „Bürgerliche" defi-
niert als das „Streben nach einer ausgeglichenen Mitte zwischen den zahllosen Extremen und Gegensatzpaaren menschlichen Verhaltens"; zwischen
ihnen „versucht in temperierter Mitte der Bürger zu leben". Diesen Bürger
charakterisiert Hesse folgendermaßen:

> *„Nie wird er sich aufgeben, sich hingeben, weder dem Rausch*
> *noch der Askese, nie wird er Märtyrer sein, nie in seine Vernich-*
> *tung einwilligen – im Gegenteil, sein Ideal ist nicht Hingabe,*
> *sondern Erhaltung des Ichs, sein Streben gilt weder der Heilig-*
> *keit, noch deren Gegenteil, Unbedingtheit ist ihm unerträglich,*
> *er will zwar Gott dienen, aber auch dem Rausche, will zwar tu-*
> *gendhaft sein, es aber auch ein bisschen gut und bequem auf Er-*
> *den haben. Kurz, er versucht es, in der Mitte der Extreme sich*
> *anzusiedeln, in einer gemäßigten und bekömmlichen Zone ohne*
> *heftige Gewitter und Stürme. ... Intensiv leben kann man aber*
> *nur auf Kosten des Ichs. Der Bürger nun schätzt nichts höher*
> *als das Ich ... Auf Kosten der Intensität erreicht er Erhaltung*

und Sicherheit, statt Gottbesessenheit erntet er Gewissensruhe,
statt Lust Behagen, statt Freiheit Bequemlichkeit, statt tödlicher
Glut eine angenehme Temperatur.“

Damit ist – unbeabsichtigt – auch wohl eine ungemein zutreffende Beschreibung der heutigen religiösen Situation vieler „noch“ glaubender
Christen gegeben, eine Situation, die gewissermaßen nach einem Kontrast
„schreit“ und diesen auch tatsächlich im Phänomen des Wüstenmönch-
tums finden kann.

Es ist eines der hervorstechendsten Charakteristika des vorliegenden
Buches, gerade diesen Kontrast in brillanter Weise herauszustellen und
derart spannend, geradezu unterhaltsam zu erzählen, dass man mit dem
Lesen gar nicht aufhören möchte. Ein riesiges, ungemein buntes und schil-
lerndes Tableau von Gottsuchern, aber auch von Gottesnarren, von Mystikern, aber auch von Aussteigern, von heilsbesorgten, bußfertigen Menschen, aber auch von Abenteurern und Spinnern wird da vor unseren Augen ausgebreitet. Sie alle legen durch ihre ausgefallenen Lebensformen auf
höchst unterschiedliche Weise davon Zeugnis ab, dass für sie die unsichtbare Welt viel, viel wirklicher ist als die oft als einzig real sich gebärdende
sichtbare; sie relativieren durch „Ver-rücktheiten“ – im wahrsten Sinn des
Wortes: durch Ver-rückung der eingefahrenen Normen – Zeit, Maßstäbe
und Üblichkeiten dieser Welt, um sie als etwas zuhöchst Vorläufiges zu
enttarnen, um Zeitgenossen Christi zu werden und das verheißene Neue
des kommenden Äons jetzt schon vorweg zu erfahren. *Sie sind in gewisser*
Weise die extremste Verkörperung des „Nichtbürgerlichen“ im Sinne Hesses.
Eben deshalb geben ihre Geschichten, wie sie in diesem Band in packender
Weise erzählt werden, genug provozierenden Stoff zum Nachsinnen her
und – vielleicht auch? – zum Nach-„handeln“.

Gewiss – auch das sei nicht verschwiegen –, in manchem merkt man
dem Buche an, dass der Autor Historiker und nicht Theologe ist: Kirchli-
che und gnostische Askese (letztere schon damals heftigst gerügt) fließen
in der Darstellung oft unterschiedslos ineinander, als ob es zum gesamten
Asketentum gehört hätte, die Welt als eine „von Gott verdammte“ zu betrachten; der altägyptisch-heidnische Hintergrund von Askese und Fröm-
migkeitsformen erhält gegenüber dem zwischentestamentlichen (welcher
dem Verfasser offenbar unbekannt ist) und evangeliumsorientierten ein

viel zu hohes Gewicht; die verschiedenen Mönchstypen (z. B. die frühen Wüstenväter und die späteren syrischen Gottesnarren) werden zu sehr in eins gesehen und deren sehr unterschiedliche Motivationen auf eine einzige verkürzt: die Erwartung eines nahen Endes der Welt.

Es kommt hinzu, dass das erste Erscheinen des Buches mehr als 40 Jahre zurückliegt. Seitdem hat sich manches, auch der Wissensstand gewandelt. So lässt sich etwa die Existenz eines Paulos von Theben, der heute als *rein* literarische Erfindung des Hieronymus betrachtet wird, was das Verhältnis von „Historie und Mythos" angeht, mit Antonios eben nicht auf eine Ebene stellen. Und man könnte noch manch andere Fragezeichen anbringen.

Dennoch kenne ich derzeit kein anderes verfügbares Buch, welches so weit ausgreifend und detailliert sich mit einer der abenteuerlichsten Erscheinungen des frühen Christentums beschäftigt und in einer derart spannenden Weise den Leser in die so „ganz andere" Welt der Anachoreten und Asketen, der Wüstenväter und Gottesnarren mitnimmt. Ich bin ganz sicher, dass man dieses Werk mit großem Gewinn aus der Hand legt.

Freiburg – Rom, im Frühjahr 2004

Gisbert Greshake

Auf den ersten Blick erscheint es mehr als ungewöhnlich, dass tausende von Menschen der Welt und ihren Werten, all den Errungenschaften der menschlichen Gesellschaft entsagen, um in der Wüste ein Leben zu führen, das sich so weit wie möglich von den naturgegebenen Lebensbedingungen des Menschen entfernt. Aber das scheint nur so. In Wirklichkeit ist es im Laufe der Geschichte immer wieder vorgekommen, dass sich innerhalb einer Gesellschaft eine „Anti-Gesellschaft" aus Widerspenstigen aller Art herausbildete: aus Gesetzlosen, Dieben, aber auch aus Eremiten, Mönchen und Weisen. Die in den Wüsten Ägyptens, am Rande der profanen Welt gegründeten Asketen- und Mönchsgemeinschaften sind ein besonders anschauliches Beispiel für dieses Phänomen; sie entstehen vornehmlich aus religiösen Gründen: Wenn sich der Asket in die Wüste aufmacht, so nicht nur, um mit der weltlichen Gesellschaft zu brechen, sondern auch und vor allem, um dort Gott wieder zu finden, ja sogar um ihn dort zu erwarten, denn Christus muss bald auf die Erde zurückkehren. Erst von dieser grundlegenden Ausrichtung des Asketen auf eine nahe Zukunft, die der Geschichte der Welt ein Ende bereiten soll, wird das ganze Phänomen verständlich. Der Anachoret sieht um sich her eine todgeweihte Realität und antwortet auf diese unumstößliche Agonie des Erdkreises dadurch, dass er seinerseits in sich alles abtötet, was ihn mit der Welt verbindet.

Anachoretentum (vom griechischen *anachoresis*: Aufbruch) heißt eigentlich die Welt fliehen, die Gemeinschaft der Menschen verlassen, um in der Einsamkeit zu leben. Ursprünglich bezeichnet das Wort ein soziales (genauer: anti-soziales) Verhalten, das erst später religiöse Bedeutung gewinnt. Zunächst ist der Anachoret ein Mensch, der aus den verschiedensten Gründen die Welt flieht. Zu Recht sagte man deshalb von den hunderten von Bauern, Sklaven, Dieben, die im griechisch-römischen Ägypten in die Wüsten flohen, um dem Fiskus, ihrem Herrn oder der Gerechtigkeit zu entgehen, sie übten *anachorese*, kurz: Sie gingen in die „Widerstandsbewegung". Zwei Jahrhunderte später sagt man dasselbe von den Christen, die zu Tausenden aus den Städten flüchten, um den Verfolgungen zu entgehen. Und als sich im 4. Jahrhundert Christen in die Wüste zurückziehen, um dort in Askese und Meditation zu leben, werden sie ganz natürlicherweise ebenfalls als Anachoreten bezeichnet. Selbst in diesem Fall verliert das Wort seine ursprüngliche Bedeutung vom Widerspenstigen oder Widerstandskämpfer nicht gänzlich.

Also eine rein negative Haltung? Eine Flucht, ein Bruch, eine Absage an die Gesellschaft? Wer in die Einsamkeit flieht, bricht nicht notwendig mit allen Werten der Gesellschaft; er bleibt trotz allem ein soziales Wesen. Wohl flieht der Anachoret die weltliche Gemeinschaft, der er angehört, aber doch, um sich in der Wüste der spirituellen Gemeinschaft anzuschließen, die alle Christen unter das Gesetz des Gottes des Alten und des Neuen Bundes stellt: die Toten wie die Lebenden, die Heiligen, die Märtyrer, ja selbst alle, die seit Adam gelebt haben oder leben werden. Der Anachoret sondert sich von seinen Zeitgenossen nur ab, lehnt sich gegen seine Umwelt nur auf, um zur idealen und zeitlosen Gemeinschaft der Christen aller Jahrhunderte zu finden. Die außerordentlich antisoziale Haltung, der Bruch mit der lebenden und gegenwärtigen Gesellschaft führt schließlich paradoxerweise zur Entstehung einer neuen Gesellschaft am Rande der alten, zu wahrhaften Wüstengemeinschaften (Einsiedeleien, Lauren, Klöstern, Koinobien), zur Vorwegnahme des himmlischen Jerusalems auf Erden. Ein Paradox, das schon im Wort „Mönch" zum Ausdruck kommt; das ursprünglich einen allein lebenden Menschen bezeichnet (vom griechischen *monachos*: allein), wird schließlich auf die Mitglieder einer religiösen Gemeinschaft angewandt.

Von all den tausenden von Menschen, die sich im christlichen Ägypten entschlossen, außerhalb der Welt und der Zeit zu leben, hat die Geschichte vor allem zwei Namen bewahrt: den des heiligen Antonios und den des heiligen Pachomios. Der heilige Antonios war der geschichtliche Urheber dieser Bewegung der Weltflucht, der Erste, der auf den Gedanken kam, der Welt gänzlich den Rücken zu kehren, um sich der Askese zu weihen. Der Zweite, Pachomios, machte sich, ohne von der Existenz oder dem Versuch des Antonios zu wissen, seinerseits in die Wüsten Oberägyptens auf, wo er eigenhändig das erste in der christlichen Geschichte bekannte Kloster errichtete.

Ein halbes Jahrhundert später, beim Tode des Antonios und Pachomios, zählten die Anachoreten und Mönche, die sich in den Wüsten niedergelassen hatten, bereits nach Hunderten; das Mönchtum und das Anachoretentum dehnten sich in den folgenden Jahrhunderten nach Palästina, Syrien, Persien, Mesopotamien, Kappadokien, Armenien und auf die Länder des Okzidents aus. Es erscheint unbegreiflich, wie das persönliche Abenteuer dieser beiden Männer einen solchen Widerhall in der Geschichte finden konnte. Aber das ist das doppelte Gesicht, das alle großen historischen Ereignisse unvermeidlich zeigen, jene Geschehnisse, die eine geheimnisvolle Übereinstimmung zwischen dem freien Entschluss eines Menschen und den latenten Bedürfnissen seiner Zeit verraten. Das Anachoretentum ist ein durchaus verständliches, vom religiösen Klima des Orients im 4. Jahrhundert her verstehbares Phänomen, zugleich aber auch ein individuelles Phänomen, das freiwillige Abenteuer einiger Menschen, die sich entschließen, die Welt zu verlassen, um es mit den Gefahren der Askese und der Wüste aufzunehmen. Die Schriften und Dokumente, die wir über das Leben der Wüstenasketen und -heiligen besitzen, befassen sich vornehmlich mit diesem individuellen Aspekt des Phänomens: *Das Leben des Antonios* vom heiligen Athanasios, *Das Leben des Paulos von Theben, des ersten Eremiten* vom heiligen Hieronymus, *Das Leben des heiligen Pachomios und seines Schülers Theodorus*, die *Historia Lausiaca* des Palladius, *Die Geschichte der Mönche von Ägypten* von Rufinus von Aquileja, *Die Einrichtungen der Väter und Gespräche mit den Mönchen von Ägypten* von Cassianus, *Die Erlebnisse und Aussprüche der Väter (Apophthegmata Patrum), Die Geistliche Wiese* von Johannes Moschos – diese Texte beschreiben die Berufung eines Heiligen oder Anachoreten, sein Leben in der Wüste, sein Fasten, seine Wunder, seine Kämpfe gegen die Versuchungen, ohne jedoch jemals (aber das ist auch nicht ihr Ziel) das Phänomen in seiner kollektiven Tragweite und Bedeutung zu erfassen.

Deshalb müssen wir, ehe wir uns in das Thema stürzen und das fantastische Leben der „Gottesnarren" darstellen, die kollektiven Wurzeln und die Tragweite dieses seltsamen Phänomens aufzeigen, denn nicht ohne zwingende Gründe, nicht ohne tiefere Motive haben so viele Christen mit ihrer Zeit gebrochen, mit ihrem Besitz, ihrer Familie, ihrem weltlichen Leben. Wir haben hier ein besonders erregendes Unternehmen der menschlichen Geschichte vor uns, den Versuch einer ganzen Gemeinschaft, am Rande der profanen Welt sowohl einen idealen Gesellschaftstyp zu verwirklichen (die von Antonios und Pachomios gegründeten Mönchsgemeinschaften) als auch einen idealen Typ menschlichen Seins (den Wüstenheiligen). „Das Kloster ist ein weltlicher Himmel", schrieb Johannes Klimakus, asketischer Autor des 7. Jahrhunderts, „und deshalb müssen wir sein wie Engel". Haben also Antonios, Pachomios und ihre Nachfolger in den Wüsten Ägyptens und des Orients eine Askese geübt, die fast das Vermögen und die Kräfte eines Menschen übersteigt, um letztlich Engel zu werden?

Warum Askese?

1. Das Ende der Geschichte

Als im 4. Jahrhundert die ersten Mönche und Anachoreten in die Wüsten Ägyptens ziehen, ist das Christentum de facto bereits Staatsreligion des römischen Imperiums. Die Christenverfolgungen haben aufgehört, die Konversionen nehmen zu und das berühmte Mailänder Edikt, das einige Jahre zuvor von Kaiser Konstantin proklamiert wurde, gestattet den Christen freie Kultausübung. An vielen Punkten des *orbis romanus* hält sich das Heidentum zwar noch, aber es ist nicht länger die repräsentative Religion des Kaiserreichs, dessen Geschichte von jetzt an mit der der Kirche zusammenfällt. Heute erscheint dieses Eingreifen des Christentums in die Geschichte ganz natürlich. Aber im Grunde ist es erstaunlich, zumal seiner tieferen Berufung ursprünglich nichts so fern lag. So wie die neue Religion von Jesus gelehrt und von den Jüngern verkündet wurde, verfolgte sie nämlich nicht das Ziel, die zeitliche Welt zu erobern und in die Geschichte einzugehen, sondern predigte im Gegenteil die nahe bevorstehende Ankunft des himmlischen Königreichs, das Ende der irdischen Welt, den Tod der Geschichte. Wie alle großen Religionen machte das Christentum auf seine ersten Gläubigen den tiefsten Eindruck durch seine gänzlich andere Auffassung von den Beziehungen zwischen Mensch und Zeit. Es brachte den Heiden, die in einer zyklischen Zeit lebten, in der durch Feste und Opfer in einem sich wiederholenden, also ewigen Universum unermüdlich dieselben wesentlichen Ereignisse begangen wurden, unvermittelt die beängstigende Offenbarung einer Zeit, die fortschreitet, sich entwickelt, sich verzehrt, eines Universums im Werden, das folglich eines Tages enden konnte. Spricht Jesus nicht immer wieder davon, dass das Ende der Welt nahe sei? Das Universum wird bald enden, denn Jesus, ein erstes Mal auf die Erde gekommen, um „die Prophezeiungen zu erfüllen", wird – unverzüglich – wiederkehren, um der Geschichte der Welt ein Ende zu bereiten. Die Zerstörung Jerusalems wird nur ein Vorläufer, ein Teil der endgültigen Katastrophe sein, in deren Verlauf „sich die Sonne verfinstern und der Mond nicht mehr scheinen wird, die Sterne werden vom Himmel fallen und die Kräfte des Himmels werden erschüttert werden. Danach wird das Zeichen des Menschensohnes am Himmel erscheinen; dann werden alle Völker der Erde jammern und klagen und sie werden den Menschensohn mit großer Macht und Herrlichkeit auf den Wolken des Himmels kommen sehen." (Mt 24,29–30)

Man kann sich kaum vorstellen, welchen Widerhall solche Ideen bei den Volksmengen jener Zeit fanden, ob es sich nun um Juden handelte, die seit Generationen durch die Propheten und die Autoren der Apokalypse immer wieder auf dieses Ereignis vorbereitet worden waren, oder um Heiden, denen plötzlich die Augen für die ungeahnte Vision eines der Zeit unterworfenen Universums aufgingen. Der Eindruck war umso stärker, als es nicht nur um irgendeine Ankündigung ging, sondern um die Ankündigung des unmittelbar bevorstehenden Endes der Welt. Die Generation, die Jesu Reden hört, „wird nicht vergehen, bis das alles geschieht", und das Ereignis wird so plötzlich eintreten, dass „wer auf dem Dache ist", nicht Zeit haben wird, herabzusteigen und die Sachen aus seinem Hause zu holen. Denn der Menschensohn wird erscheinen wie der Blitz, „der von Osten her aufflammt und bis zum Westen leuchtet".

Wie also in der ständigen Furcht vor der totalen Vernichtung leben? Konnte man denn anders als Tag und Nacht auf die Vorläufer und Zeichen der Apokalypse warten, und vor allem, musste man, da man des Weltendes doch von einem Augenblick zum anderen gewärtig war, nicht alle Sorgen, Geschäfte, Werte dieser Welt fahren lassen? Zumal da dieser Glaube das ganze 1. Jahrhundert hindurch von den christlichen Predigern einschließlich des heiligen Paulos verkündet und aufrechterhalten wurde. Auf die Frage, wann und wie das Letzte Gericht stattfinden würde, antwortet der heilige Paulos im ersten Thessalonicherbrief:

„Wir, die Lebenden, die noch übrig sind, wenn der Herr kommt, werden den Verstorbenen nichts vorausheben. Denn der Herr selbst wird vom Himmel herabkommen, wenn der Befehl ergeht, der Erzengel ruft und die Posaune erschallt. Zuerst werden die in Christus Verstorbenen auferstehen; dann werden wir, die Lebenden, die noch übrig sind, zugleich mit ihnen auf den Wolken in die Luft entrückt, dem Herrn entgegen" (1 Thess 4, 15–17), eine Weissagung, die auf die vom Apostel bekehrten Kreise einen solchen Eindruck machte, dass manche aufhörten zu arbeiten und untätig in der Erwartung des bevorstehenden Tages dahinlebten.

Diese exaltierte eschatologische Stimmung des 1. Jahrhunderts breitet sich in den folgenden Jahrhunderten nur noch weiter aus; sicher liegt sie vielen überschwänglichen irrationalen Haltungen zu Grunde, wie zum Beispiel der Berufung zum Märtyrer, dem zur Besessenheit gewordenen Gedanken der Jungfräulichkeit und der Askese, der Flucht in die Wüste. All diese Haltungen stimmen in einem wesentlichen Punkt überein: in einer radikalen Ablehnung der Welt, einer leicht begreiflichen Ablehnung, wenn diese Welt dazu bestimmt ist, über kurz oder lang unterzugehen. Dass manchmal die Betonung mehr auf dem Martyrium liegt, manchmal mehr auf der Askese oder dem Anachoretentum, spielt dabei weiter keine Rolle; denn alle diese Einstellungen entspringen aus ein und derselben vollständigen Abkehr von der Welt, Folge der Bestürzung, der durch die Angst, die Furcht vor dem Ende der Zeiten, durch die Exaltation in den Gemütern ausgelösten Traumata.

Ein Beispiel? Da Jesus gesagt hatte, als er von den Zeichen sprach, die dem Fall Jerusalems und seiner Wiederkunft voraufgehen werden: „Wehe aber den Frauen, die in jenen Tagen ein Kind unter dem Herzen tragen, und den stillenden Müttern" (Lk 21,23), blieben viele Mädchen Jungfrauen, und zahlreiche Ehepaare führten jungfräuliche oder apotaktische Ehen (das heißt, sie lebten zusammen, verzichteten aber auf sexuelle Beziehungen), um beim Anbruch des Jüngsten Gerichts nicht unrein oder schwanger betroffen zu werden. Dass tatsächlich für viele ein Zusammenhang zwischen dem Gedanken der Jungfräulichkeit und der Furcht vor dem Ende der Welt bestand, geht aus einem äußerst aufschlussreichen Text des heiligen Hippolyt, Bischofs von Rom, hervor, einem Auszug aus seinem zu Beginn des 3. Jahrhunderts verfassten *Kommentar zu Daniel*:

„Ein Bischof, ein frommer und bescheidener Mann, der aber zu sehr auf seine Visionen vertraute, hatte drei Träume und begann zu prophezeien: ‚Wisst, meine Brüder, dass das Letzte Gericht in Jahresfrist anbrechen wird. Wenn das, was ich euch sage, nicht eintritt, schenkt der Schrift keinen Glauben mehr und handelt nach euerem Gutdünken.‘ Aber das

Jahr verging, und es geschah nichts; er war bestürzt, die Brüder entrüstet, die Jungfrauen heirateten, und diejenigen, die all ihre Güter verkauft hatten, kamen an den Bettelstab."

Seltsam ist nur, dass der Gedanke der Askese und der Jungfräulichkeit bei manchen selbst dann noch weiterlebte, als die ursprünglichen Motive bereits hinfällig geworden waren, das heißt, nachdem man nicht länger an das unmittelbar bevorstehende Ende der Welt glaubte. Im 4. Jahrhundert, als das römische Imperium praktisch christlich geworden ist, hat der Glaube an das Ende der Welt eine harte Probe zu bestehen. Denn es tauchte nun die Frage auf, wie Gott ein Reich vernichten kann, das doch ihm selber gehört. Doch unverdrossen predigen manche Autoren die Jungfräulichkeit und die Enthaltsamkeit, um durch das Aussterben der menschlichen Rasse das Ende der Welt schneller herbeizuführen. „Die Welt", schreibt ein gewisser Dositheus im 3. Jahrhundert, „hat ihren Anfang genommen mit der Ehe, durch die Enthaltsamkeit soll sie ihr Ende finden." Und Basilius von Ankyra, ein christlicher Autor des 4. Jahrhunderts, fügt in seiner Abhandlung *Über die Jungfräulichkeit* hinzu: „Nun, da die Welt überall geblüht und Frucht getragen hat (er spielt auf die Anerkennung des Christentums durch Kaiser Konstantin an), nun, da die Erde mit so vielen Menschen besät ist, dass sie nicht Raum hat für die Zahl der Geborenen, nun, da sich die Prophezeiung erfüllt hat im Hinblick auf die Ankunft des Herrn, dass die Menschen, von seiner Lehre gewonnen, zu Pflügen schmieden ihre Schwerter, zu Winzermessern ihre Lanzen, dass kein Volk gegen das andere zückt das Schwert und kein Krieg mehr sein wird, nun wird die Jungfräulichkeit im Gegensatz zu jenen, die durch das Fleisch zu Grunde gehen, vom Leib her die Unverweslichkeit zur Blüte bringen."

Natürlich haftet einer so friedlichen Vorstellung vom Anbruch des neuen christlichen Reiches etwas Naives an. Aber einen – recht sonderbaren – Aspekt des christlichen Denkens der ersten Jahrhunderte bringt der Text des Basilius von Ankyra doch deutlich zum Ausdruck: die Idee, dass die Zeugung nur gerechtfertigt ist, um die Lücken zu schließen, die die Kriege gerissen haben. Nun, da das Reich dank Konstantin christlich geworden ist und das Gesetz Gottes auf Erden triumphiert, haben die Menschen keinen Grund mehr, sich zu bekämpfen, folglich also auch keinen, sich fortzupflanzen. Pflicht eines jeden ist nun, jungfräulich oder keusch zu leben, oder anders gesagt, die Rolle eines jeden Christen besteht darin, das Aussterben der menschlichen Rasse zu beschleunigen. Was offensichtlich die beste Art und Weise ist, die Propheten und die Schrift nicht Lügen zu strafen!

Es erstaunt vielleicht, dass sich ein solcher Glaube jahrhundertelang halten konnte – noch im 6. Jahrhundert ist er anzutreffen –, da doch jede Generation seine Nichtigkeit feststellen musste. Mochte man auch unablässig am Himmel nach den Zeichen forschen, die das Ende der Welt ankündigten – nichts geschah. Sonne, Mond und Sterne zogen während der ersten Jahrhunderte gleichmütig ihre Bahn. Aber ein solcher an sich irrationaler Glaube bedarf keiner rationalen Beweise. Sobald man an das unmittelbar bevorstehende Ende der Welt glaubt, wird alles, von den schrecklichsten bis zu den unbedeutendsten Ereignissen, ein Krieg, ein Erdbeben, aber auch ein übermäßig kalter Winter oder ein besonders heißer Sommer, zu einem Zeichen für das Ende der Zeiten. Bei einer solch allgemeinen Spannung braucht sich einer nur zu erheben und zu sagen: „Gott hat es mir eingegeben, er hat mir den Tag und die Stunde seiner Ankunft enthüllt", schon läuft die Menge zu ihm, bereit, ihm aufs Wort zu glauben. So prophezeite, von zwei Frauen, Priscilla und Maximilla, begleitet, im 2. Jahrhundert in Phrygien ein gewisser Montanus sieben ganze Jahre lang, das Neue Jerusalem (vgl. Offb 21,2) werde alsbald auf die Erde herabsteigen, ohne dass die Begeisterung und die Leichtgläubigkeit der Menge auch nur einen Augenblick nachgelassen hätte. Er bestimmte sogar die Stelle, an der die heilige Stadt erstehen sollte: in der Ebene von Pepuza in Phrygien. Am Ort ihrer Erwartung versammelt, lauschten die Menschen unermüdlich den Prophezeiungen des Montanus. Noch lange nach Montanus' Tod beunruhigen und versammeln seine Prophezeiungen das Volk, denn im ganzen christlichen Orient bilden sich zahlreiche montanistische Kirchen, von denen manche bis zum Ende des 4. Jahrhunderts bestehen.

Vor lauter Ausschauhalten glaubte man etwas später in Judäa sogar die heilige Stadt wirklich vom Himmel herabsteigen zu sehen.

„Übrigens", schreibt Tertullian in seiner Schrift *Gegen Marcion*, „haben die Teilnehmer an einer Expedition in den Orient, die in diesen letzten Jahren stattfand, das himmlische Jerusalem gesehen. Sogar Heiden, die sich zu dieser Zeit in Judäa aufhielten, haben erklärt, dass vierzig Tage lang jeden Morgen in der Luft eine Stadt erschien, die aus dem Himmel zu kommen schien. Sie war von Mauern umgeben, die im hellen Tageslicht verschwanden. Das ist die Stadt, in der die Heiligen nach der Auferstehung inmitten geistiger Freuden leben werden."

Aber es kommt noch besser. Im Vertrauen auf übereilte Prophezeiungen ziehen die Menschen im 3. Jahrhundert scharenweise in die Wüsten, um Christus entgegenzugehen, dessen Ankunft unmittelbar bevorstehen soll.

„Ein Bischof aus Syrien", schreibt der heilige Hippolyt in seinem *Kommentar zu Daniel*, „überredete viele Brüder, mit ihren Frauen und Kindern Christus entgegen in die Wüste zu ziehen. Sie irrten mehrere Tage lang in den Bergen und auf den Wegen umher, und es fehlte wenig, so hätte der Gouverneur sie als Räuber festnehmen lassen. Seine Frau aber, die Christin war, hielt ihn davon ab."

Das sind offensichtlich extreme Fälle. Der Glaube an das unmittelbar bevorstehende Ende der Welt veranlasst die Christen nicht immer, in den Wüsten umherzuirren oder sieben Jahre lang in der Ebene von Pepuza zu warten. Aber je unbestimmter ein solcher Glaube ist, desto lebendiger ist er, je weniger er nach sofort erkennbaren, handgreiflichen Beweisen strebt, desto länger vermag er zu begeistern. Bleiben die übernatürlichen Zeichen aus, geschieht nichts Aufsehenerregendes (eine Invasion, ein Erdbeben, eine Sonnenfinsternis) zur Bekräftigung des wahrscheinlichen Endes der Welt, so greift man auf natürlichere, auf alltäglichere Zeichen zurück. So tritt seit der zweiten Hälfte des 3. Jahrhunderts, als die Exaltation und das Delirium der beiden ersten Jahrhunderte abgeebbt sind und die Frage sozusagen an Dringlichkeit verloren hat, an die Stelle der Idee eines Universums, das allein durch den Willen Gottes in seiner Lebenskraft getroffen, von äußeren Ursachen vernichtet wird, logischerweise die Idee eines durch innere Ursachen unterhöhlten Universums, einer erschöpften Welt, die den Tod in sich selbst trägt.

„Wer sieht nicht", schreibt der heilige Cyprian von Karthago in einem *Brief an Dimitrianus*, „dass die Welt schon ihrem Untergang zutreibt und dass sie nicht mehr dieselbe Kraft und Frische besitzt wie einst? Das bedarf keines Beweises durch die Heilige Schrift. Die Welt selbst bestätigt es und bezeugt durch den Verfall eines jeden Dings zur Genüge, dass sie sich ihrem Ende nähert. Im Winter fällt zur Nahrung der Saaten weniger Regen. Im Sommer scheint zur Reifung der Früchte die Sonne weniger heiß. Der Frühling ist nicht mehr so angenehm, der Herbst nicht mehr so fruchtbar.

Die Steinbrüche, wie wenn sie es müde wären, liefern weniger Steine und weniger Marmor, und die Gold- und Silberminen haben sich schon erschöpft. Die Äcker bleiben unbebaut, die Meere ohne Seefahrer, die Armeen ohne Soldaten. Es gibt weniger Unschuld im Rechtsanwaltsstand, weniger Gerechtigkeit unter den Richtern, weniger Einigkeit unter den Freunden, weniger Fleiß in den Künsten, weniger Disziplin in den Sitten. Glaubst du, dass etwas, das seinem Untergang entgegengeht, ebenso kräftig ist, wie es am Anfang war? Alles, was sich seinem Ende zuneigt, muss notwendig verfallen ... Wir sehen Kinder, die schon ganz weiß sind. Das Haar fällt ihnen aus, ehe es gekommen ist, und als Greise treten sie ins Leben, statt als solche zu enden. So stürzt von jetzt an alles seinem Tod entgegen und hat teil am allgemeinen Verfall der Welt." Bei diesen Kindern, die „als Greise ins Leben treten, statt als solche zu enden", handelt es sich in Wirklichkeit um germanische Kinder, die der heilige Cyprian damals wohl zum ersten Mal sah; ihr Haar – bei der Geburt weiß – wird erst mit dem Alter blond. Schon Platon hatte an einer Stelle seiner *Politeia* (273 e) im Zusammenhang mit dem Ende des Goldenen Zeitalters von einer solchen Umkehrung der Zeit gesprochen, da die Tiere anfangen, kleiner zu werden, und die Greise sich verjüngen und in den Mutterleib zurückkehren! Diese Umkehrung der Zeit ist nach Platon darauf zurückzuführen, dass die Götter sich von der Schöpfung zurückziehen, das sich selbst überlassene Universum könne nur noch auslöschen und sterben.

Das Ende der Welt ist für den heiligen Cyprian wie für seine Zeitgenossen nicht mehr Gegenstand unsinniger Angst oder unsinniger Hoffnungen, eine Quelle der Anarchie oder irrationaler Verhaltensweisen, sondern im Gegenteil Gegenstand der Meditation und Quelle rationaler Überlegungen über die letzte Bestimmung des Menschen. Nun versteht man auch, warum das Christentum in den ersten Jahrhunderten dem Märtyrer, dem Asketen und schließlich dem Anachoreten und Wüstenheiligen eine solche Bedeutung beimisst; denn durch sein antisoziales Verhalten, durch seine Absage an eine dahinsterbende Welt erscheint jeder von ihnen wie die einzig mögliche Lösung, die einzig mögliche „Antwort" auf die Angst einer Gesellschaft, die in sich selbst ihre eigene Agonie sieht.

Als die „Gottesnarren" im 4. Jahrhundert in die Wüsten Ägyptens aufbrechen, um fern einer von Gott verdammten Welt zu leben, nehmen sie, wenn auch unbewusst, nur einen alten Traum des Christentums wieder auf: für immer außerhalb der Welt und der Geschichte in der Erwartung des Neuen Himmelreichs zu leben. Aber das Leben in der Einsamkeit genügt nicht zum Heil des Anachoreten. Hätte sonst nicht der Gesetzlose, der Jahre in der Wüste verbringt, um der Gerechtigkeit der Menschen zu entgehen, dieselben Verdienste? Zwar verhalten sich beide gleich oder identisch gegenüber der Gesellschaft, aber was die Beweggründe ihres Handelns angeht, unterscheiden sie sich grundlegend. Alle Werte, die die Entscheidungen und Handlungen des Anachoreten bestimmen, liegen in einer anderen Welt. Diese Werte nun fordern einen totalen Bruch mit der profanen Welt. Mit der Gesellschaft brechen heißt aber auch, mit allem brechen, was den Menschen in die Gesellschaft eingliedert, ihn in ihr rechtfertigt, mit allem, was ihn zu einem sozialen Wesen macht: dem Wissen, der Kultur, dem Besitz, der Familie, der Ehe und der Zeugung. Dem Sozialen entsagen bedeutet auch, dem Fleisch entsagen, und deshalb ist der Anachoret notwendig immer auch Asket.

Verfolgen wir diesen Gedanken weiter, so zeigt sich, dass zwischen Askese und Anachorese eine noch engere Beziehung besteht: Beide Haltungen richten sich nicht nur gegen die Gesellschaft, sondern auch gegen die Natur. Im Gegensatz zum Mythos vom edlen Wilden, der die Gemüter im 18. Jahrhundert so erregte, verherrlicht der Mythos vom edlen Wüstenheiligen, wie er im 4. Jahrhundert und später in der christlichen Literatur auftaucht, die Ablehnung der Natur in all ihren Formen. In der Gesellschaft leben ist für den Menschen ebenso natürlich wie essen und zeugen (darüber waren sich auch die Autoren des 4. Jahrhunderts völlig im Klaren). In die Wüste ziehen ist also niemals eine Rückwendung zu einem „natürlichen" oder wilden ursprünglichen Leben gewesen, sondern im Gegenteil immer ein Versuch, das Leben so unnatürlich wie möglich zu gestalten. Der Anachoret übt eine rigorose Askese, lebt unter unmenschlichen Bedingungen, bezeigt deutlich seine Vorliebe für Lebensweisen, die ihm einen Zwang auferlegen: er haust in Grotten, in Wüstenlöchern, in hohlen Bäumen wie die Reklusen oder auf Säulen wie die Styliten, kurz, er setzt alles daran, unter künstlichen materiellen und spirituellen Bedingungen zu leben. Das Sprechverbot zum Beispiel – sehr häufig in der Wüste – oder auch die Erfindung einer Kunstsprache als Verständigungsmittel eines Anachoreten mit seinen Schülern ist kennzeichnend für den Wunsch und das Bestreben, gänzlich mit allen Gewohnheiten und Beziehungen, die das gesellschaftliche Leben der Welt ausmachen, zu brechen. Fast alle wesentlichen Eigenschaften des Menschen in dieser Welt werden in Frage gestellt, um den Einzelnen besser auf die andere Welt vorzubereiten, die mit der Wiederkunft Christi anbrechen wird und in der weder das Fleisch noch die Gesellschaft, noch die Sprache dieselbe Rolle spielen.

All das mag theoretisch anmuten und tatsächlich kommen diese Dinge in den Schriften und Zeugnissen über die „Gottesnarren" nur selten so direkt zum Ausdruck. Aber es geht uns hier um die tieferen Ziele, die Bedeutung des Phänomens, um seine unbewussten Gründe (unbewusst wenigstens für die überwiegende Mehrzahl der Anachoreten, denn manche unter ihnen wie Makarios der Ältere, Johannes Klimakus, Evagrios Pontikos, Diadochus von Photike waren sich über diese Gründe völlig im Klaren und haben sie aufs Genaueste umrissen). Jedenfalls wird dieses Idealbild vom Menschen (oder Übermenschen), der Wüstenheilige, der im Fleisch und im Geist den neuen Menschen, von dem der heilige Paulos spricht, zu verwirklichen sucht, offensichtlich bestimmend für die verschiedenen im Laufe der ersten vier Jahrhunderte den Christen zur Bewunderung und Betrachtung empfohlenen Verhaltensvorbilder: für den Märtyrer, den Asketen und schließlich den Anachoreten. Bleibt nun noch, kurz den Begriff der Askese zu klären, von dem in diesem Buch häufig die Rede sein wird. Terminus und Übung – übrigens keineswegs eine Entdeckung des Christentums – haben im Laufe der ersten Jahrhunderte zur Bezeichnung ganz verschiedener, ja sogar widersprüchlicher Konzeptionen und Haltungen gedient.

Zunächst ist Askese (das Wort kommt vom griechischen *askesis:* Übung, Gymnastik) eine physische und geistige Übung, durch die der Mensch eine größere Selbstbeherrschung erlangt. Der Asket trainiert also sein Fleisch, wie der Sportler seinen Leib trainiert. Ganz zu Recht haben folglich die christlichen Autoren des 4. Jahrhunderts bei der Beschreibung der Askese der ägyptischen Anachoreten auf ein Vokabular aus dem sportlichen Bereich zurückgegriffen, von Leistungen, von Heldentaten, von Fastenrekorden gesprochen und die Wüstenheiligen als Athleten des Exils bezeichnet.

Natürlich musste sich das Christentum, als es sich eine Technik und einen Existenzmodus aneignete, die schon lange vor ihm im Heiden- und Judentum vorhanden waren, notwendigerweise in gewisse Widersprüche verwickeln. Das zeigte sich schon zu Beginn des 2. Jahrhunderts, als man anfing, über die Grundlagen und die Natur der Askese nachzudenken. Man begriff, dass sie nicht nur eine praktische Methode zur Beherrschung des Fleisches war, sondern auch eine geistige Einstellung zu Gottes Werk, eine Art Urteil über das Fleisch und die Schöpfung, über die Rolle, die diesen für das Heil des Menschen zuerkannt wurde. Nun begann eine scharfe Auseinandersetzung; viele Christen betrachteten das Fleisch und die ganze Schöpfung (Welt, Materie usw.) als etwas in sich Böses, als das Böse schlechthin. Eine häretische Auffassung, denn nach dem orthodoxen Dogma (das sich übrigens erst anlässlich dieser Häresien klar herauskristallisierte, was zeigt, dass sie notwendig waren) waren die Welt und die Schöpfung ein Werk Gottes, ursprünglich gut (da Gott nicht das Böse erschaffen hat), jedoch infolge von Satans Revolte und der Erbsünde, das heißt durch die Schuld des rebellischen Engels und des ungehorsamen Menschen, verdorben worden. Weder das Fleisch noch die Materie, noch die Welt oder die Gesellschaft sind das Böse, sie sind lediglich die Beute Satans und des Bösen geworden. In der orthodoxen Sicht werden Fleisch und Materie ganz allgemein in dem Maße verherrlicht, wie man sie für fähig und würdig hält, Träger des Geistes zu sein, während für die verschiedenen Häretiker, die seit dem 2. Jahrhundert auftreten, die Materie das Böse ist und dem Geist nicht als Gefäß dienen kann. Offensichtlich muss aber eine Theorie, die die Welt für ein Produkt des Bösen und das Fleisch für unwürdig hält, Träger des Geistes zu sein, notwendig die Wirklichkeit, ja selbst die Möglichkeit der Inkarnation leugnen. (Denn wie könnte sich eine Gottheit in einer Materie inkarnieren, die unfähig ist, das Wort zu empfangen?) Außerdem muss sie – um die Existenz des Bösen zu erklären – das Universum in zwei einander feindliche Prinzipien spalten: in das des Bösen (das für die Schöpfung verantwortlich ist) und das des Guten. Diese Auffassung vertraten seit dem 2. Jahrhundert zahlreiche Häresien, weshalb sie auch als dualistisch bezeichnet wurden: der Gnostizismus, der Manichäismus, der Marcionismus usw. Sie schreiben die Schöpfung der Materie und der Welt einem bösen Demiurgen zu und nicht dem allerhöchsten Gott; deshalb ist alles, was den Menschen an diese Welt bindet: die Freuden des Fleisches, die sozialen Bande, der Besitz und auch Ehe und Zeugung, absolut verboten und verdammt. Wenn nun aber diese Welt das Böse ist, ist es da nicht die Pflicht des Menschen, jede Zusammenarbeit mit ihr zu verweigern, ja muss er nicht sogar alle ihre vom Demiurgen und den Menschen eingeführten Gesetze verletzen, da sie doch nur dazu beitragen, die erste Ungerechtigkeit zu befestigen? Das ist die Auffassung vieler Gnostiker der ersten Jahrhunderte. „Der Mensch", schreibt Karpokrates, einer der größten gnostischen Lehrer aus dem 2. Jahrhundert, „muss alle Gesetze verletzen, da sie das Werk des Bösen sind". Und sein Sohn Epiphanius, der, im Alter von 17 Jahren gestorben, in Griechenland auf der Insel Kephallonia mit göttlichen Ehren beigesetzt wurde, fügt in seiner Abhandlung *Über die Gerechtigkeit* hinzu: „Ein und derselbe Himmel wölbt sich über der Erde und umfasst sie gänzlich. Die Nacht lässt ihre Sterne für alle leuchten. Gott lässt die Sonne auf die Erde niederscheinen, sodass alle sie zu gleichen Teilen sehen können, denn keiner hat das Recht, seinen Nächsten um seinen Anteil am Licht zu bringen. Die eigennützigen Gesetze aber zersplittern und zerstören die Gemeinschaft mit dem göttlichen Gesetz ..." Eine unverhüllt gegen die Gesellschaft gerichtete Einstellung – aber ursprünglich waren alle Häresien antisoziale Fermente, sozusagen Untergrundkirchen, die sich der anerkannten Kirche und selbst dem Staat widersetzten, was von vornherein alle Verurteilungen und Massaker rechtfertigte, bei denen jede Macht, die zeitliche wie die geistliche, auf ihre Rechnung kam. Wenn man diese Welt wirklich besiegen will, genügt es nicht, sich der Gegenwart entgegenzustellen, man muss auch der Zukunft entgegentreten, das Böse daran hindern, sich auszubreiten, sich der Zeugung widersetzen. Daher also dieser für die ersten Jahrhunderte so kennzeichnende Gedanke der Enthaltsamkeit und der Jungfräulichkeit, der manche, wie wir schon weiter oben gesehen haben, sogar dazu treibt, schlichtweg die Auslöschung der menschlichen Rasse zu predigen! Hält nicht Gott selbst – in den Augen gewisser Häretiker – die Welt für verdächtig und böse, da er sich doch anschickt, sie zu zerstören?

Natürlich konnten in einem dergestalt überschwänglichen asketischen Klima solche Ideen zu extremen Haltungen führen. So machen sich auch im Laufe dieser Jahrhunderte gewisse Sekten wie die Enkratiten (vom griechischen *encrateia*: Macht über sich selbst) an die Verwirklichung dieser Ideen; sie verbieten den Genuss von Wein und Fleisch, die sexuellen Beziehungen, die Ehe, die Zeugung. Denn „der Mensch", schreibt ein gewisser Severus, „ist bis zum Gürtel das Werk Gottes, darunter aber das Werk des Teufels". Da eine solche Auffassung vom Menschen durch keine Stelle des

Evangeliums zu belegen war, wurden die Evangelien und die Apostelge-schichte neu geschrieben, um diesen Verboten eine autorisierte Begrün-dung zu geben. Darauf gehen zum Teil gewisse apokryphe Schriften zurück, wie das Ägypterevangelium und die apokryphen Apostelgeschichten des heiligen Thomas und des heiligen Johannes. „Belastet euch nicht durch ei-ne Verbindung noch durch Kinder", sagt Christus in der apokryphen Apos-telgeschichte des heiligen Johannes und im Ägypterevangelium: „Ich bin gekommen, um die Werke der Frau abzuschaffen. Die Zeit wird kommen, da der Leib, dieses Kleid der Schande, mit Füßen getreten wird, da es weder Mann noch Frau mehr gibt." Und der heilige Johannes verkündet in seiner apokryphen Apostelgeschichte, dass „das eheliche Band ein Verbrechen ist", dass die Frau lieber sterben sollte, als „so Entsetzliches zu begehen".

Die vorhin genannten Enkratiten spielten trotz oder vielmehr gerade wegen des extremen Charakters ihrer Verbote im Laufe der ersten christ-lichen Jahrhunderte eine bedeutende Rolle. Sie hatten viele Anhänger, bil-deten Kirchen mit einer Hierarchie von Bischöfen. Es existierte sogar ein enkratitisches Kloster. Diese Häresie hielt sich mindestens bis zum 4. Jahr-hundert, denn 342 belegt das Konzil von Gangra jeden mit dem Bann, „der eine Frau, die mit ihrem Mann lebt, unter dem Vorwand verachtet, sie könne nicht in das himmlische Reich kommen, oder sich weigert, in den Häusern verheirateter Leute an den Kultzeremonien teilzunehmen".

So entstammte die Übung der Askese oft keineswegs einer stillen Me-ditation über den Menschen und sein Schicksal; sie geriet vielmehr zum antisozialen Ferment, wurde zur Quelle von Verwirrung, Unordnung, ja selbst von Massakern und Verurteilungen – eine wunderbare spirituelle Waffe gegen die Gesellschaft der Zeit, ein bis zu seinen letzten Konsequen-zen geführter Protest gegen die dem Menschen von Gott und der Gesell-schaft bereitete Lage. Aber wie soll man in der Praxis zwischen der „guten" und der „bösen" Askese unterscheiden, zwischen der orthodoxen Askese (die das Fleisch ablehnt, ohne es deshalb doch für das Böse zu halten) und der häretischen Askese (die im Fleisch und in der Materie das Böse sieht)? Eine schwierige, doch lebenswichtige Unterscheidung, da sie jahrhun-ertelang Verurteilungen und Verfolgungen nach sich zog, die die Geschichte des Christentums immer wieder mit Blut befleckten. Denn praktisch konnte man der Welt nicht völlig entsagen, ohne sich bald in der Lage des Aufrührers zu befinden. Aus diesem Grunde waren auch die bedeutends-

Ein Mönch des Samuelsklosters beim abendlichen Weg in die Wüste.
Zum streng geregelten Tagesablauf der Mönche gehört
neben der Liturgie und der Arbeit auch das individuelle Gebet.

ten häretischen Bewegungen der Geschichte, die Gnostiker, Manichäer, Arianer, Monophysiten und viel später die Paulicianer, Bogomilen und Albigenser – für die die Absage an die Welt auch Ablehnung der zeitlichen Macht bedeutete – Gegenstand massiver Verfolgungen und Vernichtungen. Man fragt sich, ob diese Methode tatsächlich sinnvoll war: Denn tausende von Menschen zu vernichten, die sich offen dazu bekannten, dass diese Welt und ihre Gesetze das Böse sind, konnte diese Menschen nur in ihren Ideen bestärken!

Diese Frage war also von größter Bedeutung und bildete, sobald das Imperium christlich geworden war und die Bischöfe die Konzilien frei einberufen konnten, eines der ersten Diskussionsthemen. Allerdings war das Problem tatsächlich nicht einfach, da es unmöglich war, einen häretischen Asketen a priori von einem rechtgläubigen zu unterscheiden. Deshalb stellte man notgedrungen für die Beurteilung eines Asketen schon sehr bald empirische – und manchmal willkürliche – Kriterien auf. So war es an sich nicht häretisch, kein Fleisch zu essen oder Enthaltsamkeit zu üben, aber aufgrund des Argwohns, den die Gnostiker, Manichäer, Enkratiten hinsichtlich des Fleisches hegten, kam es dahin, dass man bei einem Mahl kaum mehr das Fleisch zurückweisen konnte, ohne in den Verdacht der Häresie zu geraten. Hat der Mönch den Bissen Fleisch zurückgewiesen um der Läuterung und des Opfers willen, um Gott wohlgefällig zu sein (rechtgläubige Haltung), oder weil er das Fleisch ausdrücklich verurteilt und es für ein Werk des Teufels hält (häretische Einstellung)? Um die Frage zu lösen, wurde auf dem Konzil von Ankyra ganz offiziell entschieden, „dass sich Priester und Mönche des Fleisches enthalten können, unter der Bedingung, zunächst davon zu kosten und einen Bissen zu essen". Wenn sie diesen Beweis der Rechtgläubigkeit erbracht hatten, stand es ihnen frei, den Rest auf dem Teller liegen zu lassen. Denn einen Bissen Fleisch kosten, und wäre es nur mit den Lippen, bedeutet, dass man das Fleisch nicht für ein Werk des Teufels hält. Manche Mönche jedoch, von zweifelhaften Absichten erfüllt, trieben die Askese so weit, dass sie sich weigerten, von einem Gemüse zu essen, das mit Fleisch zusammen gekocht worden war. Waren sie dazu berechtigt? Nein. Eine solche Unbeugsamkeit offenbarte dualistische Ideen, und das Konzil von Ankyra drohte, sie als häretisch zu verdammen.

Solcherart ist also das eschatologische und asketische Klima, das während der ersten vier Jahrhunderte in Ägypten herrscht, ehe tausende von Menschen in die Wüste aufbrechen. Der Glaube an das unmittelbar bevorstehende Ende der Welt, jetzt zwingend geworden, da die Welt dieses Ende in sich trägt, der asketische Überschwang, der aus der Askese, soweit sie eine rein spirituelle Übung ist, eine Waffe gegen die Gesellschaft macht – all das zeigt, wie weit sich der Mensch in diesen aufgewühlten Zeiten in der Verneinung oder Bejahung seiner selbst vorgewagt hat. Eine Askese, die bis zu einer kollektiven Ablehnung der Zeugung geht, gehört – selbst wenn sie häretisch ist – zu den extremsten und verzweifeltsten Positionen, die der Mensch im Hinblick auf seine mögliche Zukunft auf Erden in der Geschichte je bezogen hat. Und da dieses absterbende Universum, diese von Gott selbst verdammte Welt, die überall die erdrückende Gegenwart des Bösen offenbart, von nun an das Weiterleben und das Heil des Menschen nicht mehr gewährleisten kann, sucht dieser anderswo den Ort, um weiterzuleben, um sein Heil zu finden: er wird Asket, er wird Anachoret, und zwar dort, wo er diese Welt am besten vergessen kann: in der Kahlheit der Wüste.

2. Der große Übergang

*Eine Zeit wird kommen, da offenbar wird, dass die Ägypter um-
sonst zu den Göttern gebetet haben. Von der Erde werden die
Götter in den Himmel zurückkehren und Ägypten wird der Ver-
lassenheit ausgeliefert sein. Diese heilige Erde, das Land der
Heiligtümer, wird von Gräbern und vom Tod überzogen sein.
O Ägypten! Ägypten! Von deinem Glauben werden nur Fabeln
übrig bleiben, die den zukünftigen Geschlechtern unglaubwür-
dig erscheinen werden, nur Worte auf Steinen, um von deinen
Kulten zu zeugen!*

Asklepion

Warum bevorzugten die Asketen und Anachoreten ausgerechnet
Ägypten? Die hier zitierten Schriften über das Leben der „Gottesnarren" in der Wüste sind zum größten Teil auf Griechisch oder Lateinisch
abgefasste Werke. All diese Schriften von gebildeten Männern wie Athanasios, Palladius oder Hieronymus richteten sich an ein gebildetes, Griechisch und Latein sprechendes Publikum und übersetzten natürlich die
besondere Mentalität der in den Wüsten Ägyptens lebenden Menschen in
ihre eigene Sprache. Nun waren aber diese Anachoreten weder Griechen
noch Römer, sondern Ägypter: Antonios, Pachomios, Makarios der Ältere,
Poimen, Pior, Serapion, Hor, Paphnutios, Onuphrios, Schenute, Pisentios,
all diese großen Männer des koptischen Christentums waren ägyptischer
Abstammung, von ägyptischen (häufig sogar heidnischen) Eltern in Ägypten geboren. Sie sprachen weder Griechisch noch Latein, sondern Koptisch, die umgangssprachliche Form der altägyptischen Sprache. Außerdem waren sie zum großen Teil bäuerlicher Herkunft, gehörten also der
Klasse der Fellachen an, die (abgesehen von ihren ständigen Revolten) in
keinerlei Berührung mit den griechischen und römischen Besatzungen
kam und lange Zeit noch die Traditionen, Kulte und die Mentalität des
pharaonischen Ägyptens bewahrte. Über diesen Unterschied muss man
sich von Anfang an klar sein, sonst läuft man Gefahr, das einzigartige Phänomen der Entstehung des Mönchtums in Ägypten nicht in seiner ganzen

Eigenart zu erfassen. Seiner ganzen Entstehungsgeschichte wie seiner Tragweite nach ist es ein rein ägyptisches Phänomen: Eine totgeglaubte Vergangenheit und Kultur, die trotz jahrhundertelanger Fremdbesatzung weiterexistierte, ja sich sogar weiterentwickelt hatte, taucht nun in veränderten Formen neu auf.

Ägypten unter den Griechen und Römern

Zu der Zeit, als sich Antonios und Pachomios in die Wüste aufmachen, ist Ägypten schon seit gut 800 Jahren kein unabhängiges Land mehr. Der Einmarsch Alexanders des Großen im 4. Jahrhundert v. Chr. und die Angliederung des Landes an das Imperium Romanum um das Jahr 30 v. Chr. machten Ägypten zunächst zu einem hellenisierten Gebiet, dann zur römischen Provinz. Das besagt jedoch nicht, dass dieses Land griechisch oder römisch geworden wäre. Allem Anschein nach wurde Ägypten, vornehmlich im Glaubensbereich, nie tiefgreifend von seinen verschiedenen Eroberern beeinflusst, da der überwiegende Teil der Bevölkerung, Bauern, Fellachen und Handwerker, den alten Göttern treu blieb.

Natürlich beeinflussten die Griechen, nachdem sie mehrere Jahrhunderte lang im Lande waren, gewisse Teilbereiche des ägyptischen Lebens. Wichtig in diesem Zusammenhang ist die Gründung von Alexandria, das für rund ein Jahrtausend zum geistigen Mittelpunkt des Orients wurde, die Einführung gewisser griechischer Gottheiten (Dionysos zur Zeit des Alexanderfeldzuges, die eleusinischen Göttinnen unter den Ptolemäern), die Gründung von Gelehrten- und Philosophenschulen in Alexandria, die Heranbildung einer Schicht hellenisierter Ägypter, die Griechisch und Ägyptisch sprachen. Der griechische Einfluss in Ägypten machte sich indessen nur bei einer Schicht der Bevölkerung bemerkbar, die die Griechen selbst mit herangebildet hatten, einer städtischen Schicht hellenisierter Ägypter, die auch als Einzige Zeugnisse dieses Einflusses hinterließ. Dagegen lehnte sich das Ägypten der Bauern, Handwerker und Priester immer gegen den Hellenismus auf. Beweis dafür ist, dass die Beziehungen zwischen Griechen und Ägyptern ziemlich oberflächlich blieben; die in Ägypten ansässigen Griechen, zum größten Teil Kaufleute, Handwerker und Beamte, wurden von den Ägyptern als landesfremde Elemente behandelt. Die

Blick in die Wüste Juda.

Griechen wiederum nahmen die Ägypter nie sonderlich ernst. Dieses Land mutete sie von vornherein so seltsam, so ungewöhnlich an, dass sie – ähnlich wie die Europäer des vorigen Jahrhunderts in China oder Japan – in allem, was sie vorfanden, etwas Drolliges sahen. „So nannten sie die Grabbauten von Memphis wegen ihrer Form *pyramis*, das heißt Brötchen, die von Theben *syrinx*, das heißt Flöte; die mächtigen, hohen Steinsäulen vor den Tempeln waren für sie *obeliskoi*, was Bratspießchen bedeutet, und den schrecklichen Tieren im Nil gaben sie den Namen *crocodiloi*, womit man bei ihnen zu Hause die Eidechsen bezeichnete!" Die Ägypter zahlten ihnen im Übrigen mit gleicher Münze heim. In ihren Augen waren die Griechen ausgelassene, wenig seriöse Leute ohne das mindeste religiöse Empfinden, ein leichtsinniges und kindisches Volk. (Man denke nur an die berühmte Äußerung eines ägyptischen Priesters Solon gegenüber, die Platon in seinem *Timaios* anführt: „Ihr Griechen werdet wohl immer Kinder bleiben. Wann endlich werden die Griechen erwachsen sein?") Kurzum, Griechen und Ägypter unterhielten zwar ziemlich ungezwungene, doch oberflächliche Beziehungen und empfanden füreinander ein mit leiser Verachtung gemischtes Misstrauen.

Der römische Einfluss fiel in Ägypten noch weniger ins Gewicht als der griechische. Rom behandelte Ägypten als Sonderfall, als Gebiet, das sich durch seine Sitten und Gebräuche, seine Lebensart, seine Götter und selbst seine Lage im äußersten Süden des *orbis romanus* von den übrigen Provinzen des Imperiums unterschied. Das ging so weit, dass es nie die Verwaltungsform einer römischen Provinz erhielt, sondern lediglich die eines besetzten Gebietes, das persönliches Eigentum des Kaisers war. Während die Griechen neben den Ägyptern lebten, ohne sich allerdings wirklich mit ihnen zu vermischen, ließen sich die Römer nicht dauerhaft in Ägypten nieder. Man braucht nur einmal eine Karte Ägyptens aus der Zeit der römischen Herrschaft zur Hand zu nehmen. Was sieht man darauf? Alle Städte griechische Gründungen: Alexandria, Naukratis im Nildelta, Arsinoë im Fajum, dann, nilaufwärts bis zur nubischen Grenze, Aphroditopolis, Oxyrhynchos, Antinoë, Hermopolis, Lykopolis, Ptolemais, Koptos, Theben, Syene. Von all diesen Städten ist nur eine einzige römischen Ursprungs: Antinoë, von Hadrian nach dem Tode seines Lieblings Antinous gegründet. Tatsächlich reichte die römische Einfluss-Sphäre nicht über die Grenzen von Mittel- und Oberägypten hinaus. „Rom", schreibt der Historiker Victor Chapot, Spezialist für die Geschichte Ägyptens unter der Römerherrschaft, „war nie daran gelegen, in Ägypten einen *limes*, das heißt eine Grenzbefestigung oder Anlage mit Straßen und kleinen Kastellen, zu errichten, während es in Arabien viel Sorgfalt darauf verwandte. Tatsächlich reichte die römische Besatzungszone nie weiter als bis zur Südgrenze der Thebais, da Nubien nur Protektorat war." In Oberägypten tauchten die Römer nur sporadisch auf. Die Dokumente sprechen höchstens von römischen Wüstenpatrouillen, die von Zeit zu Zeit auf Dromedaren durch den einen oder anderen Ort ziehen. Was die Römer selbst betrifft, so treten sie kaum in Erscheinung. Es handelt sich um Militärs und Beamte, die im Nildelta und einigen wichtigen Orten stationiert sind, jedoch keinerlei Beziehung zu Land und Leuten haben. Rom hat zwar Ägypten besetzt, doch es unternimmt nichts, baut nichts, zeigt kein Verständnis. Es beschränkt sich darauf, die Aufstände zu unterdrücken, die alle Augenblicke ausbrechen, und durch schwere Besteuerung der Millionen zählenden Fellachenbevölkerung alle nur verfügbaren Schätze aus dem Lande herauszuziehen. „Ganz Ägypten", schreibt Victor Chapot, „muss für die Römer Geld schwitzen." Dieses Land am Ende der Welt, inmitten unheimlicher Wüsten gelegen, von unberechenbaren Nomadenstämmen umringt, erscheint ihnen ebenso unbegreiflich wie feindselig.

Man wird vielleicht finden, ich lege dem Geheimnisvollen und Exotischen zu viel Gewicht bei, doch das hieße die einzigartige Rolle verkennen, die Ägypten für die römische Kultur gespielt hat. Denn es zeigt sich, dass dieses von der römischen Besatzung so wenig geschätzte Land in Rom selbst wahre Schwärmerei auslöst. Von Rom oder Pompeji aus gesehen, ist Ägypten kein von unkultivierten Eingeborenen bevölkertes Ackerbauland, sondern ein Ort der Weisheit und Erkenntnis, das Reich okkulter Überlieferungen und der Magie. Um seine Mysterien, seine unentzifferbaren Symbole, seine malerischen Bauten kristallisiert sich das ganze Bedürfnis nach Exotischem und Wunderbarem, das die antiken Kulturen genauso kannten wie unsere heutigen. Das bedeutet jedoch nicht, dass man sich in Rom ein zutreffendes Bild von der ägyptischen Kultur und Weisheit gemacht hätte. Man vermutete ganz einfach – aber das genügte –, dass hinter den tierköpfigen Göttern, hinter den Hieroglyphen, hinter der Stirn der Isispriester mit dem kahl geschorenen Schädel furchtbare Geheimnisse steckten. Beweis dafür ist die Anziehungskraft, die die ägyptischen Kulte (vor allem der Isiskult) vom 1. Jahrhundert v. Chr. an ausüben. Weite Kreise des kultivierten Adels verfallen in eine solche Schwärmerei für Isis, ihre Mysterien, ihre Priester, für jenen fremden und bis dahin verkannten Kult, dass sich Kaiser Tiberius gezwungen sieht, den Kult zu unterdrücken, einige Priester kreuzigen zu lassen, um ein Exempel zu statuieren, und etliche Tausend Isisgläubige nach Sardinien zu verbannen. Fantastische Reiseberichte voll naiver Buntheit und marktschreierischer Fremdartigkeit, die sich großer Beliebtheit erfreuen, lassen schließlich ein klischeehaftes Bild von Ägypten erstehen, das in jenen Nillandschaften seinen Niederschlag findet, die damals in den römischen und pompejischen Häusern Furore machen. Mit ihren ewig wiederkehrenden Tempeln und Schilfhütten am Nilufer, Schiffen und Schiffern, Ibissen und Krokodilen erinnern sie an jene Tapeten aus unserer Kinderzeit, auf denen in einer stereotyp wiederholten orientalischen Landschaft mit Wüsten, Kamelen und Moscheen immer die gleichen verschleierten Frauen im Schatten der Palmen Wasser schöpfen. Und wie das 16. Jahrhundert sein Westindien und das 19. Jahrhundert sein Polynesien hatte, so haben die Römer in den ersten Jahrhunderten n. Chr. ihr Ägypten – paradiesische Gefilde, um die sich der ganze unbewusste Überdruss und alles Heimweh nach Unschuld kristallieren, die in zivilisierten Ländern zu Zeiten des materiellen Wohlstandes und der Expansion auftreten. Das Ägypten der Ibisse, der Weisen und der Sphinxe ist die heimliche Rache des von den Römern eroberten und unterdrückten Landes.

Die Anziehungskraft des Märchenlandes Ägypten ist so groß, dass es seit dem 1. Jahrhundert römische Touristen in hellen Scharen anlockt, deren beliebteste Reiseziele wir aus den Beschreibungen des Diodor von Sizilien und Plinius' des Jüngeren kennen: Zu ihnen zählen die Pyramiden, das Labyrinth am Moeris-See, die Memnonskolosse (die man bei Sonnenaufgang besichtigte, um sie singen zu hören), die Königsgräber von Theben, auf denen sich noch heute unzählige Kritzeleien finden, in denen sich die Besucher verewigten. Und da Ägypten neben seinen prächtigen Bauten als ganz einzigartige Attraktion auch noch seine heiligen Tiere zu bieten hatte (um im Touristenjargon unserer Zeit zu reden), versäumte man es nicht, unterwegs in Arsinoë Station zu machen, um den heiligen Krokodilen Fleisch vorzuwerfen, oder in Memphis, um den Stier Apis zu füttern (den die Priester nur bei dieser Gelegenheit und erst auf ein Trinkgeld hin aus seinem Heiligtum herausließen!). Märchenzauber, der sich in der Folgezeit ganz natürlich auf das christliche Ägypten überträgt. Kein Mensch wundert sich drei oder vier Jahrhunderte später im Abendland, wenn er hört, Ägypten sei noch immer ein Land voller Wunder und Seltsamkeiten. Die Wunder, die die Anachoreten – die auf den Wassern gehen, die Sonne in ihrem Lauf anhalten, die Toten auferwecken – angeblich vollbringen, locken eine Menge Griechen und Römer nach Ägypten, die sich für Pilger halten, die jedoch in Wirklichkeit nichts weiter sind als „Touristen" des christlichen Wunderglaubens, wie sie ehedem solche des heidnischen waren.

Der Sturz eines Idols

Mehr als 4000 Jahre lang beteten die Ägypter zu denselben Göttern. Mochten die Griechen diesem unerschütterlichen Pantheon auch Serapis – eine „Mischung" aus Zeus, Osiris und Apis – hinzufügen, mochte Hadrian Ägypten mit Antinous beschenken, im Grunde änderte sich an den Kulten des Landes nichts.

Die Ägypter selbst waren sich der ewigen Dauer ihrer Götter und Traditionen durchaus bewusst. Den Beweis dafür liefern uns die Worte, die Platon in seinem *Timaios* einen ägyptischen Priester zu Solon sagen lässt; sie laufen auf Folgendes hinaus: „All die Traditionen unseres Landes, Solon, stammen aus dem frühesten Altertum. Alles, was sich hier, bei euch oder an einem anderen Ort erfüllt hat, alles, was an Schönem, Großem, Bemerkenswertem auf der Erde hervorgebracht wurde, all das ist hier in unseren Tempeln von langer Zeit her aufgeschrieben und vor dem Vergessen bewahrt. Betrachte nur unsere Gesetze, unsere Lebensweise und unsere Kenntnisse, und du wirst sehen, dass sie über achttausend Jahre zurückreichen ...". Einen weiteren (noch älteren) Beweis finden wir in einer Erzählung Herodots, die das Alter Ägyptens ebenfalls auf achttausend Jahre ansetzt. Als Herodot den Tempel von Ammon-Re in Karnak besucht und die Priester fragt, seit wann die Götter über Ägypten herrschen, führen ihn die Priester in das Heiligtum und zählen ihm 341 Holzstatuen mit Namen auf: „denn jeder Oberpriester lässt zu Lebzeiten sein Standbild aufstellen; und indem sie sie der Reihe nach aufzählten, bewiesen sie mir, dass bei den Priestern, wie bei den Königen, seit den Anfängen der Sohn dem Vater nachgefolgt war." 341 Generationen, das macht ungefähr 8000 Jahre aus, stimmt also mit der von Platon angegebenen Zahl überein. Selbst wenn man nun die von Herodot genannten Ziffern halbiert, um auf dem Boden der archäologischen Angaben zu bleiben, ist die Zahl noch beredt genug. Vor diesem Alter, das sie ihren Göttern zuschrieben, vor dieser Dauerhaftigkeit ihres Glaubens und ihrer Kultur musste die ägyptischen Priester eine Art Schwindel überfallen – derselbe Schwindel, den der fremde Besucher verspürt angesichts der im Halbdunkel des Tempels aufgereihten 341 Statuen, von denen jede ein Glied in der Kette der Zeit war. In diesem Ewigkeitstaumel, in dieser Gewissheit, dass die Zeit stehen bleibt, dass die ägyptischen Götter seit eh und je über diese Erde herrschten, lebte Ägypten 4000 Jahre lang.

Und dann findet plötzlich dieser Taumel ein Ende, denn die ägyptischen Götter sterben. „Sterben" ist nur ein sprachlicher Notbehelf, denn es ist äußerst schwer, den Tod eines Gottes in seiner ganzen Vielschichtigkeit zu beschreiben – oder auch nur zu erfassen. Wann ist ein Gott tot? Wenn er nicht mehr öffentlich verehrt wird? Aber das beweist nicht, dass seine Anhänger nicht noch an ihn glauben, an seine verborgene Gegenwart und

Macht. So gab es im 6. Jahrhundert n. Chr., also zwei Jahrhunderte nachdem Kaiser Theodosios das Heidentum offiziell verboten hatte, im Römischen Reich noch immer Menschen – mystische Philosophen –, die an die Wahrheit der ägyptischen Götter glaubten. „Wir wissen", schreibt einer von ihnen, „dass die Götter dort unten gewohnt haben und noch dort wohnen." Eine Frage, die so eng mit der menschlichen Seele verknüpft ist, lässt sich eben nicht anhand der äußeren Spuren lösen, die die Götter und ihr Kult auf der Erde immer hinterlassen haben, vor allem in Ägypten. Das einzige Kriterium für den Tod eines Gottes können also nur seine eigenen Gläubigen liefern, nämlich wenn sie sich bewusst werden, dass er in ihnen gestorben ist, dass sie nicht länger an ihn glauben. Genau dieses Phänomen aber ereignete sich in Ägypten, in Alexandria, in den letzten Jahrzehnten des 4. Jahrhunderts, an dem Tage, an dem der Patriarch Theophilus ermächtigt wurde, aus einem Tempel des Dionysos eine Kirche zu machen. Er entdeckt dort obszöne Statuetten (oder vielmehr Statuetten, die er obszön findet), zerstört sie und wirft die Bruchstücke der Menge der Christen zu. Die Heiden begehren wütend auf, greifen die Christen an und laufen, plötzlich von Angst erfasst, zum Serapium, dem großen Tempel des Serapis, um sich dort einzuschließen. Dieser Tempel war von außergewöhnlicher Pracht, die zwei Jahrhunderte früher schon einen Christen wie Klemens von Alexandria beeindruckt hatte. Aber jetzt war weder die Stunde noch das Jahrhundert für die Bewunderung heidnischer Tempel. Die Christen, von Theophilus angefeuert, steigen die hundert Stufen hinauf, die zum Eingang des Heiligtums führen, dringen ins Innere ein und bleiben erstarrt, ja geradezu von Furcht gepackt, vor der riesigen Statue des Gottes stehen. Keiner getraut sich, Hand an sie zu legen. Endlich ergreift ein Soldat auf Befehl des Theophilus ein Beil, steigt auf eine Leiter und beginnt auf den Kopf des Gottes einzuschlagen. Das Idol wankt, stürzt, die Menge stößt einen Schrei des Entsetzens aus, während ... aus dem klaffenden Loch in der Statue eine Schar von Ratten entweicht! Da, mit einem Mal, ist alle Angst verflogen, die Christen stürzen sich auf das Idol. Die Heiden ihrerseits sind bestürzt: Besagt nicht ein Orakel aus frühesten Zeiten, dass die Welt an dem Tag einstürzt, an dem Serapis geschändet wird? Aber Serapis wurde zerschlagen und die Welt ist nicht untergegangen. Die Christen haben jetzt leichtes Spiel, sie schleifen die Trümmer durch die ganze Stadt und verbrennen sie. Jeder musste in diesem zerschmetterten

Koloss, aus dem sich Ratten flüchteten, in diesem zerstückelten Gott, den man durch die Straßen schleppte, das Bild des zerrissenen, sterbenden Heidentums sehen. Das Christentum hatte also in Ägypten – mit Gewalt – durchsetzen können, was weder Perser noch Griechen, noch Römer vermocht hatten: die uralten Gottheiten des Landes abzuschaffen und ihm einen neuen Gott zu geben.

Ägypten wird christlich

Die ersten glaubwürdigen Dokumente über die Existenz einer organisierten christlichen Gemeinschaft in Alexandria stammen vom Ende des 2. Jahrhunderts. Ebenfalls um diese Zeit gründet Pantaenus, ein zum Christentum übergetretener griechischer Philosoph (Stoiker), der auf den Spuren des Apostels Bartholomäus bis nach Indien gekommen sein soll, in Alexandria das berühmte Didaskaleum, eine christliche Schule der Schriftauslegung, deren Leitung nach ihm Klemens von Alexandria und Origenes übernehmen. Der Erfolg dieser Schule beweist, dass es zur Zeit ihrer Gründung in dieser Stadt bereits mehrere organisierte christliche Gemeinschaften gab, die zweifelsohne seit der Mitte des 2. Jahrhunderts bestanden. Aber wer sind diese ersten Christen? Vor allem Griechen, Juden, Römer, hellenisierte Ägypter, Mitglieder der kosmopolitischen, kultivierten Gesellschaft Alexandrias. In diesem Milieu breitet sich das Christentum zuerst aus – aus dem einfachen Grund, weil es nur auf Griechisch gepredigt wird und die eigentlichen ägyptischen Massen gar nicht berühren kann, da diese koptisch sprechen –; allerdings geht es dabei nicht ohne Schwierigkeiten ab, denn diese verfeinerte Gesellschaft ist von Natur aus wenig fanatisch, vielmehr tolerant und allen neuen Kulten und Göttern aufgeschlossen. Sie hatte schon die griechischen Götter angenommen, die römischen und orientalischen – syrischen und zoroastrischen – Gottheiten, bereit, sie mit denen Ägyptens zu „verschmelzen". Es ist im wahrsten Sinne des Wortes eine Klasse, die den religiösen Synkretismus bevorzugt, in der sich die glühendsten Anhänger des Gnostizismus, des Neo-Platonismus, des Neo-Pythagorismus, der hermetischen Lehren und aller religiösen und philosophischen Sekten zusammenfinden, die im 2. Jahrhundert in Alexandria in großer Zahl entstehen. Um nur ein Beispiel zu nennen:

Serapis – der große Gott der griechisch-römischen Epoche, dessen Untergang wir oben beschrieben haben –, dieser Serapis war eine Mischung aus Zeus-Jupiter, Hades, Osiris, Apis, Dionysos, ja trug sogar manche Züge von Ammon-Re! Neben seinem Tempel in Alexandria gab es noch ein weiteres berühmtes Serapisheiligtum in Memphis, wo er nach dem ägyptischen oder dem griechischen Ritus verehrt werden konnte und dessen Alleen von ägyptischen Sphinxen, griechischen Sirenen, den Standbildern Pindars, Protagoras' und Platons gesäumt waren! Ein solch anpassungsfähiger Synkretismus hat etwas Faszinierendes an sich. Heute, nach zwei Jahrtausenden Christentum, kann man sich kaum mehr vorstellen, dass die Gottheiten, statt einander auszuschließen, sich auf diese Weise vereinigen, in unablässig bereicherten Pantheons verschmelzen können. Die Leichtigkeit, mit der man damals, von alten oder fremden Göttern ausgehend, neue Götter „machte" (eine Leichtigkeit, die sich die Kaiser zunutze machen, um sich vergöttlichen zu lassen), hat vielleicht etwas Beunruhigendes an sich, ist aber im Grunde nur ein Zeichen für die Mannigfaltigkeit der Wege, die zum Heil führen.

In Ägypten findet das Christentum Eingang bei dieser synkretistisch gesonnenen Schicht, und zwar zu einer Zeit, da diese noch immer den Erfolg und die Verbreitung neuer Religionen bestimmt. Daher denn die offensichtliche Gefahr für das entstehende Christentum: absorbiert – aufgesaugt – mit den bereits bestehenden Religionen vermischt und nicht als einzige Offenbarungsreligion aufgenommen zu werden. Dass seine Verkündiger es als solche darstellen, ändert nichts an dieser Situation. Man akzeptiert Christus, man erkennt diesen neuen Heils-Gott an, aber da alle Götter der Zeit – Dionysos, Mithra, Osiris und andere – Heils-Götter waren (ja selbst die vergöttlichten Kaiser den Beinamen „Retter" trugen), wird die Verwirrung dadurch nur noch größer. Wenn man auch nicht so weit geht, eine Christusstatue zu meißeln, um sie in der Allee des Serapiums neben einem Standbild Platons oder Pindars aufzustellen, so betrachtet man Christus doch nur als einen Erlöser unter anderen – oder sogar nur als einen Weisen, was vom christlichen Standpunkt aus unvergleichlich schlimmer ist. Bei den Gnostikern gehört diese Einstellung sogar zur Tradition. Die großen gnostischen Lehrer der Zeit, Basilides und Valentinus, betrachten Christus zwar als ein höheres und wesentliches, aber nicht als das einzige Geistwesen ihres *Pleroma* (das heißt der Gesamtheit der

Im Kloster Deir Anba Bischoi im Wadi Natrun.

Schöpfung). So entzündet zum Beispiel im 2. Jahrhundert in Rom eine Gnostikerin namens Marcellina „Weihrauch vor den Ikonen von Christus, Paulos, Homer und Pythagoras" und wenig später stellt Kaiser Alexander Severus „in seinem *Lararium* die Bilder Jesu und anderer von ihm verehrter geistiger Größen: Alexanders des Großen, Abrahams, Orpheus', Apollonius' von Tyana" nebeneinander auf.

Was die religiösen Kulte und Riten betrifft, gilt dieselbe synkretistische Einstellung. Gewisse griechische und römische Kreise hatten seit langem die ägyptische Gewohnheit angenommen, sich einbalsamieren und mumifizieren zu lassen. Diese Gepflogenheit behielten sie auch, nachdem sie Christen geworden waren, als etwas ganz Selbstverständliches bei, sodass sich seit dem 3. Jahrhundert in den Nekropolen um Alexandria das seltsame Bild von Seite an Seite bestatteten heidnischen und christlichen Mumien bot! Selbst an den Grenzen des Todes machte also diese erstaunliche Mischung der Kulte, Götter und Riten, die für das ägyptische Leben dieser Zeit so kennzeichnend ist, nicht Halt: Die Christen finden es ganz natürlich, sich in heidnischen Nekropolen begraben und auf ihren Sarkophagen neben das Monogramm Christi die Zeichen von Osiris setzen zu lassen. Aber waren sie auch wirklich Christen? Man sieht, wie schwer sich feststellen lässt, wo zu dieser Zeit in Ägypten das „echte Christentum" beginnt und wo es aufhört. Falls es überhaupt existiert, ertrinkt es buchstäblich in der Unzahl von Sekten, die die Gnostiker, die Marcioniten, die Enkratiten, die Hermetiker und die Judenchristen gemeinschaftlich für sich in Anspruch nehmen. In diesem Alexandria des 2. Jahrhunderts, wo nach dem Ausspruch eines zeitgenössischen Autors „die Religionen ebenso zahlreich sind wie die Geschäfte" und wo „die Leute, die mit der Mode gehen, die Götter wechseln wie andernorts den Arzt", sind die „wahren" Christen eine nicht recht fassbare, im Gewirr der Dogmen und Götter fast völlig verschwindende Sekte. Das ist auch Hadrians Eindruck, als er um 130 Alexandria besucht. Hadrian, der unter allen Kaisern außergewöhnlich viel über Ägypten weiß, der den Religionen und Wahrheiten, woher sie auch kommen mögen, ungewöhnlich aufgeschlossen gegenübersteht. „Man kann hier erleben", schreibt er seinem Schwager Servianus, „dass Bischöfe, die sich Christen nennen, einen Serapiskult zelebrieren. Kein samaritischer, jüdischer oder christlicher Priester, der nicht auch ein Mathematiker, *Haruspex* oder *aliptes* wäre. Der Patriarch selbst betet, wenn er nach Ägypten kommt, zu Christus und Serapis, um es jedermann recht zu machen ..."

Der große Übergang

Knapp zwei Jahrhunderte, nachdem Hadrian diese Zeilen geschrieben hat, ziehen die ersten Anachoreten in die Wüsten Ägyptens. Inzwischen hat sich das religiöse Gesicht Ägyptens gänzlich gewandelt. Zur Zeit Hadrians war das Christentum nur eine Religion unter anderen gewesen. Nun ist ganz Ägypten christlich geworden: In den Städten entstehen Kirchen, an den Ufern des Nils Klöster, und die Wüsten bevölkern sich mit Anachoreten. Was ist geschehen? Vor allem eins: Seit der zweiten Hälfte des 3. Jahrhunderts wird das Christentum auf Koptisch gepredigt und breitet sich schnell und auf breiter Front unter der rein ägyptischen Bevölkerung aus, unter den Handwerkern, den Beamten der römischen Verwaltung, den Handeltreibenden und vor allem unter den Bauern. Schon bald entstehen im Inneren des Landes, im oberägyptischen Delta wie in Arsinoë, Thmuis, Philadelphia, Theodelphia, Oxyrhynchos, Theben, Koptos, Syene christliche Gemeinschaften; gegen die Mitte des 4. Jahrhunderts zählt Ägypten nach Adolf von Harnack bereits eine Million Christen und mehr als hundert Bischöfe, es scheint fast für das Christentum gewonnen. Wir sagen fast, weil sich an den beiden entgegengesetzten Enden der sozialen Stufenleiter, bei einem Teil der griechischen und römischen Intelligenz und bei einem Teil der Bauern, das Heidentum noch lange hält, sogar noch, nachdem es von Kaiser Theodosios offiziell verboten worden war.

Mit der Gewinnung der ägyptischen Massen, der Fellachen, nimmt das Christentum einen beträchtlichen Aufschwung; es wird praktisch zur Religion Ägyptens. Ein so plötzlicher und so tief greifender Umschwung verdient eine Erklärung.

Denn es war keineswegs zwingend, dass Ägypten christlich werden würde. Wohl war die Christianisierung der Oberschicht Teil einer natürlichen oder zumindest verständlichen Evolution (denn diese Kreise neigten eher dazu, neue Religionen anzunehmen, als sie abzulehnen), aber das galt nicht für die ägyptischen Bauern. Sie wechselten die Götter nicht wie Ärzte. Da aber die Anachoreten und Mönche vornehmlich aus dieser ländlichen, armen und ungebildeten Schicht stammen, stellt sich die gewichtige Frage: Warum werden sie Mönche?

Sicher muss man sich bei der Beantwortung einer so vielschichtigen Frage in manchen Punkten mit Annäherungen zufrieden geben. Fest steht jedoch: Für den ägyptischen Bauern des 3. Jahrhunderts bedeutet Christ werden nicht nur eine neue Religion anzunehmen, sondern auch mehr oder weniger auf die alte Religion, die althergebrachten Bilder, Symbole und Riten zu verzichten. Zwischen diesem Mehr und Weniger liegt die ganze Spannweite des Christentums zu dieser Zeit und die Notwendigkeit, vor die es sich gestellt sieht, sich mit dieser gewaltigen Vergangenheit abzufinden, nur mit manchen ihrer Forderungen zu brechen, kurz dem Kopten den Eindruck zu vermitteln, er könne Christ werden und doch Ägypter bleiben.

Das heißt, dass die Worte Christentum und Christ für den koptischen Bauern eine ganz andere Bedeutung hatten als für uns. Im Übrigen hatte vom einen Ende des *orbis romanus* bis zum anderen bald jedes bekehrte Land seine eigene Auffassung von Christus und diese Auffassungen wichen so sehr voneinander ab, dass die Kirchengeschichte der ersten sechs Jahrhunderte ein ständiger Kampf gegen die Häresien war, ein fortwährendes Bemühen, allen dasselbe Christusverständnis aufzuzwingen. Das Gewicht der Vergangenheit lastete schwer auf dem religiösen Empfinden des christlichen Ägypters und deshalb muss die Art und Weise eines koptischen Bauern, Christ zu sein, für unsere eigene Erfahrung immer etwas Fremdes, Unzugängliches behalten. Dies zeigt sich darin, dass er sich, als er in aller Freiheit sein Christentum wählen konnte, für ein sehr zweifelhaftes, häretisches Christentum entschied: den Monophysitismus, der gegen Ende des 5. Jahrhunderts Ägyptens Staatsreligion wurde.

Man kann sich nun fragen, ob die Kopten nicht schon seit ihrer Bekehrung, natürlich ohne es zu wissen, Häretiker waren, und ob sich die Geschichte des Christentums im Ägypten des 3. Jahrhunderts nicht aus der des 5. und 6. Jahrhunderts erklären ließe. Denn als die Kopten Monophysiten wurden, hatten sie keineswegs den Eindruck, ihren Glauben wesentlich zu ändern, sie meinten vielmehr, ihre Auffassung vom Christentum und von Christus zu bekräftigen. Heute jedoch weiß man, dass, wenn die Bauern und Mönche Ägyptens den Monophysitismus angenommen und manchmal um den Preis ihres Lebens gegen die Orthodoxie verteidigt haben, dies nicht aus einer besonderen Erleuchtung über die Wesensbeziehungen zwischen dem Vater und dem Sohn heraus geschah, sondern aus viel einfacheren Gründen. Monophysit werden hieß für einen Kopten, sich der zunehmenden Einmischung der byzantinischen Kaiser und Bischöfe in die religiösen Probleme und Geschicke der ägyptischen Kirche zu widersetzen. Die theologischen Streitigkeiten lieferten sehr häufig nur den Vorwand für tiefer liegende Streitigkeiten (die einzigen, die die ungebildete Masse der Bauern wirklich aufzurütteln vermochten), das heißt für politische Streitigkeiten, in denen das Nationalgefühl mit dem religiösen Empfinden verschmolz. Im Falle Ägyptens war der Monophysitismus ein

Symbol der wunderbaren Errettung in aller Bedrängnis und Verfolgung: Schadrach, Meschach und Abed-Nego, die drei Männer und der Engel im Feuerofen (vgl. Dan 3), Fresko im Pauloskloster am Roten Meer.

Mittel, um die Loslösung von Byzanz zu vollziehen, um sich ein für alle Mal vom byzantinischen Imperialismus frei zu machen, der für die Ägypter nur eine neue Form des römischen Imperialismus war.

Ließe sich nicht vielleicht die plötzliche Bekehrung Ägyptens zum Christentum (eine Bekehrung, die sich innerhalb einer Generation vollzieht und eine Bevölkerung für das Christentum gewinnt, die seit 4000 Jahren an ihrer Religion festgehalten hatte, darf man wohl plötzlich nennen) auf die gleiche Weise erklären? Könnte nicht schon diese Bekehrung eine Reaktion des ägyptischen Nationalismus gewesen sein, eine Reaktion, die in einem Land und bei einem Volk, das sich dem Hellenismus immer widersetzt hat, ganz natürlich wäre? Könnte das Christentum für den ägyptischen Bauern nicht ein Mittel bedeutet haben, sich an einer heidnischen Kultur und Besatzung zu rächen, die ihm immer fremd geblieben war, ein Mittel, um sich als Ägypter gegen das heidnische römische Imperium zu behaupten? Robert Amelineau, einer der maßgeblichen Historiker für das christliche Ägypten, hat diese Fragen in seinem Werk über das kop-

41

tische Christentum eindeutig beantwortet. Er zeigt auf, dass die Bekehrung der Bauernmassen zum Christentum mit dem großen ägyptischen Aufstand gegen die Geldeintreibungen Diokletians zusammenfällt. Dieselben Bauern, die sich zunächst gegen die römischen Legionen erhoben hatten, stehen zehn Jahre später wieder der römischen Macht gegenüber, aber dieses Mal als Märtyrer bei der großen Verfolgung, die Diokletian im ganzen Kaiserreich angeordnet hat. Rebell und Märtyrer – hier zeigt sich wieder einmal die tiefe Übereinstimmung im antisozialen Verhalten, von der schon im vorigen Kapitel die Rede war. Das kommt daher, dass der Glaube des ägyptischen Bauern nichts mit dem der Intelligenz und dem – wenig gefestigten – des Mittelstandes und der städtischen Klassen gemein hat. Es ist ein starker, zutiefst im Menschen verwurzelter Glaube, denn das neue religiöse Empfinden verschmilzt mit dem Nationalgefühl. Der Beweis? Zur Zeit der großen Christenverfolgung unter Decius im Jahre 250, also eine Generation vorher, als das Christentum erst den Mittelstand und die Stadtbevölkerung, Angestellte und kleine Grundbesitzer, die nur durch und für das römische Imperium lebten, erfasst hatte, wurde ihre Frömmigkeit auf eine harte Probe gestellt. Und siehe da, es brauchte nur eine Verfolgung zu kommen – wie eben die von Decius –, und schon verleugneten all diese Neubekehrten ihren Glauben. Bei der großen Verfolgung unter Diokletian dagegen weigerte sich ganz Ägypten, seinen Glauben zu verleugnen. Eusebius von Cäsarea berichtet von schrecklichen Massenhinrichtungen und Massakern, von denen selbst die abgelegensten Dörfer Oberägyptens nicht verschont blieben. Kurz, die massierte Christianisierung Ägyptens scheint sich also tatsächlich ebenso sehr aus politischen wie aus religiösen Motiven zu erklären. Für die ägyptischen Bauern war die neue Religion eine historische Gelegenheit, die es ihnen paradoxerweise möglich machte, das Ägypten ihrer Vorfahren wieder zu finden und dem unterdrückten hellenischen und römischen Ägypten entgegenzusetzen.

Nach dieser Beschreibung könnte man die Christianisierung Ägyptens für einen rationalen Vorgang halten, für die logische, ja beinahe schon kalkulierte Reaktion einer seit Jahrhunderten unterdrückten Bevölkerung, die entschlossen ist, mit den heidnischen Kräften und Werten der Besatzungsmacht „Schluss zu machen". Aber das trifft nur auf der kollektiven Ebene zu. Vom Einzelnen her gesehen, ist die Haltung des koptischen Bauern – ob es nun um die Bekehrung zum Christentum geht, um die Entscheidung für den Monophysitismus oder um den Aufbruch in die Wüste – vor allem ein spontaner, von jedem rationalen Grundsatz unabhängiger Impuls. Hinzu kommt noch das seltsam irrationale Klima, das bereits seit drei Jahrhunderten im Orient herrschte: der Glaube an das unmittelbar bevorstehende Ende der Welt, der übermäßige Hang zur Askese, die Angst der Menschen vor der Unordnung eines im Sterben liegenden Universums und vor einer Gesellschaft, die als hoffnungslos verdorben gilt. Wer weiß, ob bei dieser allgemeinen Verwirrung der Geister im 3. Jahrhundert die letzte Verfolgung unter Diokletian, die so bald auf den ägyptischen Aufstand folgte, ob dieses systematische Massaker nicht wie ein Zeichen erschien, das den Untergang der Welt ankündigte, als letzte Möglichkeit, die sich der Menschheit bot, mit einer Wirklichkeit zu brechen, in der man nicht mehr leben konnte? Jedenfalls zeichnen sich im Verlaufe dieser angsterfüllten Jahre zu Beginn des 4. Jahrhunderts in Ägypten die ersten Bewegungen der Weltentsagung und der Flucht in die Wüsten ab. Unmittelbar vor dem Ausbruch des Aufstandes gegen Diokletian hat Antonios sein Dorf verlassen, um sich 20 Jahre lang in der Festung von Pispir am Ufer des Nils einzuschließen. Und als die schreckliche Verfolgung unter Diokletian wütet, lässt sich der Soldat Pachomios taufen und schließt sich seinerseits in einer Hütte in Oberägypten ein.

Dass all dies zusammentrifft, kann nicht nur Zufall sein. Denn von nun an setzt sich die christliche Geschichte Ägyptens in diesen Anachoreten fort. All das, was bis dahin mangels ausreichender Zeugnisse von Einzelnen nur durch unpersönliche Dokumente erfahrbar war und den Rahmen für ein kollektives Abenteuer abgegeben hatte (für das Abenteuer des Großen Übergangs Ägyptens angesichts der christlichen Botschaft), wird nun dank Antonios, Pachomios und so vieler anderer eine individuelle Geschichte, die aus persönlichen Berichten besteht, aus Schriften, Worten, Gedanken, von jenen aufgezeichnet, die sie gelebt haben oder Zeugen waren, Geschichte, die in einem Dorf der Thebais ihren Anfang nimmt, in einer Kapelle dieses Dorfes, an dem Tag, an dem ein junger Mann von 20 Jahren namens Antonios plötzlich beim Hören des Evangeliums auf den Gedanken kommt, dass Gott nicht länger in den Städten noch in der Welt wohnt und dass man aufbrechen muss, um ihn in der tiefsten Wüste zu suchen.

Die Gottesnarren

3. Der Stern der Wüste

Jedermann weiß, dass mythische Figuren ebenso viele Spuren hinterlassen und ebenso viele Schriftsteller anregen wie Personen, die wirklich existiert haben. Die Griechen, die sich im Gefolge Alexanders aufmachten, um den Orient zu erobern, glaubten in den fremden Ländern auf Schritt und Tritt auf die Spuren der früheren Eroberungen von Dionysos und Herakles zu stoßen. Für sie verschmolzen Gegenwart und Vergangenheit, das Wirkliche und das Imaginäre so sehr, dass sie schließlich ihrem Gott oder Lieblingshelden die Wirklichkeit und die Verdienste einer Eroberung zuschrieben, die in Wirklichkeit nur ihnen selbst gebührten. Die Mythen hatten eine solche Macht über sie – wie wahrscheinlich über alle alten Völker –, dass sie lieber an ihrer eigenen Realität zweifelten, als einer aus den Mythen geschöpften Wahrheit zu widersprechen!

Umgekehrt aber bleibt eine historische Persönlichkeit, die – durch Eroberungen, Erfindungen, Gesetzgebungen – eine bedeutende Rolle in der Entwicklung der Zivilisation gespielt hat, oft nur dadurch in Erinnerung, dass sie ihrerseits in den Mythos eingeht. Wie die mythischen Gestalten sich schließlich der Geschichte „bemächtigen", so gliedern sich die historischen Persönlichkeiten in die großen mythischen Zyklen ein. So haben Minos, Priamos, Agamemnon, Orpheus, Lykurg lange auf der Grenze zwischen Mythos und Geschichte gelebt. Diese Neigung des Geistes, bei der Erklärung des Ursprungs großer historischer Ereignisse letztlich den Mythos der Geschichte vorzuziehen, erlischt auch mit dem Aufkommen des Christentums nicht. Die Lehre Jesu, die sich weniger auf die Gegenwart als vielmehr auf die Beispiele der Vergangenheit (auf die großen Propheten, die Schrift) und auf eine mythische Zukunft (das Ende der Welt, das Jüngste Gericht) bezog, entzündete die Fantasie seiner Zeitgenossen eben durch die ständige Bezugnahme auf Vorbilder und Taten, die nicht der Gegenwart angehörten. Mit der Verbreitung seiner Lehre bei den verschiedenen Völkern des *orbis romanus* trat anstelle des Meisters, der die Menschen gelehrt hatte, auf dieser Erde brüderlich miteinander zu leben, immer mehr der Retter der Welt in den Vordergrund, der mit der kosmischen Sendung betraut ist, „die Prophezeiungen zu erfüllen" und die unmittelbar bevorstehende Ankunft des Reiches Gottes zu verkünden. In dem Hang, den Ursprung all dessen, was für den Menschen in der konkreten oder geistigen Ordnung von umwälzender Bedeutung war, lieber den Göttern oder Heroen als dem Menschen zuzuschreiben, liegt zweifellos die Erklärung, warum es im ersten Jahrhundert der christlichen Ära als Sakrileg empfunden worden wäre, die Offenbarung der Macht des Glaubens einem Menschen zuzuschreiben, und nicht einem Gott.

Paradoxerweise erbrachten den Beweis für diese Tatsache, diese Allmacht des Mythos über den menschlichen Geist, ausgerechnet jene, die sich seit dem 19. Jahrhundert mit der Geschichte des Christentums und der Lehre Jesu befassten, in der Hoffnung, alles auf menschliches und keineswegs auf göttliches Wirken zurückführen zu können. Die zu dieser Zeit bei der Exegese gebräuchlichen Methoden zeigten jedoch bald, wie unmöglich es war, die Schriften der Evangelien lediglich als historische Zeugnisse über das Leben Jesu aufzufassen. Mehr und mehr enthüllten sie sich als Werke, die eine religiöse Wahrheit (Jesus als Messias und Gottessohn) in bestimmten Kreisen der Diaspora verbreiten sollten und die nicht als objektive, historische Berichte über das Tun und Lassen einer Person namens Jesus betrachtet werden konnten. Kurz, die Methoden der wissenschaftlichen Exegese bestätigten nur die bis dahin gültige Auffassung von den Evangelien und die schöpferische moralische Kraft des Menschen. Jesus wurde zwar getötet, doch sein Leben, seine Wunder, seine Lehre wurden zum Mythos. Dasselbe postume Schicksal widerfuhr auch manchen großen christlichen Heiligen (und zwar in dem Maße, in dem sie Jesus nachahmten); auch sie gingen in den Mythos ein.

So wurde auch dem heiligen Antonios, zum Dank dafür, dass er die Menschen die Kraft der Askese und der Einsamkeit gelehrt hat, das allgemeine Los der Pioniere des menschlichen Abenteuers zuteil: Manche Historiker des 19. Jahrhunderts – vornehmlich Deutsche – sahen in ihm, in seinem Leben und in seiner Askese nichts als einen Mythos. Eine übertriebene These, gewiss, aber sie gab immerhin den Anlass dazu, anhand des *Lebens des Antonios* gewisse Tatsachen ins Licht zu rücken, die sonst unbemerkt übergangen worden wären. Um welche Tatsachen handelt es sich nun?

Hat der heilige Antonios gelebt?

Das *Leben des Antonios*, das einzige Werk, das zu Lebzeiten des Heiligen geschrieben wurde, stammt vom heiligen Athanasios, Bischof von Alexandria, der während der arianischen Krise gezwungen war, sich zweimal längere Zeit in den Wüsten Ägyptens aufzuhalten, wo er um etwa 360 das Werk in griechischer Sprache verfasste. Diese berühmte Schrift, die den ganzen Orient und Okzident bezauberte und für die Ausbreitung des Mönchtums eine so entscheidende Rolle spielte, wurde bis zum 19. Jahrhundert für eine Biografie des Antonios gehalten. Ursprünglich lautete ihr Titel übrigens: *Leben und Taten unseres Vaters Antonios von Athanasios, Bischof von Alexandria*. Bis zu dem Tage, an dem gewisse Historiker nachwiesen, dass das Leben des Antonios in Wirklichkeit nicht in die Gattung der Biografie gehört, sondern in die der Aretalogie (von griechisch *arete*: Tugend und *logos*: Rede, man könnte es also mit Tugendrede übersetzen), eine seit mehreren Jahrhunderten im heidnischen Altertum sehr beliebte Gattung, die festen literarischen Kompositionsregeln folgte. Sie wollte keineswegs ein historisches, objektives Zeugnis vom Leben eines Menschen geben, sondern dem Leser ein erbauliches Bild des idealen Lebens vorsetzen. Sie war der literarische Ausdruck eines idealen Verhaltensvorbildes und wurde für die Leben der heidnischen Weisen ebenso verwendet wie für die der christlichen Heiligen. Das literarische Verfahren im *Leben des Antonios* ist dasselbe wie in den Leben der Weisen aus den früheren Jahrhunderten – ja, die Übereinstimmung ist so groß, dass manche Exegeten im *Leben des Antonios* eine reine Nachahmung der heidnischen Leben gesehen haben: des *Lebens des Apollonius von Tyana*, ungefähr um die Mitte des 3. Jahrhunderts von Philostratos verfasst, *des Lebens des Pythagoras von Iamblichos*, ungefähr zu Beginn des 4. Jahrhunderts entstanden, und der *Lebensbeschreibungen von Sophisten*, ungefähr um dieselbe Zeit von Eunapios verfasst. In diesen Lebensbeschreibungen handeln die Weisen wie später die Heiligen: Sie gebieten den Elementen, wenden Plagen ab, zähmen wilde Tiere, vollbringen wunderbare Heilungen, treiben Teufel aus. Das erlaubt uns, nunmehr all die Wunder, den Teufelsspuk und das Wunderbare, wovon es im Leben des Antonios nur so wimmelt, im richtigen Zusammenhang zu sehen. Nur im Hinblick auf das vom Verfasser angestrebte Ziel sind sie sinnvoll: das *Leben des Antonios*, geschrieben, um zu erbauen, und nicht um zu beschreiben, sondern um ein erhebendes Bild vom Leben in der Wüste zu zeichnen, nicht um eine getreue Reportage vom Tun und Lassen des Heiligen zu geben, kann nicht auf die literarischen Konventionen verzichten, die für jedes Leben eines Weisen oder Heiligen unerlässlich sind: verblüffende Wunder, großartige rhetorische Reden über die Tugend und die Weisheit, Rückgriffe auf das Wunderbare und Übernatürliche, Angriffe vonseiten der Dämonen. Das „Warum" des *Lebens des Antonios* erklärt das „Wie" und nicht umgekehrt. Dieses ganze Arsenal von Wundern und Versuchungen, von Gesprächen mit Engeln oder von außergewöhnlichen Kräften hat also nichts Christliches an sich. Aber in den Augen des heidnischen wie des christlichen Publikums der damaligen Zeit war das Leben eines Weisen oder Heiligen nur erbaulich, wenn es auch verblüffte, wenn es den Gesetzen der aretalogischen Gattung gehorchte, die ebenso rigoros und zwingend waren wie die literarischen Konventionen, die heute noch zum Beispiel für einen Kriminalroman gelten. In gewisser Hinsicht hat Ferdinand Lot also Recht, wenn er schreibt, dass „die Hagiographie in ihren Anfängen eine triviale Form der Literatur war wie heute der Feuilletonroman".

Das heißt jedoch nicht, dass man aus dieser moralischen Tendenz, aus dieser erbaulichen Absicht der Heiligenleben schließen könnte, sie enthielten überhaupt nichts Geschichtliches oder Wahres. Niemandem würde es einfallen, die Existenz des Pythagoras oder der griechischen Sophisten zu bestreiten, obwohl ihre Leben, von Iamblichos beziehungsweise von Eunapios verfasst, mehr Wunderbares und Fantastisches enthalten als Wirkliches. Kaum jemand bezweifelt ernsthaft, dass Antonios tatsächlich existierte. In seinem „Leben" wird berichtet, dass er zweimal nach Alexandria reiste, dass er gegen die arianische Häresie Stellung nahm, Tatsachen, die durch andere Quellen bestätigt werden. Sicher hat im 4. Jahrhundert in der Wüste Ägyptens ein Mann namens Antonios gelebt, ein ungebildeter, aber mit Verstand und großer Weisheit begabter Kopte, der sich in der Wüste einer so Aufsehen erregenden Askese hingab, dass seine Zeitgenossen beeindruckt waren und Athanasios sich angeregt fühlte, sein Leben niederzuschreiben. Aber ebenso sicher hat die historische Person nur wenig mit der des *Lebens des Antonios* gemein. Was diese Schrift an Geschichtlichem und Wahrem enthält, muss man gegen den Text, manchmal gegen den Autor suchen, in all dem, was ihm über die Tatsachen, die Orte, die Dinge, die er beschreibt, herausgerutscht ist. In diesem dunklen, unbewussten Teil des Werks schimmert durch die Legende oder den Mythos hindurch die wirkliche Geschichte des Antonios auf, den die *Synaxarien* viel später den „Stern der Wüste" nennen werden.

„Mach dich auf in die Wüste!" – Natürlich konnte die Stimme, das heißt der, der das sagte, unsichtbar sein. In diesem Fall handelte es sich dann um einen Ruf Gottes selbst. Immer aber, mag der Ruf nun aus der Menge kommen, von einem Freunde oder von Gott, liegt dem, was man Vokation nennt (von *vocatio*: Stimme, Ruf), eine Stimme zu Grunde, der man gehorcht. Aus dieser buchstäblichen Auffassung erklärt sich auch, warum während der ersten christlichen Jahrhunderte bestimmte Sätze aus dem Evangelium im Leben der Christen eine so große Rolle spielten. Eben nicht nur wegen ihres Inhalts, ihrer Botschaft, sondern weil sie als Ruf verstanden, empfunden wurden, als Stimme, die jeden anging. Das kam zum Teil daher, dass – insbesondere bei den tausenden von ungebildeten, zum Christentum bekehrten koptischen Bauern – das Evangelium zu dieser Zeit ausschließlich mündlich gelehrt und verkündet wurde und dass die Worte Jesu, seine Gespräche mit den Jüngern aus diesem Grunde wesentlich eindrucksvoller waren als die in der dritten Person geschriebenen Berichte. Aus ihnen sprach nach der Meinung derer, die damals als Mönche oder Eremiten in die Wüste zogen, die Stimme Jesu zu ihnen.

Es darf uns also nicht wundern, wenn die großen Eremiten – Antonios, Pachomios, Paulos von Theben – auf den *Ruf* eines einfachen Satzes aus den Evangelien hin in die Wüste aufbrechen: Durch diesen Satz wendet sich Jesus unmittelbar an sie.

So hört Antonios eines Tages Jesus in der Kirche zu sich sagen: „Willst du vollkommen sein, so geh hin, verkaufe, was du hast, und dann komm und folge mir nach." Antonios ist zu dieser Zeit noch ein Jüngling. 20 Jahre früher, um 251, wurde er in einem Dorf in Mittelägypten, in Kome bei Herakleopolis als Sohn einer reichen christlichen Familie geboren. Übri-

*Der heilige Antonios,
Darstellung aus dem
gleichnamigen Talkloster
in der Nähe von Beni
Suef am Nil, welches
mit seiner Landwirtschaft
das Wüstenkloster des
hl. Antonios erhält.*

gens ein bemerkenswerter Umstand: Die Gründer des ägyptischen Ana-
choreten- und Mönchtums, Antonios und Pachomios, stammten beide
aus gut situierten Kreisen. Darin unterschieden sie sich von jenen, die ihrem Beispiel nachfolgten, aber offensichtlich waren sie, gerade weil sie
reich waren, für die oben angeführten Worte Jesu besonders empfänglich.
Was macht nun Antonios? Er verkauft seinen gesamten Besitz (seine Eltern
waren kurz zuvor gestorben), verteilt ihn unter die Armen, behält nur eine kleine Summe für seine Schwester zurück, die jünger ist als er, und entsagt der Welt. Der Versuch der Einsamkeit und Askese beginnt.

Teilversuch zu Beginn, denn Antonios zieht nicht sofort in die Wüste.
Er lässt sich zunächst in der Nähe seines Dorfes bei einem Alten nieder, einem Greis, der schon jahrelang die Askese übt. Das war gang und gäbe. In
den ersten Jahrhunderten praktizierten Männer und Frauen die Askese

häufig in ihrem Haus oder in der Nähe von Städten und Dörfern. Manchmal schlossen sich ihnen noch andere an, sodass kleine asketische Gruppen entstanden. Das war in Ägypten schon zur Zeit des Antonios üblich. Da die Askese ebenso sehr eine geistige Disziplin darstellte wie eine Übung des Leibes, ging jeder Anfänger zunächst zu einem Alten in die Schule. Das war jedoch nur ein Brauch – keine Vorschrift –, aber doch ein bedeutsamer Brauch: Man musste einem anderen gehorchen, ehe man den Anspruch erheben konnte, Gott allein zu gehorchen.

Antonios gehorcht also eine Zeit lang einem Alten, und in diesen Abschnitt fallen seine ersten Versuchungen. Reichlich banale, ja platte Versuchungen, gemessen an denen, die ihm später in der Wüste begegnen sollten. Das kommt daher, dass der Begriff Versuchung für die verschiedensten Realitäten steht und mehrere Bedeutungen hat. Für den Augenblick genügt es, anzumerken, dass diese berühmten Versuchungen (vielleicht das Einzige, was wir heute gemeinhin von Antonios noch wissen) Berichte aus zweiter Hand sind, von Athanasios verfasst. Denn wir besitzen (abgesehen von einem Brief) keine einzige authentische Schrift von Antonios, sodass das Problem, dem wir uns hier gegenübergestellt sehen, fast ein bisschen dem von Platon und Sokrates gleicht. Wohl ist Athanasios Antonios mindestens einmal anlässlich seines ersten Aufenthalts in den Wüsten der Thebais begegnet, er hat einige Zeit mit ihm verbracht und vermutlich hat ihm Antonios von seiner Askese, seinen Kämpfen, seinem Versuch der Einsamkeit erzählt. Aber wie viel ist von diesen Worten des Antonios wirklich in dem „Leben" erhalten, das Athanasios im Anschluss an diesen Aufenthalt schrieb? Was die Bildung angeht, war Athanasios als Grieche dem Antonios, der sich nie mit der heidnischen Literatur oder Philosophie befasst hatte, bei weitem überlegen und außerdem weiß man nicht einmal, ob Athanasios, der griechisch sprach und schrieb, des Koptischen mächtig war. Die Bildung des Athanasios, seine ganze Persönlichkeit, sein von griechischer Philosophie durchdrungener Geist, die aretalogischen Ziele, die er sich bei der Abfassung des *Lebens des Antonios* steckte, all das sind Hindernisse, die sich zwischen uns und den wahren Antonios schieben.

Die ersten Versuchungen treten also an Antonios heran, als er zurückgezogen am Rande des Dorfes lebt. Er hat noch nicht völlig mit der Welt gebrochen, da er häufig Besuche empfängt und selbst die Asketen der Umgebung aufsucht, was die Art seiner Versuchungen erklärt. Der Teufel erinnert ihn an „den Besitz, den er aufgegeben hat, die Sorge, die er sich um seine Schwester machen müsste, den Adel seiner Herkunft, die Liebe zum Reichtum, das Streben nach Ruhm, die verschiedenen Formen der Lust, die die Freuden und andere Wonnen des Lebens bereiten. Darüber hinaus stellt er ihm vor Augen, wie außerordentlich schwer und mühsam es ist, die Tugenden zu üben, dazu die Schwäche seines Leibes, die lange Zeit, die er noch zu leben habe, kurz, er wirbelte in seinem Geist gleich Staub eine Wolke von Gedanken auf." Eine Wolke, die den Asketen wie ein beständiges Bedauern, ein Der-Vergangenheit-Nachtrauern umgibt: Der Teufel ist zunächst nur eine vertraute, lästige Stimme, die der Asket in sich selbst vernimmt, die mit seinen eigenen Gedanken verschmilzt und ihn aufstachelt, in die Welt zurückzukehren. Um ihr besser widerstehen zu können, verlässt Antonios eines Tages den Alten und zieht sich tiefer in die Einsamkeit der Wüste zurück.

Der Versuch der Finsternis

Warum die Wüste? Auf den ersten Blick könnte diese Frage geradezu absurd erscheinen. Denn Ägypten ist, hat man einmal das unmittelbare Umland des Nils verlassen, eine einzige unermessliche Einöde, und wer den Städten den Rücken kehrt, muss notgedrungen in der Wüste leben. Das taten schon die Bauern, die Sklaven, die kriminellen Elemente zur Zeit der römischen Besatzung; sie flohen die bewohnten Stätten, um sich dem Frondienst, den Steuern, ihren Herren oder der Gerechtigkeit zu entziehen. Aber sie hielten sich nur vorübergehend in der Wüste auf. Bei Antonios jedoch gewinnt dieser Aufbruch eine ganz andere Bedeutung, denn ihn zieht weniger die konkrete Wirklichkeit der Wüste an als vielmehr ihre symbolische.

Wie alle Anachoreten, die ihn in der Folge nachahmen, lebt Antonios in einem Milieu, das tief von biblischen Symbolen und Bildern durchdrungen ist. Die alleralltäglichsten Sinneseindrücke besitzen einen symbolischen Wert, eine symbolische Bedeutung, weil sie diesem oder jenem Abschnitt der göttlichen Geschichte auf die eine oder andere Weise als Rahmen gedient haben. Die Wüste ist vor allem ein unwirtlicher Ort mit unerträglicher Hitze, wo niemand ein normales menschliches Leben führen kann. Der Mensch ist dort, wo die Tage ermattend und die Nächte eisig sind, nackt zwischen Himmel und Erde, Gefangener einer abstrakten Landschaft, die in nichts der vertrauten Welt gleicht. Die Wüste ist ein unmenschlicher Ort. Aber was bedeutet unmenschlich für einen Kopten? Für ihn heißt es: ein von anderen Geschöpfen als den Menschen, ein von Engeln und Dämonen bewohnter Ort. Ein Mensch kann in der Wüste nicht leben, wenn ihm nicht Gott oder seine Engel beistehen, er kann nicht dort bleiben, ohne über kurz oder lang den Angriffen des Teufels ausgesetzt zu sein: Er muss dort Wunder und Versuchungen gewärtigen. Aber der Umgang mit den Engeln bringt es mit sich, dass die Menschen ihnen schließlich ähnlich werden. Was der Mensch an Menschlichkeit verliert, gewinnt er an Engelgleichheit, und das erklärt auch, warum die byzantinischen Maler diese ägyptischen Menschen auf den Fresken der Klöster in Kappadokien oder Griechenland als Wilde und Engel dargestellt haben: abgezehrte Gesichter, zerlumpte Gewänder, bis auf die Erde reichendes Haar, den Blick aber in die Betrachtung einer anderen Wirklichkeit verloren, ein Fleisch, das schon fast kein Fleisch mehr ist. Ziel aller Konventionen der byzantinischen Kunst ist es, die großen Asketen nicht zu leidenschaftslosen Geschöpfen, zu Phantomen oder Trugbildern zu machen, sondern zu Wesen, die bereits über die alltägliche Menschheit hinausragen, die zwischen dieser und jener Welt stehen. Die Wüste ist also der Ort eines äußersten Versuchs, eines Versuchs, der den Menschen notwendig über sich selbst hinausführt, zum Engel oder zum Tier, zum Teufel oder zu Gott.

Den Sinn des In-der-Wüste-Seins hat Origenes, einer der hervorragendsten Geister des 3. Jahrhunderts, der lange Zeit dem berühmten Didaskaleum von Alexandria vorstand, durch den Vergleich mit der von Platon in seinem Staat beschriebenen Höhle veranschaulicht. Jeder, der nach Wahrheit strebt, muss eine Zeit lang in der Wüste leben, denn dort ist es ihm vergönnt, einen Blick auf die Wirklichkeit der anderen Welt zu werfen. All die Illusionen und Phantasmagorien, von denen die Viten der Eremiten so voll sind, die fantastischen Gestalten, die Engel und Dämonen, die übernatürlichen Wesen, die in einem fort auftauchen und wieder verschwinden, machen die Wüste zu einem wahren Schattentheater, bei dem der Asket zunächst nur den Abglanz Gottes wahrnimmt: seine Engel und die Visionen, die Er ihm gewährt, bei dem er aber früher oder später zur

Vision der höchsten Wirklichkeit gelangen kann, wo sich nichts mehr zwischen den Asketen und Gott schiebt. In-der-Wüste-Sein ist Ausdruck desselben Symbols wie die Höhle Platons – Symbol eines zeitweiligen Aufenthalts in der Welt der Illusionen – und dieses Symbol nun lebt Antonios im wahren Sinne des Wortes. Denn wohin wendet er sich, als er den Alten von Kome verlässt? Und wo schließt er sich ein, nachdem er die Wüste erreicht hat? Am Ort des Schattens und der Phantome selbst: in einem Grab.

Nachdem er sich vom Alten und den anderen Asketen verabschiedet hatte, „machte Antonios sich auf zu Gräbern, die weit vom Dorf entfernt lagen. Er bat einen seiner Freunde, ihm in längeren Zeitabständen Brot zu bringen, ging in eines dieser Gräber, schloss die Tür hinter sich und blieb dort allein."

Fasten, Bußübungen, durchwachte Nächte: Antonios übt in diesem Grab eine strenge Askese. Schon zur Zeit, als er noch mit dem Alten gelebt hatte, war es häufig vorgekommen, dass „er die ganze Nacht wachte und kein Auge schloss. Er aß nie öfter als einmal am Tag, nach Sonnenuntergang, oder auch nur alle zwei Tage, und seine ganze Nahrung bestand aus Brot und Salz, und sein einziges Getränk war Wasser. Wollte er ein wenig ruhen, so diente ihm nur geflochtenes Schilf und ein härenes Gewand als Bett, aber meistens lag er auf der blanken Erde." Hier in der Dunkelheit des Grabes nimmt er eine noch schrecklichere Form der Askese auf sich, die den Menschen in seiner geselligen Natur trifft: Er verzichtet auf jeden Kontakt mit anderen.

Doch auch diese Abschließung war keine völlige Neuerfindung von Antonios. Sich mehrere Monate lang in ein Grab einzuschließen, um dort zu meditieren, war eine schon im heidnischen Ägypten geübte Form der Askese. Eine ziemlich begrenzte Praxis, die niemals zu einer festen Einrichtung wurde, aber doch genügend Anhänger fand, um eine bestimmte Kategorie von Reklusen zu bilden, die so genannten *Katochoi*. Diese *Katochoi* (vom griechischen *katochos*, das zurückgezogen, aber auch inspiriert bedeutet) waren Priester des Gottes Serapis, die im großen Tempel in Memphis, dem Serapium, eingeschlossen lebten und nie ans Licht des Tages kamen. Manche Historiker wollen in diesen *Katochoi* die Vorläufer der Wüstenanachoreten sehen. Aber warum sollte man eine direkte Verbindung zwischen diesen beiden Formen der Askese annehmen? Ägypten hat schon immer einen Hang zu dem gezeigt, was unter der Erde ist, zu unterirdischen Grüften, zu einem Leben in Dunkelheit, Unbeweglichkeit, Schweigen ... Muss man darin das zwingende Bedürfnis einer ganzen Kultur sehen, den Tod zu beschwören? Wie dem auch sei, jedenfalls sind diese – heidnischen oder christlichen – Praktiken untrennbar vom ägyptischen Geist, von seiner Ewigkeitsbesessenheit, von seinem Bestreben, die physische und geistige Ganzheit des Menschen für immer zu bewahren. Die Unbeweglichkeit, das Schweigen, das ausgedehnte Fasten, das Wachen, all das sind Formen der Askese, die den Menschen zu einem „lebendig Toten" machen. Vielleicht ist es ihm, in dem Ausmaß, in dem er sich den Erscheinungen des Todes nähert, in dem er die Grenzen des Jenseits streift, möglich, das Geheimnis zu durchdringen, verbotene Erkenntnis zu erlangen? In einer Schrift aus dem 2. Jahrhundert n. Chr., im *Philopseudes*, auf den wir noch zurückkommen werden, beschreibt Lukian von Samosata einen heidnischen ägyptischen Weisen namens Pankrates, „einen wegen seines Wissens bewundernswerten Mann, in allen ägyptischen Lehren erfahren, der 23 Jahre lang in einem unterirdischen Gewölbe blieb, wo ihn Isis in die Mysterien der Magie einführte". Dieses lange Sichaufhalten in unterirdischen Grüften, dieses Sich-über-sich-selber-Beugen, die Stille, die Meditation in der Dunkelheit waren also eine Form der Einweihung oder der Prüfung bei bestimmten Mysterien. Dass Antonios – Ägypter von Geburt und in seiner Geisteshaltung – eine gängige oder zumindest doch im pharaonischen Ägypten bekannte Form der Askese in den Dienst christlichen Bestrebens stellt, ist demnach nicht erstaunlich, wenngleich man darin keinen direkten Einfluss sehen muss.

Sein Versuch unterscheidet sich jedoch von dem der heidnischen Reklusen insofern, als er ihm nicht „die Geheimnisse der Magie" oder esoterische Erkenntnis „offenbaren" soll. Er unternimmt ihn im Gegenteil, um alles profane Wissen zu vergessen, alles Persönliche abzulegen. So wird er dadurch auch keineswegs zu einem „lebendig Toten", sondern zu einem „Erweckten", einem Kämpfer gegen das Böse, den der Aufenthalt im Dunkeln täglich zu apokalyptischen Kämpfen gegen die dämonischen Mächte zwingt.

In diesem Grabe hat Antonios die berühmten Versuchungen zu bestehen. Aber wenn man in der Dunkelheit eines Grabes allein lebt, ohne zu essen und ohne zu schlafen, ist nichts natürlicher, als versucht zu werden, das heißt, vor sich die aggressiven Bilder einer Welt auftauchen zu sehen, die man mit solcher Entschiedenheit ablehnt. Wie sah übrigens das Grab aus, in dem Antonios lebte? Es war eine dieser unterirdischen Grüfte, eines dieser sehr weiträumigen Gräber, in denen die Ägypter ihre Mumien zu bestatten pflegten und deren Wände mit Fresken und Texten, die das Totenreich darstellten, bedeckt waren: Gericht über den Verstorbenen vor dem Tribunal des Osiris und seit dem Neuen Reich vor allem die nächtliche Reise der Sonne durch das Amduat, das unterirdische Reich, die Welt der Toten. Doch sehen wir uns diese Bilder etwas genauer an.

Welch seltsames Zusammentreffen: Was die Leser des „Lebens" des Antonios durch die Jahrhunderte hindurch am meisten an seinen Versuchungen überrascht hat, nämlich die Ausschweifung der Vorstellungskraft des Antonios (oder des Athanasios oder des Teufels, es lässt sich nicht sagen, welcher von den dreien dafür verantwortlich sein mag), die erstaunlichen, vielfältigen Erscheinungsformen, die das Böse annimmt, um ihn zu erschrecken, die ausschweifende Fantasie stimmt genau mit der seiner heidnischen Vorfahren überein, die jene die Welt der Toten bevölkernden menschlichen, göttlichen oder monströsen Wesen darstellten.

Dieser Einfallsreichtum in Bezug auf das Monströse oder einfach das Dämonische und Göttliche ist sehr bezeichnend für die ägyptische Kultur. Nehmen wir ein Beispiel: Man glaubte im alten Ägypten, dass die Sonne während der Nacht durch die Welt der Toten, das so genannte Amduat, wandere. Diese Welt war in zwölf Teile oder Stunden eingeteilt. Jede dieser Stunden war von einer bunt zusammengewürfelten Menge von Göttern, Geistern und Toten bevölkert, die alle der Sonnenbarke das Geleit gaben (denn der Gott fährt in einer Barke auf dem Fluss, der durch das Amduat fließt). Betrachten wir nun zum Beispiel die Bewohner der dritten Stunde: es sind nicht weniger als 97. In der Mitte, auf dem unterirdischen Fluss, sehen wir die Barke des Sonnengottes, der hier mit einem Widderkopf dargestellt ist, Ammon-Re (denn er wechselt seine Erscheinungsform zu den verschiedenen Stunden der Nacht!), und vor ihm die Kuh-Göttin Hathor. Drei Barken begleiten ihn: Die erste trägt die Steuermänner „mit flammenden Gesichtern, ein Messer im Gesicht, und den Ruderer der Ruderer", die zweite und dritte ein Gefolge bestehend aus Personen und Schlangen „mit sprühenden Gesichtern, Feuer im Gesicht und Feuer im Auge", den Herrn des Zepters, den, der im Lande ist, den männlichen Falken und den weiblichen Falken. Auf beiden Ufern erscheint zu Ehren des göttlichen Zuges eine Reihe von Wesen: auf der einen Seite alle diejenigen, die „den Ozean schaffen und die Bahn des Nils bestimmen", das sind der Reihenfolge nach: drei Götter, vier Frauen, vier gehörnte und geflügelte Mumien, vier Adlige, ein Objekt von seltsamem Aussehen (zweifelsohne ein Papyrusstängel), das aber in Wirklichkeit ein Lebewesen ist, denn es heißt der, der voll Magie ist, ein kniender Mann, genannt der, der das Erwachen bringt, Anubis, ein Widder mit dem Namen der Töter seiner Feinde, ein Mann und eine Frau, die Augen tragen, der Erdferkelgott Seth und ein Kynokephale (ein Hundeköpfiger, in der ägyptischen Mythologie öffnen und schließen die Hundeköpfigen die Türen des Totenreichs). Auf der anderen Seite stehen diejenigen, die die Seelen vom Leib trennen und die Schatten einsperren. Man erkennt: den Gott Orion, einen Gott namens „der Westliche", eine Göttin, die über der Flamme ist, fünf Wesen mit Vogelköpfen, die Messer tragen, dann acht Osiris und den Widder-Gott Khnum. Und dasselbe in allen zwölf Stunden des Amduat! Dabei haben wir nur die Götter und die am stärksten hervortretenden Erscheinungen aufgezählt, die sich direkt an den Ufern des Flusses befinden. Im Hintergrund, in der Dunkelheit dieser seltsamen Welt, lassen im Vorbeiziehen die Strahlen des Sonnengottes, vergleichbar einem Scheinwerfer, der die Nacht zerteilt, Wesen aus einem Nachtmahr aufleuchten: im Sand begrabene Tote, von denen nur der Kopf herausragt, Schlangen auf Pfoten so hoch wie Stelzen, den Drachen Apophis um eine Anhöhe geringelt, Menschen auf die Erde hingestreckt, enthauptet oder gefesselt (die „Feinde" der Sonne), und wieder andere, die man kaum mehr erkennen kann, unter kleinen Sandbergen begraben.

Fügen wir nun noch hinzu, dass sich diese Grabfantasien nicht auf die Augen beschränkten, sondern auch die Ohren ansprachen. Die vielfältigen Geräusche, die die Fahrt der göttlichen Barke zu jeder Stunde im Amduat begleiten, werden in den Texten beschrieben: Freudengeschrei der Toten, solange die Sonne durch ihre „Stunde" zieht, Ächzen und Klagen, sobald sie sie verlässt, Lärm der Schlachten, die die Eskorte des Gottes seinen Feinden liefert, den Schlangen und Drachen, die ihm auflauern, und schließlich die Geräuschkulisse der Hölle: das Miauen der Katzen, das Summen der Bienen, das Brüllen der Stiere, Vogelschreie, denn jeder Gott und jedes Wesen schreit nach seiner Natur. Genauso aber – welch seltsames Zusammentreffen – beschreibt der heilige Athanasios die Begleitge-

*Eine Straße mit den Ruinen der Grabbauten von El-Bagawat in der Oase El-Charga;
das Bild illustriert die erste Phase des Einsiedlerlebens des hl. Antonios.*

räusche bei den Dämonenerscheinungen im Grabe des Antonios: „Wir wollen Antonios einmal auf eine andere Weise angreifen?', sagen die Dämonen, ,da es uns ein Leichtes ist, die verschiedensten Bosheiten zu erfinden, um den Menschen zu schaden. Woraufhin der höllische Trupp so zu lärmen anhob, dass die Kammer des Antonios davon erzitterte ... und da sich die vier Wände geöffnet hatten, drangen die Dämonen zuhauf in seine Zelle. Sie nahmen die Form der verschiedensten wilden Tiere und Schlangen an und füllten alsbald den Ort in Tiergestalten aller Art als Löwen, Bären, Leoparden, Stiere, Wölfe, Vipern, Skorpione und andere Schlangen, und ein jeder stieß Schreie aus nach seiner Art: die Löwen brüllten, als wollten sie ihn verschlingen, die Stiere schienen ihn jeden Augenblick mit den Hörnern durchbohren, die Wölfe sich wütend auf ihn stürzen zu wollen, und die Schlangen krochen auf der Erde und züngelten gegen ihn an. Unter diesen Tieren gab es kein einziges, dessen Blick nicht ebenso grausam wie wild gewesen wäre und dessen Zischen oder Gebrüll nicht Furcht und Schrecken eingeflößt hätte."

Sicher kommt dieser fantastische Reigen der seltsamen Wesen, die Antonios beim Wachen und Fasten in Wahnvorstellungen verfolgen, aus dem nachtmahrhaften Bestiarium, das seit fast zwei Jahrtausenden in der Psyche des Ägypters lebendig war. Die Götter des alten Ägyptens sind zu Dämonen und Phantomen geworden und lassen nun das christliche Ägypten nicht zur Ruhe kommen – eine Umkehrung des Heiligen, für die sich auch in vielen anderen Religionen Beispiele finden ließen. So galten nach dem Volksglauben, mit dem wir uns hier aber nicht weiter auseinander zu setzen brauchen, die alten geheiligten Gebäude und ganz besonders die Gräber – die nicht mehr benutzten, von Dieben ausgeplünderten Gräber, in die sich so viele Asketen und Anachoreten einschlossen – als Orte, an denen Gespenster und böse Geister ihr Wesen trieben.

Der Versuch des Lichts

In diesem Grabe nun lebt Antonios mehrere Monate lang; er wird immer wieder von Dämonen angegriffen, und zwar so heftig, dass er sich am Leibe wie zerschlagen fühlt und mehrere Stunden bewusstlos auf der Erde liegen bleibt.

Als er glaubt, genügend im Schatten meditiert und den Versuch der Dunkelheit vollendet zu haben, verlässt er das Grab, tritt ins Licht hinaus und macht sich auf nach einem noch entfernter gelegenen Ort, wo er für immer allein bleiben kann.

Antonios verlässt also sein Grab, das sich in der Umgebung von Kome befand, und zieht in östlicher Richtung in die Wüste, bis er zu einer verlassenen römischen Festung kommt, die nahe bei Pispir (dem heutigen Deir-el-Maimun) den Nil beherrschte. Auf dieser Reise wird er mehrmals vom Teufel versucht: Banale Versuchungen, deren Fantasielosigkeit im Vergleich zu den Versuchungen im Grab wundernimmt. Der Teufel legt dem Asketen ein Silberbecken von ungeheurer Größe, dann Goldbarren in den Weg. Natürlich lässt sich auch diese Versuchung rationalistisch erklären: Gold und Silber könnten eine Luftspiegelung der Wüste sein, Antonios könnte einen dieser unzähligen glänzenden Steine der Wüste bei seinem aufreibenden Marsch unter der Sonne für Gold gehalten haben. In Wirklichkeit aber spielt das Gold hier sicher eine symbolische Rolle: Es soll – eben in dem Augenblick, in dem sich der Asket für immer von der Welt abwendet – seine Ablösung von den Gütern dieser Welt veranschaulichen, die in ihrer wertvollsten Form dargestellt werden: dem Gold und dem Silber.

Jedenfalls setzt Antonios achtlos vorbei an diesem unverschämt mitten in der Wüste ausgebreiteten unnützen Luxus seinen Weg fort und stößt am Ende des Weges, am Ufer des Flusses, auf die Stätte, wo er bleiben wird: eine verlassene Festung.

„Sie war voller Kriechtiere, die aber, als wären sie verjagt worden, alsbald die Flucht ergriffen, und Antonios richtete sich ein und vermauerte den Eingang. Er hatte Brot für ein halbes Jahr mitgenommen (die Thebaner verstehen sich darauf, ein Brot zu backen, das sich ein Jahr lang hält), und Wasser gab es in der Umfriedung. Das Schloss betrat er wie ein Heiligtum und blieb dort allein. Er verließ es nie und empfing keinen von denen, die kamen, um ihn zu besuchen. So übte er sich lange; nur zweimal im Jahr bekam er Brot, das er sich über die Mauer reichen ließ.“

Lange, das heißt genau 20 Jahre. 20 Jahre lang sieht er keinen Menschen, ernährt sich ausschließlich von Brot und Wasser, schläft nur zwei oder drei Stunden in der Nacht. Unter der sengenden Sonne, unter dem gestirnten Himmel ist Antonios allein. Nach dem Versuch der Finsternis unternimmt er den Versuch der Einsamkeit und führt den Kampf gegen die Mächte des Bösen fort. Kämpfe, die offen ausgetragen werden durch wiederholte Angriffe, geisterhafte Kämpfe, deren Widerhall die Besucher – gezwungen vor der Türe zu bleiben, denn Antonios weigert sich, sie hereinzulassen – voll Entsetzen vernehmen. Von verwirrenden Erscheinungen umgeben, denn die guten Geister lassen sich nur schwer von den bösen unterscheiden (aber ist für den Anachoreten nicht das ganze Leben in der Wüste eine einzige lange Lehrzeit, um zur Erkenntnis der verborgenen Gesetze des unsichtbaren Universums zu gelangen?), lebt, betet und fastet Antonios inmitten dieses Schattentheaters. 20 Jahre lang macht er – wie man es formulieren könnte – den Versuch des Wirklichen und des Trügerischen; den Versuch, unter der Vielfalt der Erscheinungen, die seine überhitzte Einbildungskraft, seine Wahnvorstellungen um ihn in der Sonne oder in der Nacht erstehen lassen, diejenigen zu erkennen, die wahre Zeichen Gottes sind. Denn die Dämonen „scheinen, da sie nichts vermögen, auf einem Theater zu spielen; sie wechseln die Gestalt, wie um Kinder durch die Vielfalt der Phantome und Gesichte zu erstaunen, was aber lediglich von ihrer außerordentlichen Schwäche zeugt und sie in unseren Augen nur noch verächtlicher erscheinen lassen muss. Der gute, von Gott gegen die Assyrer gesandte Engel dagegen hatte es nicht nötig, sich von einer großen Menge begleiten zu lassen oder seltsame Formen anzunehmen oder großen Lärm zu schlagen; in aller Stille tötete er in einem Augenblick 185 000 Mann.“

Doch lassen wir das seltsame Kriterium, nach dem Antonios zwischen den guten Engeln und den Dämonen unterschied, beiseite. Als er sich nach 20 Jahren einsamer Askese im Ringen mit der unsichtbaren Welt genügend bewährt hat, fühlt er sich bereit, Schüler heranzubilden. Die Idee selbst stammt jedoch nicht von ihm. In seinem Versuch liegt keine Nötigung, Schüler zu leiten, eine „Lehre“ zu verkünden. Aber mit der Zeit beugen die zahlreichen Besucher, die keine Gefahr der Wüste scheuen, um zu ihm zu kommen, seinen Willen zur Einsamkeit. Eines schönen Tages entschließt er sich, anstatt sie wie gewöhnlich vor dem geschlossenen Tor warten zu lassen, zu ihnen hinauszugehen, zu ihnen zu sprechen. Zum ersten Mal „zeigte er sich vor dem Schloss jenen, die zu ihm kamen, und sie waren erstaunt, ihn ebenso voller Kraft zu sehen wie früher. Er war weder durch den Mangel an Übung dicker geworden noch geschwächt durch all das Fasten und die Kämpfe gegen die Dämonen. Sein Gesicht war unverändert, er besaß

Detail aus dem Antonioskloster am Fuß des Berges Kolzim.

dieselbe Gelassenheit des Geistes und dieselbe angenehme Gemütsverfassung. Er war weder von Traurigkeit niedergeschlagen noch überschwänglich vor Freude. Sein Gesicht war weder zu fröhlich noch zu streng. Er bezeigte kein Missvergnügen darüber, sich von einer so großen Menge umringt zu sehen, aber auch keine Selbstgefälligkeit, von so vielen Menschen begrüßt und verehrt zu werden. Er befand sich in einem vollkommenen seelischen Gleichgewicht, in einem der Natur angemessenen Zustand."

Nun bildet er die ersten Schüler heran, die sich um ihn scharen, um der Welt zu entsagen. In diese Zeit – die man ungefähr auf 305 n. Chr. ansetzen kann – fällt also die Gründung der ersten christlichen Gemeinschaft in Ägypten. Es ist noch kein Kloster, sondern höchstens eine Versammlung von Anachoreten, die sich einer relativ freien Askese und Lebensweise unterwerfen. Diese erste Gemeinschaft gründet Antonios am Ufer des Nils nicht weit der Festung von Pispir.

Zu dieser Zeit ist Antonios bereits in ganz Ägypten berühmt, und zwar nicht nur bei einer Hand voll glühender Bewunderer, sondern bei allen Schichten der Bevölkerung. Scharenweise strömen die Menschen zum „Kloster" von Pispir, legen sich quer über die Eingangsschwelle in der Hoffnung, Antonios möge erscheinen, zu ihnen sprechen, sie heilen oder vom Dämon befreien. Schon breitet sich das Gerücht aus, es genüge, sich dem „Kloster" zu nähern, um es alsbald geheilt wieder zu verlassen. Aber Antonios unterstützt weder die Menge noch die Wunder, noch den Ruhm, er beschließt, erneut aufzubrechen und tiefer in die Wüste zu ziehen, „an einen Ort, an dem niemand ihn kennt".

Der letzte Teil seines Lebens, vom Alter von 60 Jahren an bis zu seinem Tod, gehört trotz mancher konkreter Einzelheiten kaum noch der menschlichen Geschichte an. Nachdem er seine Gefährten von Pispir verlassen hat, macht Antonios am Ufer des Nils Halt, ohne recht zu wissen, wohin er gehen soll, als er plötzlich eine himmlische Stimme vernimmt, die ihn heißt, sich „ins Innere der Wüste" zu begeben. Im selben Augenblick ziehen Beduinen vorbei, er schließt sich ihnen an und kommt mit ihnen auf dem östlichen Ufer des Nils, nahe beim Roten Meer, an den Fuß des Berges Kolzim, den östlichsten Punkt des Gebel-el-Galaza, wie die Bergkette heute genannt wird. Nachdem er nun zugleich den Gipfel der Meditation und des Berges erreicht hat (das ist kein Wortspiel, denn der Parallelismus zwischen äußerlichem Aufstieg und spiritueller Erhebung ist überall im

Leben des Antonios spürbar), beschließt er, bis zu seinem Tode an diesem Ort zu bleiben.

Ein französischer Reisender aus dem 17. Jahrhundert, Jean Coppin, hat die berühmte Stätte, an der Antonios sich niederließ und starb, besucht und beschrieben. Von Kairo aus gelangte Coppin nach einem mehrtägigen Marsch durch die Wüste in das Wadi Araba, zum Fuß des Berges Kolzim und von da aus zur Höhle des Antonios: „Der Eingang ist nur zwei Fuß breit, aber viereinhalb Fuß hoch; diese Öffnung setzt sich elf Schritt weit in den Felsen hinein fort, ohne sich weiter zu verbreitern, sodass keine zwei Menschen nebeneinander gehen könnten. Am Ende dieses Ganges öffnet sich der Fels; hier sind drei Steine aufeinander gelegt, um als Stufen zu dienen. Als wir sie hinuntergestiegen waren, befanden wir uns in einer fast runden Höhle, die bis zu dreißig Personen fassen kann. Die ganze Vorderseite des Felsens steigt steil und senkrecht an, sodass sie wie eine Wand wirkt. So zieht sie sich ungefähr drei- oder vierhundert Schritt weit hin. Weit und breit kein Wald, die Gegend dürr und steinig. Man benutzt einen Weg, der in Kehren verläuft, denn es wäre unmöglich, geradewegs hinaufzusteigen. Von hier aus sahen wir im Osten das Rote Meer, aber wegen der Entfernung erschien es uns wie eine Wolke über der Erde.“

Eine eher strenge Beschreibung, die mit der aus dem *Leben des Antonios* seltsam kontrastiert. Im *Leben des Antonios* wird die Einsiedelei als ein paradiesischer Ort beschrieben, als ein Eden, das sich auf wunderbare Weise in all der Dürre der Umgebung erhalten hat: „Am Fuße des Berges entsprang eine ganz klare Quelle, deren Wasser sehr gut und außerordentlich frisch war. Unterhalb davon erstreckte sich eine Ebene, in der einige wilde Palmen wuchsen. Antonios, wie von Gott getrieben, fasste Liebe zu diesem Ort, denn er war so, wie ihn die Stimme, die am Ufer des Flusses zu ihm gesprochen, beschrieben hatte. Er nahm Brot von den Sarazenen, mit denen er gekommen war, und blieb allein auf dem Berge zurück, denn er glaubte, diese Stätte sei für ihn bestimmt. Als die Sarazenen sahen, wie zufrieden er war, dort zu bleiben, kamen sie auf demselben Weg wieder zurück und brachten ihm freudig Brot. Eine gewisse Erleichterung boten ihm auch die Früchte der Palmen.“

In der Tiefe und der Finsternis einer unterirdischen Gruft begonnen, vollenden sich Leben und Askese des Antonios an diesem hoch gelegenen, in Licht getauchten Ort, von wo aus sich das Rote Meer „wie eine Wolke über der Erde" ausnimmt. Nach seinen Siegen über das Böse führt er ein fast engelgleiches Dasein, und alle Begebenheiten aus seinem früheren Leben tauchen nun unter umgekehrtem Vorzeichen wieder auf: die Finsternis wird zu Licht, die Versuchungen werden zu Wundern und die Dämonen zu Engeln. Selbst die vom Teufel gesandten wilden Tiere, die ihn in seinem Grab bei Kome angriffen, werden in Kolzim zu den frommen Gefährten seines täglichen Lebens: „Anfangs richteten die wilden Tiere, die zur Quelle kamen, um zu trinken, oft Schaden in seinen Beeten und Pflanzungen an. Sanft nahm er eines, indem er zu allen sprach: ‚Warum fügt ihr mir Unrecht zu, da ich doch euch kein Unrecht tue. Geht fort und, im Namen des Herrn, kommt nicht wieder.' Und als hätte dieser Befehl sie in die Flucht getrieben, kehrten sie nie wieder zurück."

Der Himmel selbst füllt sich mit engelhaften Bildern. Auf dem Berge sitzend, betrachtet Antonios durch die Wolken hindurch ein vielfältiges Geschehen, das fast immer auf die Zukunft hinweist: Unbekannte sind in der Wüste unterwegs zu ihm, die Seele seines Schülers Ammon steigt, von Engeln geleitet, zum Himmel auf; manchmal sieht er sich selbst von Engeln über die Erde hinausgehoben. Er hört Gespräche unsichtbarer Wesen, sieht seltsame Dinge geschehen: Eines Tages, als er aus seiner Höhle tritt, nimmt er ein schreckliches, leuchtendes Phantom wahr, dessen Kopf den Himmel berührt und das sich vergeblich bemüht, die Seelen der Gerechten daran zu hindern, zum Himmel aufzusteigen, oder er sieht plötzlich, dass die Erde von einem Netz überzogen ist, das die Dämonen gespannt haben.

Die eigentümliche Atmosphäre, die die letzten Jahre des Antonios umgibt, die immer wiederkehrenden Visionen eines von Engeln bewohnten, von den Seelen der Toten durchquerten Himmels, die Phantome und die die Erde überziehenden dämonischen Netze, all das erinnert unweigerlich an das Letzte Gericht, wie es sich ein Mann wie Antonios wohl vorstellen mochte. Das Geschehen spielt von jetzt an in seinen Augen ebenso sehr im Himmel wie auf der Erde. Ja, sagt er nicht, als in Ägypten die Häresie des Arius triumphiert und er seine Grotte verlässt und nach Alexandria geht, um die arianische Gefahr anzuzeigen, dass „diese Häresie eine der letzten ist und dass sie dem Antichrist voraufgehen wird"?

Auf diesem Berg, wie Adam im Paradiese lebend, ist er beinahe schon ein Bewohner des Himmels, ein Gefährte der Engel. Als er bald darauf stirbt, wird sein Leib der unangebrachten Verehrung vonseiten der Leben-

Noch heute versorgt diese Quelle mit ihren 100 m³ frischen Wassers pro Tag das Antonioskloster am Fuß des Berges Kolzim.

den entzogen, denn Antonios hat seine Schüler geheißen, ihn an einem geheimen Ort zu begraben, der nur ihnen bekannt war.

Abgesehen vom *Leben des Antonios* besitzen wir kaum noch andere Quellen über das Tun und Treiben des Heiligen. Die koptischen *Apophthegmata* (kurze Sentenzen oder Sinnsprüche), die ihm zugeschrieben werden, sind lediglich eine Nachahmung der Reden, die ihm in seinem „Leben" in den Mund gelegt werden. Dasselbe gilt für die anderen Viten und Schriften. Lediglich ein kurzer Bericht des arabisch-jakobitischen *Synaxarions* enthält einige ergänzende Hinweise, die aber aus einer viel späteren Zeit stammen. Im koptischen *Synaxarion* dagegen ist uns eine Zusammenfassung des koptischen „Lebens des Antonios" erhalten, die manche Unterschiede zum griechischen „Leben" aufweist. Diese Abweichungen betreffen jedoch weniger die Begebenheiten selbst als vielmehr die Darstellungsweise; aber anhand ihrer kann der Leser in etwa ermessen, welche Kluft das Koptische vom Griechischen trennt. Man hat hier, trotz der Kürze des Textes, den Eindruck, dem Alten der Wüste, dem wahren Antonios, näher zu kommen: „Als Antonios 20 Jahre alt geworden war, starben seine Eltern. Da verteilte er den Besitz, den sie ihm hinterlassen hatten, unter die Armen. Er hatte eine Schwester, er gab sie zu den Jungfrauen. Er liebte die Frömmigkeit und die Einsamkeit. Das Wort Mönchtum war noch nicht bekannt, aber wer allein sein wollte, verließ sein Dorf und versenkte sich in Andacht. Das tat der große Antonios. Und Satan kämpfte gegen ihn mit Trägheit und Langeweile: er gesellte ihm das Abbild einer Frau bei, als hätte sie mit ihm gelebt, und das alles ertrug er."

Antonios zieht sich also in das Grab zurück, und „Satan erteilte seinen Soldaten Anweisungen, und sie suchten ihn auf in vielerlei Gestalt, als wilde Tiere, Wölfe, Löwen, Schlangen, Skorpione, und alle griffen ihn an, um ihm Angst zu machen, aber er machte sich über sie lustig und sagte: ‚Hättet ihr Gewalt über mich, so würde ein Einziger genügen.' Daraufhin verschwanden sie, lösten sich auf wie Rauch, und er hatte Ruhe vor Schmerzen und Versuchungen. Zweimal im Jahr buk er Brot und ließ es an der Sonne trocknen. Niemand durfte bei ihm eintreten, alle blieben draußen vor der Türe und hörten sein Wort."

Und da Antonios auf dem Berge Kolzim am 18. Januar 356 im Alter von 105 Jahren starb, fügt das *Synaxarion* hinzu: „Er lebte bis ins hohe Alter, ohne dass seine Kräfte nachließen. Kein Zahn fiel ihm aus."

4. Die Wiese der Heiligen

Die Existenz des Paulos von Theben ist bestritten worden, weil er im Verborgenen gelebt hat, schrieb schon der heilige Hieronymus in seiner Vita über den hl. Paulos. Eine unerlässliche literarische Vorsichtsmaßnahme, die aber weder die Zeitgenossen des heiligen Hieronymus noch die modernen Kritiker daran gehindert hat, an der wirklichen Existenz des Paulos von Theben zu zweifeln. Das Leben dieses geheimnisvollen Heiligen hat der kritischen Geschichtsschreibung viele Rätsel aufgegeben, schließlich deutet alles darauf hin, dass es sich bei Paulos um eine fiktive Figur handelt. Im *Leben des Antonios* wird er mit keiner Silbe erwähnt. Selbst angenommen, ein gewisser Paulos habe sich einige Jahre vor Antonios in die Wüsten der Thebais zurückgezogen, so hätte dieser Paulos doch nur wenig mit dem zu tun, den der heilige Hieronymus beschreibt und verherrlicht. Denn die aretalogische und moralisierende Absicht liegt hier zu offen auf der Hand, als dass man das Werk wörtlich verstehen dürfte.

Viele Kommentatoren haben dem heiligen Hieronymus sogar üble Absichten unterstellt. Eifersüchtig auf den Erfolg des *Lebens des Antonios*, hätte er beschlossen, nun seinerseits ein Heiligenleben zu verfassen, und aus allen möglichen Stücken die Person des Paulos von Theben zusammengesetzt, ihn schließlich noch vor Antonios in die Wüste aufbrechen lassen, um Antonios die Urheberschaft dieses Versuchs streitig zu machen. Und tatsächlich hat der heilige Hieronymus das *Leben des Paulos von Theben* zwischen 374 und 379 geschrieben, zu einer Zeit, als er selbst zurückgezogen in der Wüste Kalchis in Syrien, östlich von Antiochia, lebte, also just einige Jahre, nachdem Evagrios von Antiochia das *Leben des Antonios* ins Lateinische übersetzt hatte. Außerdem stimmen Leben und Askese des Paulos in vielen Punkten mit denen des Antonios überein, nur dass alles stärker gezeichnet ist. Dazu kommt schließlich noch, dass dieser Paulos von Theben in keinem historischen Dokument erwähnt wird, außer in einer Bittschrift der Bewohner der Stadt Oxyrhynchos in Mittelägypten aus dem Jahre 382 an die Kaiser Valentinian, Theodosios und Arkadios. Darin ist die Rede von einem „seligen Paulos, der einst in der Thebais lebte und ebenso berühmt war wie Antonios und dessen Fest auch heute noch gefeiert wird". Das ist alles, was man von ihm weiß, und das ist nicht eben viel. Alles Übrige ist ausschließlich Sache des heiligen Hieronymus, wobei sich nicht feststellen lässt, ob dieser sich einen liebenswürdigen literarischen „Studentenstreich" geleistet oder guten Glaubens Dokumente herangezogen hat, die nur ihm allein bekannt waren. Im Übrigen geht es uns auch gar nicht so sehr um dieses Problem, denn das Fehlen jeder historischen Wirklichkeit macht das Unternehmen des heiligen Hieronymus im Grunde nur noch aufregender, können wir doch auf diese Weise die Entstehung eines Mythos und eines idealen Menschentyps, des Wüstenheiligen, sozusagen nach der Literatur verfolgen. Die schöpferische Kraft der Moral zeigt sich hier rein und unvermischt, sodass man das *Leben des Paulos von Theben* zu Recht als das theoretischste, aber auch als das vollkommenste Vorbild für das Leben des Wüstenheiligen betrachten kann.

Ab diesem Zeitpunkt macht sich das Thema des „edlen Wüstenheiligen" in der griechischen, lateinischen, koptischen und altsyrischen Literatur breit, wie sich später im 18. Jahrhundert die französischen Philosophen an dem des edlen Wilden berauschen. Es leuchtet also ein, dass es im vorliegenden Fall weniger auf die Geschichtlichkeit der Personen wie des Antonios oder des Paulos von Theben ankommt als vielmehr auf den Einfluss, der von ihren Biografien ausgeht. Angesichts der umwälzenden Ereignisse in Ost und West, der Barbareneinfälle, des Untergangs des Römischen Reiches, der mühevollen Geburt des Byzantinischen Reiches und ihres aufwühlenden Widerhalls in den Gemütern bieten die Wüstenheiligen das tröstliche Bild einer Existenz außerhalb der Welt und der Zeit, eines – da es eine Vorwegnahme der Ewigkeit oder des Paradieses ist – künstlichen Daseins in Wüsten, vor denen das Kriegsgetümmel Halt macht, wo nur die Stimme der Engel zu hören ist.

Immer wieder tönt uns aus dem Leben des Paulos von Theben die Stimme der Engel entgegen. Sie wachen noch über die geringfügigsten Ereignisse und sorgen wie die Feen, die an der Wiege der Prinzen und Prinzessinnen stehen, dafür, dass ihm von Kindesbeinen an die besten Voraussetzungen zuteil werden, um eines Tages ein großer Heiliger zu werden: reiche Eltern, die jedoch frühzeitig sterben, wodurch es Paulos ermöglicht wird, sein Erbe zu verkaufen und das Gelübde der Armut abzulegen (um in der Wüste arm zu sein, muss man vorher in den Städten reich gewesen sein, so will es die Tradition der „Gründer"), eine bereits verheiratete Schwester, eine heidnische Erziehung und Bildung, die ihn aber nicht befriedigen und deren er sich zugleich mit seiner Schwester und seinen Gütern entledigt. Kurzum, mit 15 Jahren schon macht sich Paulos von Theben in die Wüste auf. Eine frühe Berufung, nicht wahr? Antonios hat den „Ruf" erst als 20-Jähriger vernommen, Paulos von Theben dagegen schon mit 15. So geht man allmählich immer weiter in die Jugend und Kindheit zurück und lässt die großen Heiligen schließlich mit zehn, ja sogar mit acht Jahren in die Wüste ziehen. Schon entsteht eine Legende und übt ihre Wirkung aus.

Ein Heiliger unter den Engeln: Paulos von Theben

Nach einem mehrtägigen Marsch durch die Wüste kommt Paulos von Theben zum Berge Kolzim (auf den sich später Antonios zurückzieht) in der Nähe des Roten Meeres und entdeckt eine Höhle, einen paradiesischen Ort: den verlassenen Schlupfwinkel einer Falschmünzerbande aus der Zeit von Antonios und Kleopatra. Werkzeuge, ein Amboss, Hämmer liegen noch auf der Erde umher. Unweit davon sorgen ein Palmbaum und eine Quelle für das Nötigste: für Wasser, Früchte und etwas zur Bekleidung.

„Diese Grotte", schreibt Jean Coppin, den wir schon weiter oben zitiert haben, „ist fast gänzlich rund, und das Wasser, das aus dem Felsen kommt, bleibt wie in einem Becken stehen. Wir fanden es dort einen Fuß hoch, und höher kann es auch gar nicht steigen, denn weiter unten befinden sich Spalten, durch die es in demselben Felsen verschwindet, aus dem es entspringt. Wir entdeckten auch, dass das Rote Meer kaum eine Meile von diesem Ort entfernt ist, und stiegen auf eine Anhöhe, um es besser betrachten zu können. Es mag an dieser Stelle 21 oder 22 Meilen breit sein, und hier soll auch, wie man uns sagte, der Durchzug der Israeliten stattgefunden haben. Da der Tag völlig wolkenlos war, konnten wir auf der anderen Seite die beiden Gipfel des Berges Sinai sehen, obwohl wir mehr als 20 Meilen entfernt waren. Das Meer liegt östlich vom Kloster. Die Kuppen des Sinai liegen in einer Schirokkozone; westlich davon, aber weit in der Ferne, zeigten sich ein paar Berge mit dürftigem Waldbestand, aber sonst war so weit unser Blick reichte, alles dürr und versengt."

Hier also soll Paulos von Theben 100 Jahre lang gelebt haben. Ein fast ans Wunder grenzendes Leben, auch wenn es der heilige Hieronymus nur natürlich findet: „Die Palme, von der ich gesprochen habe, versorgte ihn mit allem, was er an Nahrung und Kleidung brauchte, was man nicht für unmöglich halten darf, denn ich habe, Jesus Christus und seine Engel sind meine Zeugen, in jenem Teil der Wüste, der auf dem Gebiet der Sarazenen gelegen, an Syrien angrenzt, Einsiedler gesehen, von denen einer schon seit 30 Jahren in einer Höhle lebte und sich nur von Gerstenbrot und schlammigem Wasser nährte und ein anderer sich in eine alte Zisterne eingeschlossen hatte und nur fünf Feigen täglich zu sich nahm."

Paulos von Theben braucht sicher nicht einmal so viel. Er führt in dieser Grotte ein engelgleiches Dasein, von dem die Welt nichts erfahren hätte, hätte Gott nicht Antonios kurz vor dessen Tod von Paulos' Existenz in Kenntnis gesetzt. Antonios zählt zu diesem Zeitpunkt neunzig Jahre, trotzdem beschließt er alsbald, sich auf den Weg zu machen und ihn aufzusuchen. Mit dieser Begebenheit wird das Leben des Paulos von Theben vollends zu einem Wachtraum mitten in der Wüste.

Aber wo lebt Paulos von Theben? Antonios weiß es nicht, er macht sich aufs Geratewohl auf den Weg. Aber aufs Geratewohl bedeutet, wenn man in der Wüste lebt, unter dem Auge Gottes. Die Vorsehung wacht über den Weg des Asketen und stellt seltsame Wegweiser auf: „Bei Tagesgrauen brach der heilige Antonios auf, ohne zu wissen, wohin er ging, und schon hatte die Sonne, in ihrem Zenit angelangt, die Luft so sehr erhitzt, dass sie in Flammen zu stehen schien, als er ein Wesen sah, das zum Teil die Gestalt eines Pferdes hatte und jenen glich, die die Poeten Zentauren nennen. Kaum hatte Antonios es erblickt, da schlug er zum Schutze das rettende Zeichen des Kreuzes und rief ihm entgegen: ‚Hallo! An welchem Ort der Erde wohnt hier der Diener Gottes?' Da bemühte sich dieses Ungeheuer, das ich weiß nicht was Barbarisches brummte, aber seine Worte mehr abgehackt als deutlich hervorbrachte, seinen mit gesträubten Haaren ganz gesäumten Lippen eine sanfte Stimme abzuringen und zeigte ihm, wobei es die rechte Hand ausstreckte, den so sehr ersehnten Weg. Darauf verschwand es vor den Augen desjenigen, den es mit Erstaunen erfüllt hatte. Was nun die Frage angeht, ob der Teufel diese Gestalt angenommen hatte, um den Heiligen zu erschrecken, oder ob es die Wüsten, die so fruchtbar an Ungeheuern sind, hervorgebracht hatten, so weiß ich darüber nichts Gewisses zu sagen."

Der hohe Mittag, das ist die Stunde der Geistererscheinungen – immer kommen die Dämonen am Mittag, wenn sie den Asketen versuchen und ihm Langeweile oder Sehnsucht nach der Welt eingeben wollen. Allem Anschein entgegen ist auch der Zentaur des Antonios doch nur ein Dämon des Mittags, nur eine dieser zahllosen Versuchungen, die auf den Einfluss und die Wirkung der Einsamkeit und des höchsten Standes der Sonne zurückgehen.

Dank der Angaben des Monstrums gelangt Antonios an den Fuß eines Berges. Er sieht eine tiefe, dunkle Höhle; im Hintergrund schimmert ein Licht. Das ist der Ort, an dem Paulos von Theben lebt. Nun endlich beieinander, vertiefen sich die beiden Alten mitten in der Wüste in folgendes überraschende Gespräch: „Nachdem sie den heiligen Kuss ausgetauscht hatten, setzte sich Paulos zu Antonios und sprach zu ihm wie folgt:

‚Da ist der, den Ihr unter solcher Mühsal gesucht habt, dessen Leib, siech vor Alter, von weißen, ganz mit Schmutz verkrusteten Haaren bedeckt ist. Das ist der Mann, der bald zu Staub werden wird. Aber da der Liebe nichts schwer wird, sagt mir, ich bitte euch, wie geht es in der Welt. Baut man neue Häuser in den Städten? Wie heißt der, der heute herrscht? Und gibt es noch immer Menschen, die so vom Irrtum verblendet sind, dass sie die Dämonen anbeten?'

Als sie in dieser Weise miteinander redeten, sahen sie einen Raben, der sich auf dem Aste eines Baumes niederließ, von dort herunterflog und vor ihnen ganz sanft ein ganzes Brot auf die Erde legte. Sobald er fortgeflogen war, sagte Paulos: ‚Seht Ihr, wie der barmherzige Gott in seiner wahren Güte uns zu essen gesandt hat. Schon seit sechzig Jahren erhalte ich täglich auf diese Weise ein halbes Brot, aber seit Ihr gekommen seid, hat Jesus Christus meinen Anteil verdoppelt, um zu zeigen, dass er sich derer gnädig annimmt, die in seinem Dienst und für ihn kämpfen.'

Dann, nachdem alle beide Gott gedankt hatten, ließen sie sich am Rande einer kristallklaren Quelle nieder und stritten, da einer dem anderen die Ehre lassen wollte, das Brot zu brechen, bis zur Vesper, wobei Paulos beteuerte, Gastfreundschaft und Brauch verpflichteten ihn zu dieser Höflichkeit, was Antonios jedoch zurückwies mit der Begründung, seines Alters wegen gebühre Paulos der Vorrang. Schließlich beschlossen sie, ein jeder solle das Brot an einem Ende nehmen und es an sich ziehen und das als seinen Anteil behalten, was ihm in den Händen bliebe."

Nach einer in Gebeten verbrachten Nacht kommt Paulos auf den Gedanken, sein Ende sei nahe. Er bittet Antonios, zu seinem Kloster zurückzukehren und etwas zu holen, worin er ihn begraben könne. Antonios macht sich wieder auf in die Wüste (zweifelsohne zum Kloster von Pispir), nimmt eine Tunika und kommt nach drei Tagen wieder zur Höhle des Paulos. Dort sieht er „den Leichnam des Heiligen auf der Erde kniend, den Kopf erhoben, die Hände gen Himmel ausgestreckt. Er glaubte zunächst, er lebe und bete, und ließ sich an seiner Seite zum Gebet nieder. Aber da er ihn nicht seufzen hörte, wie es sonst seine Gewohnheit beim Beten war, fiel er ihm um den Hals, um ihm einen Kuss zu geben, und erkannte, dass der Leichnam des heiligen Mannes, so tot er war, in seiner frommen Haltung noch immer zu Gott betete."

Antonios schafft den Leichnam aus der Höhle, um ihn zu begraben. Aber wie? Die Sonne sticht, und er hat nichts, womit er ein Grab ausheben könnte. Aber da kommen zufällig, wie alles im Leben des Paulos von Theben, ja selbst in seinem Tode zufällig ist, „zwei Löwen aus der Tiefe der Wüste gelaufen, die lange Mähne flattert über ihrem Hals. Antonios fürchtete sich zunächst vor ihnen, aber dann erhob er seinen Geist zu Gott und blieb so ruhig, als wären es Tauben. Sie kamen geradenwegs zum Leichnam des seligen Alten, machten bei ihm Halt und ließen sich, mit ihren langen Schweifen über ihn streichend, zu seinen Füßen nieder; dann stießen sie ein lautes Gebrüll aus, um ihm zu bezeigen, dass sie ihn auf die ihnen gemäße Weise anbeteten. Darauf hoben sie an, gleich in der Nähe die Erde mit ihren Pranken aufzuwühlen, und auf beiden Seiten den Sand um die Wette wegscharrend, gruben sie ein Grab, groß genug, den Leib eines Menschen aufzunehmen. Kaum waren sie fertig, kamen sie, wie um für ihre Arbeit Belohnung zu fordern, gesenkten Kopfes, die Ohren bewegend, zu Antonios und leckten ihm Füße und Hände. Da Antonios erkannte, dass sie ihn um seinen Segen baten, erhob er die Hände zum Himmel und sprach: ‚Herr, ohne dessen Willen kein einziges Blatt vom Baum fällt noch der Geringste unter den Vögeln sein Leben verliert, gib diesen Löwen nach deiner Weisheit, wessen sie bedürfen.' Und er machte ihnen ein Zeichen mit der Hand und befahl ihnen fortzugehen." So starb Paulos von Theben. Ähnlich wie er gelebt haben soll – eines engelgleichen Todes.

Die Vorsehung sorgt für die Wüstenväter – die Darstellung zeigt die Begegnung des hl. Paulos mit dem hl. Antonios; der Rabe eilt herbei und bringt die doppelte Ration Brot.
Im Hintergrund zwei Löwen, die den hl. Paulos nach seinem Tod bestatten werden. Darstellung aus dem Kloster Deir Anba Bischoi im Wadi Natrun. Die Inschrift hat die Namen der Heiligen vertauscht.

Ein Heiliger unter den Menschen: Pachomios

Das Leben des Pachomios, des Gründers des koptischen Mönchtums, führt uns in eine ganz andere Welt. Auch hier spielt das Wunderbare und Engelgleiche eine wichtige Rolle, aber es ist doch nicht mehr das Einzige, was die Handlungen des Heiligen bestimmt. Das Leben des Pachomios ist vor allem anderen Arbeit – die tägliche Arbeit eines Menschen, der entschlossen ist, in der Wüste die ersten Klöster der christlichen Welt einzurichten: eine Idee, die seinen Zeitgenossen so seltsam erscheint, dass sie sie einem Engel zuschreiben. Trotz des ebenfalls wunderbaren Rankenwerks macht das Leben des Pachomios weitaus eher den Eindruck der Geschichtlichkeit als das Leben des Paulos von Theben oder auch das des Antonios. Warum? Vor allem aus dem einen Grund: es ist uns vornehmlich in koptischen Versionen überliefert, und die koptische Sprache zeichnet die Geschehnisse und Menschen wesentlich gröber und konkreter als die griechische oder lateinische Sprache. Sie eignet sich eher für Urkunden und Beschreibungen als für die Literatur im eigentlichen Sinn. Sie ist nicht wie das Griechische für philosophische Spekulationen geschaffen, geschweige denn wie das Lateinische für rednerische Effekte. Im Übrigen war das Koptische, ehe es zu einem eigenen Ausdrucksmittel wurde, zunächst eine Sprache der Übersetzungen: des Neuen Testaments, der Leben der Märtyrer und unzähliger apokrypher Schriften, die seit dem 2. Jahrhundert in Ägypten im Umlauf waren. Erst zu der Zeit, als die ersten *Leben des Pachomios* erscheinen (ungefähr zu Beginn des 5. Jahrhunderts), wird die koptische Sprache zu einer literaturfähigen Sprache im eigentlichen Sinn. Aber auch bei diesem Prozess büßt sie nichts von ihren ursprünglichen Qualitäten ein, sie bleibt nüchtern, unmittelbar, ergreifend durch ihre Kürze und Bündigkeit. Dank diesem Sinn für das Konkrete, die Einzelheiten, für lakonische Aussagen, für die nackten Tatsachen gelingt es den koptischen Autoren tausendmal besser, die Spiritualität des christlichen Ägyptens wiederzugeben, als den griechischen oder lateinischen Schriftstellern. Deshalb halten wir uns hier auch lieber an sie als an die griechischen Autoren. Die koptische Sprache dringt geradewegs ins Herz der Dinge und Wesen ein, ob sie nun einen Drachen, einen Menschen oder einen Engel beschreibt.

Vom *Leben des Pachomios* sind uns in den verschiedenen koptischen Dialekten zahlreiche Versionen überliefert: in Bohairisch und der Mundart von Memphis (Delta und Unterägypten), in Achmimisch und Unter-Achmimisch (Mittelägypten) und in Sahidisch (Oberägypten). In manchen Punkten weichen diese „Leben" voneinander ab. Wir halten uns an Auszüge aus der ältesten, der sahidischen Version. Außerdem stimmen trotz all diesen Abweichungen die Versionen im Wesentlichen überein: über die bedeutendsten Ereignisse aus der Jugend des Pachomios und seine Regel. Wir besitzen also doch relativ sichere historische Grundlagen, um die erstaunliche Existenz des ersten Mönches nachzuzeichnen.

Pachomios wird im Jahre 286 im oberägyptischen Dorfe Esneh (heute Esna), gut fünfzig Kilometer von Theben entfernt, geboren. Im Gegensatz zu Antonios verlebt er eine heidnische Kindheit. Aber da man doch nicht gut zulassen kann, dass ein zukünftiger Heiliger, selbst in aller Unschuld, Idole verehrt haben soll, weist sein „Leben" eindringlich darauf hin, dass er sie nur dem Anschein nach verehrt. Jedes Mal erbricht er den Opferwein wieder, sein Magen verweigert die den Idolen dargebrachten Gaben. Antonios hat mit 20 Jahren die Offenbarung eines Gott geweihten Lebens – bei Pachomios ist es gerade umgekehrt: er ist Gott geweiht, ohne es selbst zu wissen. Und diese Umkehrung setzt sich bis in die kleinsten Einzelheiten hinein fort: Antonios vernimmt die Stimme Jesu Christi – Pachomios dagegen hört, als er im Alter von acht Jahren einen heidnischen Tempel betritt, keinerlei Stimme: im Gegenteil, die Götzen verstummen, hören auf zu prophezeien. Die Berufung des Pachomios ist also die heidnische Stimme, die in seiner Gegenwart verstummt.

Keineswegs über all die Wunder erstaunt, wächst Pachomios auf. Mit 20 wird er gewaltsam für das römische Heer angemustert und zieht eines schönen Tages in die Garnison nach Antinoë. Dort hört er zum ersten Mal, dass es auf der Welt Wesen gibt, die sich Christen nennen, die im Dienst an den anderen leben und lieber den Märtyrertod erdulden, als ihren Glauben zu verleugnen. Pachomios ist tief beeindruckt von ihrer Hochherzigkeit und Freundlichkeit. Er sucht ständig ihre Gesellschaft und beschließt zu dieser Zeit, sich dem Gott der Christen zu weihen.

Bald darauf auf freien Fuß gesetzt, kehrt der junge Pachomios zwei oder drei Jahre später wieder in den Süden zurück und gelangt eines schönen Tages nach Sheneset (griechisch Khenoboskion), „ein verlassenes und in der Glut der Hitze bratendes Dorf. Da machte er sich daran, diesen Ort zu betrachten: Es gab nicht viele Einwohner, nur sehr wenige. Er begab sich am Fluss in einen kleinen Tempel, der von den Alten Pmampisarapis (Ort des Sarapis) genannt wurde, stellte sich hin und betete, und der Geist Gottes bewegte ihn: ‚Kämpfe und lass dich hier nieder'. Die Sache gefiel ihm, er ließ sich dort nieder. Er baute etwas Gemüse und Palmen an zur Nahrung für sich und die Armen des Dorfes oder die Fremden, die auf einem Boot oder auf der Straße vorüberkamen."

In diesem fast gänzlich verlassenen Ort lässt er sich taufen. Aber bald schon beschließt er wegen der allzu vielen Fremden, die seinetwegen ihre Reise unterbrechen, wieder weiterzuziehen. Aber wohin? Da hört er von einem „Alten der Askese" namens Abbas Palamon, der in der Nähe lebt.

Palamon lebt unweit von Khenoboskion bei der kleinen griechischen Stadt Diospolis Parva zurückgezogen auf einem kahlen Hügel. Pachomios begibt sich zur Zelle des Abbas Palamon und klopft an die Tür. „Gleich schaute der Alte durch die Luke und sah ihn. Er sagte grob: ‚Was klopfst du da?' Seine Redeweise war eher gereizt. Pachomios entgegnete: ‚Ich möchte, dass du mich bei dir aufnimmst.'

Zunächst lässt sich der Abbas bitten: ‚Das, was du suchst, ist nicht irgendetwas. Viele sind schon darum gekommen und haben es nicht gefunden. Sie haben es nicht ausgehalten ... Im Sommer faste ich alle Tage und im Winter esse ich jeden zweiten Tag. Ich nehme nur Wasser, Brot, Salz zu mir und schlafe wenig.'"

Ein solches Programm spornt Pachomios an! Schließlich nimmt ihn Abbas Palamon bei sich auf. Er wird wohl bald wieder gehen, denkt er bei sich. Aber Pachomios geht nicht. Er bleibt bei dem Alten. Er bleibt sieben Jahre lang.

Sieben Jahre, in deren Verlauf er Askese, Gehorsam, Demut lernt. Zum Fasten kommt noch das Wachen. Das ist einer der wesentlichsten Punkte. „Nicht schlafen", „wach bleiben", „wachen", lauten die ständigen Ermahnungen der großen Asketen, die man offensichtlich sowohl buchstäblich als auch im übertragenen Sinne auffassen muss. Der Schlaf entführt den Asketen in eine Welt der Illusionen und Irrtümer, in das Reich Satans. Jede Stunde Schlaf hindert seine spirituelle Befreiung. Deshalb wird er auf ein Mindestmaß beschränkt, und wenn möglich, schläft man nicht im Liegen, sondern sitzend, hockend oder sogar im Stehen, an eine Wand gelehnt, um die Träume und die Erschlaffung in der Ruhe zu vermeiden. Diese Regel findet später in den pachomischen Klöstern strikte Anwendung: Die Mönche schlafen nie im Liegen, sondern immer auf niederen Sitzen zusammengekauert, und Pachomios selbst verbringt in seinem Kloster „volle vierzehn Jahre, ohne sich zum Schlafen hinzulegen. Er hielt sich aufrecht in seiner Zelle, ohne sich eine andere Erleichterung dabei zu gönnen als die, sich ein bisschen an die Wand zu lehnen, was ihn große Anstrengung kostete, die er aber sehr geduldig auf sich nahm." Auch das Wachen hat er an der Seite des Abbas Palamon gelernt; wenn er abends, nachdem er einen Tag mit Fasten und Beten verbracht hatte, auf den Hügel von Diospolis Parva zurückkehrte und sich ausstreckte, um zu schlafen, befahl ihm Palamon, wieder aufzustehen, und schickte ihn in die Wüste, wo er

*Blick über die Mauer auf den Wehrturm und die Kirche des Erzengels Michael
im Pauloskloster nahe dem Roten Meer.*

stundenlang Steine tragen musste, um die Versuchung des Schlafes in sich
abzutöten. Die Nahrung bestand aus Wasser, Brot, Salz und gekochten
Kräutern. Palamon selbst tat „noch ein bisschen Asche dazu, um ihr einen
schlechten Geschmack zu geben".

Noch eine bedeutsame Einzelheit: Der Betende steht, unbeweglich, die
Arme gekreuzt. Diese Haltung, die ursprünglich eingenommen wird, um
gegen den Schlaf anzukämpfen, wird mit der Zeit so allgemein üblich, dass
sie schließlich selbst eine bestimmte Form der Askese darstellt, die man
mit dem barbarischen Begriff *Stehertum* bezeichnen könnte. Das Stehertum verlangt, dass man sich, die Arme gekreuzt oder erhoben und manchmal sogar eine Last auf den Schultern, so lange wie möglich völlig unbeweglich hält. Die symbolische Bedeutung dieser Haltung liegt auf der
Hand: Der Asket wird ebenso still und starr wie ein Toter, er tötet jede
Wahrnehmung der äußeren Welt in sich so sehr ab, dass es einmal geschehen konnte, dass ein gewisser Jakobus von Nisibis in Syrien sich, ohne es
zu bemerken, vom Schnee begraben ließ. Übrigens, welch seltsames Zusammentreffen, dass Pachomios diese Form der Askese zum ersten Mal in
einem Grab übt:

„Eines Abends stieg er in dem verlassenen Dorf, in dem er wohnte, in eine unterirdische Gruft hinab. Er stellte sich auf einen Lehmziegel, breitete die Arme aus und betete weinend die ganze Nacht vom Abend bis zum Morgen zu Gott ... So schrie er die ganze Nacht zu Gott, bis der Ziegel, auf dem er stand, sich infolge des Schweißes, der von seinem Leib auf ihn herabrann, auflöste. Es herrschte eine große Hitze in dieser Gruft."

Im Gegensatz zu Antonios hält sich Pachomios nicht länger in diesen Gräbern auf. Er übt seine Askese fast immer „unter freiem Himmel" in den Einöden bei Khenoboskion und Diospolis Parva, Einöden, die Lefort, der Biograf des Pachomios, und nach ihm auch Jean Doresse aufgesucht haben. Nach Doresse ist die Erinnerung an den Heiligen auch heute noch an diesen Stätten lebendig: „In der Nähe von Es-Sayyad (dem alten Khenoboskion), unweit des Nils, umschließt eine hohe, massive Einfriedung aus weißen, fensterlosen Mauern, überragt von einem mächtigen, bizarren Glockenturm mit durchbrochenen Wänden, einige aneinander gedrängte Kirchen und Kapellen: Das ist das Deir-anba-Palamum – das Kloster des Abtes Palamon. Weiter landeinwärts, bei Debba, erhebt sich ein ähnliches Gebäude: das Deir-el-Malak – das Engelskloster. Zwischen diesen beiden (heute nicht mehr von Mönchen bewohnten) Klöstern liegt eine kleine öde Anhöhe, auf der Palamon und sein Schüler den koptischen Texten zufolge die ersten Mönchsarbeiten ausgeführt haben: Man zeigt dort noch ein Loch, das den Legenden zufolge eine Einsiedelei gewesen sein soll."

Etwas weiter weg, auf halber Höhe der mächtigen Felswand des Gebel-el-Tarif, öffnen sich Pharaonengräber, eben jene, in denen sich Pachomios nach Lefort aufgehalten haben soll. Manche tragen koptische Inschriften, andere heidnische Kritzeleien, denn „dieser Ort wurde zur Zeit der Griechen und Römer aus unerfindlichen Gründen besonders verehrt. Ein kleiner *cheikh* – ein einfacher heiliger Ort, durch Dankgaben und ein paar große Steine gekennzeichnet – am Fuße des Abhangs bezeugt, dass die Stätte noch immer verehrt wird."

An diesem zu allen Zeiten von Göttern, Dämonen und Geistern bewohnten Ort lebt also Pachomios, und vielleicht hätte er sein ganzes Leben an der Seite des Abbas Palamon verbracht, wäre er nicht, als er sich eines Tages allein in der Wüste befand, einem Engel begegnet.

Die Begegnung mit dem Engel

Die Begegnung mit dem Engel zählt zu den berühmtesten Begebenheiten aus dem Leben des Pachomios, auch wenn sie in keiner der älteren Versionen erwähnt wird. In der sahidischen Version heißt es lediglich, „er hörte eine Stimme aus dem Himmel", und das wesentlich später verfasste bohairische „Leben" spricht von „einer leuchtenden Erscheinung". Offensichtlich handelt es sich um einen späteren Zusatz, der einen der umstrittensten Punkte des pachomischen Unternehmens, die Gründung der ersten Klöster, unter das Zeichen des Göttlichen stellen und dadurch rechtfertigen und heiligen sollte. Aber sehen wir uns zunächst einmal die „Tatsachen" an: „Es geschah, dass sich der junge Pachomios eines Tages nach seiner Gewohnheit durch die Wüste in den großen und dichten Akazienwald begab. Vom Geiste getrieben, ging er immer weiter fort und gelangte nach ungefähr zehn Meilen am Ufer des Flusses zu einem verlassenen Dorf, Tabennesi genannt. Da kam ihm der Gedanke, in das Dorf hineinzugehen und dort zu beten ... Er betete lange, und plötzlich ertönte eine Stimme aus dem Himmel und sagte zu ihm: ‚Pachomios, lass dich hier nieder und errichte dir eine Bleibe. Viele Menschen werden zu dir kommen zum Wohle ihrer Seele." In den späteren Versionen wird die Begebenheit noch genauer geschildert: Ein Engel erscheint dem Pachomios, erteilt ihm Anweisungen und übergibt ihm auf einer ehernen Tafel die Regel seiner künftigen Klöster.

Diese Wüste der Offenbarung – wie man sie nennen könnte – liegt nicht weit vom Dorf Tabennesi auf dem westlichen Ufer des Nils in der Nähe der alten Stadt Denderah. Hier also lässt sich Pachomios nieder, um den Anweisungen des Engels gehorsam zu sein. Hier gründet er kurze Zeit darauf sein erstes Kloster.

Immer neigte man dazu, folgenschwere menschliche Entdeckungen oder Initiativen als Eingebungen eines Gottes, eines Geistes oder eines Helden aufzufassen. Das war der Fall bei der Erfindung der Schrift, des Feuers, der Sprache, aber auch bei der Einführung der Gesetze. Die Gesetze wurden fast immer auf Götter zurückgeführt, eine Tendenz, die sich sowohl in den hebräischen als auch in den christlichen Traditionen findet. Die Zehn Gebote wie die Regel des Pachomios werden als göttliche Inspiration betrachtet. Moses auf dem Gipfel des Sinais und Pachomios im Herzen der Wüste von Tabennesi empfangen aus den Händen Gottes oder eines Engels die steinerne oder eherne Tafel, in die das Geschick der Menschen eingegraben ist, das Gesetz, unter dem sie leben sollen. Im Falle des Pachomios zeigt sich der biblische Einfluss umso deutlicher, als die Begebenheit mit dem Engel erst nachträglich hinzugefügt wurde, zu einer Zeit, da schon mehrere pachomische Klöster am Ufer des Nils entstanden waren, da Pachomios, als einer der größten Gründer verehrt, zum Moses der Kopten geworden war. Sehr bald vertieft die Legende die Ähnlichkeit zwischen den beiden Männern noch durch die Episode von der Tafel des Engels. Aber wie dem auch sei, wesentlich ist hier, dass dem Pachomios zu einem bestimmten Zeitpunkt seines Lebens seine Berufung geoffenbart wird – oder aufgeht –: durch sein Beispiel Menschen aus der Welt herauszuführen, um sich zu versammeln, in der Wüste Gemeinschaften zu gründen, die auf vollkommen neuen sozialen Regeln und Prinzipien beruhen. Das ist der Kern des Problems, das Wunderbare und Neue am Unternehmen des Pachomios: „vom Punkte null ausgehend" eine menschliche Gesellschaft zu gründen, das Leben und die Beziehungen ihrer Mitglieder nach einem neuen System zu organisieren, das so ungewöhnlich war, dass seine Zeitgenossen und Schüler es als die Eingebung eines Engels auffassten.

Was macht nun Pachomios nach seiner Begegnung mit dem Engel, das heißt nach der Offenbarung dieser einzigartigen Idee, die er in sich trägt? Er zögert. Die Idee beunruhigt ihn, und das ist ganz natürlich. Schließlich neigt die Zeit der Askese in Einsamkeit zu: Wer Asket werden will, geht zunächst zu einem Alten in die Schule und setzt dann nach Ablauf einer gewissen Zeit seinen Versuch allein fort, bis er seinerseits ein Alter wird. Lockt der Ruhm seiner Wunder oder asketischen Taten zu viele Menschen an, so flieht er etwas weiter in die Wüste, als wäre die ständige Berührung mit anderen ein Hindernis für die Askese und das Heil. Und da nun verspürt Pachomios in sich das Bedürfnis, mit anderen zusammenzuleben, andere zu sich zu ziehen, die „ausgetretenen", aber unumgänglichen Wege des Anachoretentums zu verlassen! Aber ist das Heil wirklich in einer Gemeinschaft möglich? Ist die Gegenwart anderer nicht notwendig ein Hindernis für Askese und Meditation? Dieser Gedanke beunruhigt ihn so sehr, dass er lange Zeit zögert, ehe er sich entschließt. Es bedarf einer zweiten „Mahnung" – die er eines Tages, als er allein am Nil Schilf schneidet, erhält – damit er schließlich doch den Weg des Mönchtums einschlägt. Diesmal ist kein Zögern mehr möglich: Pachomios gehorcht dem Engel. Oder anders ausgedrückt: seine Idee ist ausgereift. Er weiß nun, wohin er geht.

In der Zwischenzeit ist Palamon gestorben und Pachomios kann sich in der Wüste von Tabennesi niederlassen, wo sich ihm sein Bruder anschließt. Zusammen mit ihm und den ersten Kandidaten der Askese, die er aufnimmt, übt er schreckliche Kasteiungen: Sie beten im Stehen, in Mäntel gehüllt, der prallen Sonne ausgesetzt. Ja, sie „legten Fellmäntel an, suchten besonders heiße Orte auf, beteten vom Abend bis zum Morgen und kasteiten sich beim Beten. Sie bewegten weder Füße noch Hände, die sie ausgestreckt hielten, damit der Schlaf sie nicht überfalle. Um gegen den Schlaf besser ankämpfen zu können, knieten sie niemals nieder, sodass ihre Füße vor Ermüdung anschwollen und ihre Hände blutig wurden, denn diese zogen sie nie zurück, auch der zahlreichen Stechmücken wegen nicht, die sie zerfleischten. Wenn sie ein wenig Schlummer suchen mussten, setzten sie sich an der Stelle nieder, an der sie beteten, ohne sich anzulehnen.“

Von diesem Tage an ändert sich das Leben des Pachomios grundlegend. Aber fassen wir uns kurz. Die Zahl seiner Schüler wächst bald so sehr an, dass das provisorische Gebäude in Tabennesi nicht mehr ausreicht. Es muss vergrößert und noch ein weiteres, einige Kilometer entfernt, bei Diospolis Parva errichtet werden, wo Pachomios seine ersten Versuche in der Anachorese gemacht hat. Dieses zweite Kloster wird beim Dorf Phebôou oder Pabau gegründet, nach dem es benannt ist. Es liegt einige Wegstunden von Tabennesi entfernt.

Es ist wohl unnötig hinzuzufügen, dass die Dämonen das Unternehmen dieses seltsamen Mannes scheelen Blicks verfolgten. Konnten sie zulassen, dass Pachomios ihnen trotzte, dass er mitten in der Wüste – in ihrem Reich – himmlische Städte errichtete? Mit dem Tag, an dem er den Grundstein zu seinem Kloster legt, beginnen die Versuchungen, um nicht mehr abzureißen. Schon als er mit seinem Bruder allein lebte, hatten die Dämonen sich bemüht, ihn zu versuchen, aber der Teufel legte eine erstaunliche Fantasielosigkeit an den Tag: So grub er zum Beispiel in dem Augenblick, als Pachomios sich niederknien wollte, um zu beten, „unter seinen Füßen eine Art Loch, sodass er Angst bekam und aufhörte, zum Herrn zu beten“, oder die Dämonen erschienen, wenn er sich zu Tisch setzte, „als nackte Frauen, die sich mit ihm niedersetzten, um zu essen. Da verschloss der Mann Gottes Herz und Augen, bis sie verschwanden".

Sobald jedoch Pachomios das einsame Leben aufgibt und sich an die schwierige Aufgabe macht, Schüler um sich zu versammeln, nehmen die Versuchungen eine andere Form an. Jetzt wird nicht mehr nur der Asket, sondern auch der Führer der Menschen versucht. Geht ihm wohl einmal kurz durch den Kopf, dass er ein Führer und Leiter ist? In dem Augenblick, „als er in sein Kloster heimkehrt, setzen sich die Dämonen zum Spott vor ihm in Marsch, wie man vor einem Magistrat hergeht, und sagen: ‚Platz da dem Mann Gottes!'"

Oder befällt ihn Entmutigung bei dem Gedanken, dass ein so seltsames Werk weder Gott noch den Menschen dienen, dass es sich vielleicht als unnütz erweisen könnte? Denn plötzlich „versammeln sich viele Dämonen, stellen sich einander gegenüber in Truppen auf und ziehen mit gewaltiger Anstrengung an einem Blatt, um es vom Baum zu reißen, wobei sie sich gegenseitig ermuntern, als gelte es, einen Stein von ungeheurem Gewicht zu bewegen. Das taten diese unseligen Geister nur, um ihn zum Lachen zu bringen und es ihm dann vorzuwerfen."

Denn es genügt, in der Wüste zu lachen (oder auch nur zu lächeln), um das Verdienst langer Jahre der Askese und Selbstabtötung zunichte zu machen. Lachen, das heißt, wenn auch nur für einen kurzen Augenblick, an den zweifelhaften Freuden der profanen Welt teilnehmen, den Fallstricken des „Jahrhunderts" wieder verfallen, sein Heil vernachlässigen. Das Lachen des Asketen ist für den Dämon das Zeichen, dass er sich, begünstigt durch die momentane Lockerung der Selbstüberwachung, in ihn einschleichen kann. Ein Lachen auf dem Gesicht des Asketen, das ist schon auf dieser Welt die Grimasse des künftig Verdammten. Deshalb war das Lachen oder jedes andere leichtfertige Verhalten in den Klöstern und Einsiedeleien streng verboten, denn es ist gleichsam eine dem Teufel geöffnete Tür. In der Wüste muss jeder seinen Angriffen das strenge und verschlossene Gesicht eines Mannes entgegensetzen, der auf der Hut vor den Verführungen des Lachens ist. Mehr noch: Das Lachen kann wie die anderen „Nachlässigkeiten", deren sich der Asket schuldig machen kann, ein Zeichen von Stolz, von übertriebenem Selbstvertrauen sein. Wie weit aber darf ein Asket stolz auf sich sein, zufrieden mit seiner Askese oder seinem Werk? Hier die überraschende Antwort auf diese Frage, die Pachomios selbst in der folgenden Begebenheit gibt: „Als Pachomios den Bau des Klosters von Moncose, in dem er selbst einige Säulen angebracht, beendet hatte, war er stolz auf sein Werk und fand es schön. Aber alsbald kam ihm die Befürchtung, dieses Gefühl könne aus der Eitelkeit kommen, und er beeilte sich, damit das Gebäude eher ungestalt als angenehm wirke, die Säulen so zu versetzen, dass sie schief standen."

Darin liegt eine Erklärung der koptischen Kunst, auf die die Kritiker sicherlich nie verfallen sind. Aber wer weiß, ob gewisse Aspekte dieser Kunst, ob die groben und oft deformierten Gesichter oder die Unbekümmertheit um alle Ästhetik in der Architektur sich nicht tatsächlich aus einer durchaus bewussten Absage an die Schönheit herleiten? Wer weiß, ob die Hässlichkeit, die Asymmetrie dieser Kunst und was man für ihre Ungeschicklichkeit hält, von den koptischen „Künstlern" nicht als Mittel zum Heil, als eine Art Askese in der Kunst betrachtet wurde, wobei die Absage an die Schönheit dieselbe Rolle spielte wie die Ablehnung des Leibs bei der physischen Askese?

Die Engelsregel

Von der Gründung des ersten Klosters von Tabennesi bis zu seinem Tode im Jahre 348 (er fiel einer Pestepidemie zum Opfer) widmete sich Pachomios ausschließlich der Organisation des zönobitischen Lebens. Zönobit (vom lateinischen *coenobium*: Gemeinschaft) hieß damals jeder, der in einer Gemeinschaft lebte, während Mönch noch einen für sich allein lebenden Mann bezeichnete. In der Folge wird Mönch ebenfalls für einen in der Gemeinschaft lebenden Menschen gebraucht, erhält also die gleiche Bedeutung wie Zönobit. Aber zur Zeit des Antonios und Pachomios wurde noch genau zwischen diesen beiden Lebensweisen unterschieden. Der Begriff Kloster, den die Übersetzer der Viten des Antonios und Pachomios fast immer anwenden, darf uns nicht irreführen: er bezeichnet meistens die Grotte oder die einfache Laubhütte eines Einsiedlers. Wir wollen uns hier jedoch an den gängigen Sprachgebrauch halten und das Wort Kloster in der heutigen Bedeutung von Gebäude, Sitz einer Mönchsgemeinschaft verwenden.

Bis zu seinem Tode also hat sich Pachomios seinem zönobitischen Werk gewidmet und neun Klöster gegründet. Sie lagen alle zwischen Theben im Süden und Akhmin im Norden, den Mittelpunkt bildete die Region um Khenoboskion und Tabennesi, wo Pachomios seine ersten Versuche gemacht hatte. Nach den Klöstern von Tabennesi und Pabau gründete Pachomios nacheinander das Kloster von Sheneset (wie schon erwähnt der koptische Name für Khenoboskion) und nahebei auf dem linken Nilufer das Kloster von Thmousous (auch Moncose genannt), dann weiter nördlich bei Akhmin die Klöster von *Thbeou* und von Tesmine, schließlich ganz im Süden, in der Umgebung von Theben, das Kloster Phnoum. Bei Pabau und Tesminê gründete er außerdem zwei Frauenklöster. Setzt man die Erbauung des ersten Klosters um 318 an, so ergibt sich, dass Pachomios 30 Jahre lang ein rein zönobitisches Leben geführt hat. Der Versuch der Einsamkeit, der Gräber und Engel war abgeschlossen. Von nun an ist es in den Augen des Pachomios möglich, ein Heiliger zu sein und doch im Herzen einer Gemeinschaft zu leben.

Wodurch sind nun diese pachomischen Gemeinschaften gekennzeichnet? Nach welchen Prinzipien war das Leben der Mönche organisiert? Ehe wir diese Fragen beantworten, müssen wir uns jedoch zweierlei vor Augen halten: dass Pachomios Ägypter war, ein Sohn des heidnischen Ägyptens, und dass er trotz seiner Persönlichkeit und seiner Fähigkeiten als Neuerer keinen Gesellschaftstyp erfinden konnte, der dem traditionellen Ägypten völlig fremd gewesen wäre. Viele Aspekte der pachomischen Gemeinschaften lassen sich direkt auf das alte Ägypten zurückführen, so zum Beispiel die Hausmeister oder Prioren, die „mit dem Finger und dem Auge" die Arbeit der Mönche leiten und seltsam an die Aufseher der Fronarbeiten zur Zeit der Pharaonen erinnern. Niemals wäre der Versuch des Pachomios so erfolgreich gewesen, hätte er nicht der besonderen Mentalität des koptischen Bauern Rechnung getragen. Dazu kommt, dass Pachomios das Ziel verfolgte, die Christen aus der Welt herauszuführen, um sie in einer neuen Gesellschaft zusammenzuschließen. Niemals aber hätte das pachomische Zönobitentum in Ägypten Fuß fassen können, wenn Pachomios nicht die für das damalige Ägypten kennzeichnende Wüstenschwärmerei und Weltentsagung miteinbezogen und umgeleitet hätte. Er verurteilt das Anachoretentum nicht, bekämpft es nicht. Im Gegenteil, er setzt es voraus. Wie der Anachoret in der Wüste ein Rebell Gottes wird, so werden die pachomischen Klöster zu Städten Gottes. Sie erheben den Anspruch, sich nur nach seinem Gesetz zu richten (daher auch die Legende, ein Engel selbst habe

Ruinen des Simeonsklosters bei Assuan.

dem Pachomios den Willen Gottes überbracht), und bilden sogar oft die Keimzellen der Aufsässigkeit gegenüber der zeitlichen Autorität.

Wie lebte nun ein pachomischer Mönch? Zunächst einmal konnte nicht jeder, der wollte, Mönch werden. Pachomios forderte eine so strenge asketische Disziplin, dass es nötig war, den Anwärter vor seiner Aufnahme in die Gemeinschaft auf die Aufrichtigkeit seines Wunsches zu prüfen.

Einige dieser Prüfungen haben wir schon bei Antonios und Pachomios kennen gelernt. Später wurden diese Prüfungen zu einer Art Ritual, dem sich fast jeder Kandidat in gleicher Weise unterziehen musste:
– ihm die Tür des Klosters vor der Nase zuschlagen;
– ihn mehrere Tage vor dem Kloster warten lassen, ohne ein Wort an ihn zu richten;
– es ihm zur Auflage machen, vor jedem Mönch, der ein und aus geht, einen Fußfall zu tun, sich auf die Erde zu werfen usw.
Nach dieser ersten Prüfung wurde der Kandidat eingelassen und einige Zeit dem Pförtner, dann einem „Hausmeister" anvertraut. Hier wurden sein Wille und seine Ablösung von der Welt weiter „getestet". Man übertrug ihm die abstoßendsten Besorgungen, ja spuckte ihn gelegentlich so-

gar an oder beachtete ihn überhaupt nicht; oder man sagte ihm, seine Mutter, seine Schwester, sein Sohn oder sein Bruder lägen im Sterben und verlangten nach ihm, um zu sehen, ob in ihm wirklich jede Bindung an die Welt abgestorben war. Natürlich wechselten diese Prüfungen mit den verschiedenen Fällen. Sie waren im Allgemeinen dem Gutdünken des Superiors überlassen. Aber wir wollen uns hier nicht länger aufhalten, da Disziplin und Gehorsam ja zu den unerlässlichen Grundlagen eines jeden gemeinschaftlichen Lebens gehören. Wesentlich eigenartiger dagegen war die Organisation der Klöster: Die grundlegende Einheit war die Zelle, die aus drei Mönchen bestand. Zwölf Zellen bildeten ein Haus, vier Häuser einen Stamm und zehn Stämme ein Kloster. Die Mönche waren also auf folgende Weise eingeteilt:

3 Mönche – eine Zelle
36 Mönche – ein Haus
144 Mönche – ein Stamm
1440 Mönche – ein Kloster.

Der ganze Orden (das heißt alle Klöster) wurde von einem Oberhaupt geleitet. Diese Leitung hatte Pachomios inne und nach seinem Tode sein Schüler Theodor. Jedem Kloster stand ein Superior oder *higumenos* vor und jedem Haus ein Prior oder Hausmeister. Die Mönche wurden nach Handwerken in Häusern zusammengefasst: So gab es ein Haus der Schuhmacher, der Weber, der Gerber, der Wirtschafter, der Tischler, der Schlosser und so weiter.

Aber neben dieser Einteilung nach sehr einfachen und logischen Grundsätzen gab es noch eine andere, wesentlich kompliziertere und geheimnisvollere, die so genannte „Engelsregel". Aus dem Namen darf man wohl schließen, dass sie von Pachomios persönlich stammte: Sie teilte die Mönche nach den 24 Buchstaben des griechischen Alphabets (das Koptische wurde mit dem griechischen Alphabet geschrieben) in 24 Gruppen von *Alpha* bis *Omega* ein. Lange Zeit glaubte man, dass diese Einteilung die Aufteilung in Häuser überlagere, aber es ist nicht einzusehen, warum Pachomios eine Einteilung nach Häusern und nach den Buchstaben des Alphabets eingeführt haben sollte. Die Einteilung in Häuser ging von den physischen Fähigkeiten der Mönche aus. Die Aufteilung nach Buchstaben dagegen sollte es möglich machen, die Mönche nach ihren intellektuellen oder geistigen Fähigkeiten zusammenzufassen. Der Beweis dafür ist, dass sie keineswegs willkürlich war. Wir kennen nicht alle Einzelheiten dieser Regel, denn das Wesentliche ist in zwei Briefen enthalten, die Pachomios seinen Nachfolgern in einer unbekannten, nicht entzifferten Sprache, der so genannten „Sprache des Engels" hinterlassen hat. Wir wissen nur durch den heiligen Hieronymus, dass der Buchstabe *Iota* als der einfachste und kleinste des Alphabets die albernen und naiven Mönche bezeichnete, der Buchstabe *Chi*, ein komplizierteres Zeichen, dagegen die Mönche von schwierigerer Gemütsart. Natürlich kannte kein Mönch seinen Buchstaben. Nur das Oberhaupt, der *higumenos* und die Prioren waren in die Geheimbezeichnung eingeweiht.

Die Askese, die die pachomischen Mönche übten, war ebenfalls sehr strengen Regeln unterworfen, denn es erwies sich bald, dass die kollektive Askese ganze andere Probleme stellte als die individuelle. Die einzige Gefahr für den Asketen in der Einsamkeit der Wüste war der Stolz: der Stolz, seinen Leib über das erforderliche Maß hinaus zu beherrschen, die Fesseln des Fleisches völlig zu sprengen, schon auf dieser Erde als unstoffliches Wesen leben zu wollen. Deshalb mahnten die Alten auch immer wieder zur Klugheit, hielten die Novizen an, nicht zu viel zu fasten, sich nicht für frei von den Forderungen des Fleisches zu halten und immer, auch gegen ihren Willen, ein Mindestmaß an Nahrung zu sich zu nehmen, um nicht dem Stolz zu verfallen. In den pachomischen Gemeinschaften dagegen lauert auf den Mönch eine ganz andere Gefahr: die der *Ostentation*. Fasten, sich kasteien nicht um seiner selbst, sondern um der anderen willen, da sich ja alles unter den Augen aller abspielt. Zahllose Anekdoten aus dem Leben des Pachomios und seines Schülers Theodorus zeigen, wie sich das Oberhaupt unablässig bemüht, diese Zurschaustellung in der Askese zu unterdrücken. Hier ein bezeichnendes Beispiel: Die einmal täglich gereichte Mahlzeit, die aus gekochten Kräutern, Früchten, Brot und Wasser bestand, wurde im Refektorium eingenommen. Wollte nun ein Mönch fasten, so konnte er es nur im Refektorium tun, und tatsächlich geschah es häufig, dass der eine oder andere vom Tisch aufstand, ohne sein Mahl angerührt zu haben. Eine Situation, die sich bald als untragbar erwies, denn es genügte, dass ein Mönch sich augenfällig des Essens enthielt, damit die anderen sich schuldig fühlten und sich anklagten, in ihrer Askese zu lau zu sein. Sodass schließlich keiner mehr zu essen wagte. Um dem abzuhelfen, ließ Pachomios die Mönche Kapuzen tragen, die groß genug waren, den Teller zu verdecken, sodass jeder geschützt vor neugierigen Blicken essen konnte, ohne seinerseits zu wissen, was sein Nachbar tat. So wurden alle diese bei den gemeinschaftlichen Mahlzeiten gesenkten Kapuzen im buchstäblichen und im übertragenen Sinn zu einem Zeugnis der Demut.

Allzu häufiges oder allzu weit getriebenes Fasten befürwortete Pachomios grundsätzlich nicht. In einem Bereich, in dem die Grenze zwischen Stolz und Demut so schwer zu ziehen ist, kann schon der Umstand, dass man einen Bissen Brot zurückweist, doppeldeutig wirken: Ist der Beweggrund Stolz oder Askese? So forderte Pachomios schon bald, jeder Mönch habe bei jeder Mahlzeit vier oder fünf Bissen Brot zu essen, um nicht der Eitelkeit zu verfallen.

Auch in der Arbeit war die Askese geregelt. Jeder Mönch war gehalten, zu arbeiten und zusätzlich zu den Arbeiten seines Hauses täglich ein Rohrgeflecht anzufertigen, das er vor die Tür seiner Zelle stellen musste. Eines Tages stellte ein Mönch aus Eitelkeit zwei vor seine Tür. Woraufhin Pachomios ihn fünf Monate lang in seine Zelle einschloss und ihn täglich zwei Körbe flechten ließ.

Selbstverständlich waren diese Schikanen, was das Essen, das Schlafen, die Arbeit angeht, nur ein Mittel, um dem Mönch die geistige Askese zu erleichtern, es ihm möglich zu machen, vor allem den inneren Menschen zu beherrschen, oder nach dem Ausspruch eines Anachoreten, „den weltlichen Menschen abzutöten". Diesen leiblichen Schikanen entsprachen folglich andere Schikanen, die die Empfindsamkeit, die Gefühlsreaktionen, die Individualität des Mönches „zähmen" sollten. So war zum Beispiel das Lachen ausdrücklich verboten und bei den Mahlzeiten, der Arbeit sowie überhaupt den ganzen Tag Schweigen vorgeschrieben. „Lerne schweigen" war eine der wesentlichsten Regeln der pachomischen Gemeinschaften. Aber keiner war „sicher vor der Sprache", vor einem unangebrachten Wort, einem ungeschickten Satz, der profane Gedanken verriet. Eines Tages trifft Theodorus, der größte Schüler des Pachomios, einen Mönch, der von einer Reise zurückkehrt. „Wo kommst du her?", fragt er ihn. Pachomios, der zugegen ist, ruft Theodorus zu sich: „Theodorus, lerne eilends dein Herz beherrschen. Gewöhne dir an, niemals zu fragen: ‚Wo kommst du her?' oder: ‚Wo gehst du hin?', es sei denn um zu erfahren, wo seine Seele hingeht."

Ihrem Temperament entsprechend fiel es den koptischen Mönchen offensichtlich schwer, sich dieser eisernen Disziplin zu beugen. Häufig kam es zu Streitereien, Auseinandersetzungen, Kämpfen; Pachomios musste ständig diese vom koptischen Temperament untrennbaren Anfälle von Stolz oder Zorn unterdrücken:

„Warum, heiliger Vater, gerate ich gleich in Zorn, wenn man harte Worte an mich richtet?", fragte eines Tages ein Mönch.

„Weil die Akazie Gummi absondert, wenn man ihr einen Schlag mit der Axt versetzt", antwortete Pachomios.

Beim Tode des Pachomios – er starb im Alter von 60 Jahren an der Pest – „herrschte in seiner Zelle ein solches Entsetzen, dass sie dreimal erzitterte. Und viele Alte berichteten: ‚Wir sahen Scharen von Engeln übereinander, die ihn betrachteten und ihm dann singend voraufgingen; aus diesem Grunde strömte die Zelle, in der er starb, viele Tage lang einen süßen Wohlgeruch aus.'"

Das bedeutet: Pachomios war „gerettet", sein Versuch geglückt. Bei seinem Tode lebten in den neun Klöstern, die er gegründet hatte, schätzungsweise zwischen sechs- und achttausend Mönche. Das Zönobitentum war geboren und sollte nun in ganz Ägypten, dann unter anderen Formen auch in Syrien, Palästina, Kappadokien, Griechenland und dem Okzident rasch um sich greifen. Entstanden aus dem Willen, der Welt zu entsagen, kehrten die pachomischen Klöster in dem Ausmaß wieder in die Welt zurück, als ihnen aufgrund ihrer Bedeutung eine wichtige Rolle im religiösen, wirtschaftlichen und politischen Leben des christlichen Ägyptens zufiel. Das ist der paradoxeste Aspekt dieses Versuches: Er hatte sich außerhalb von Zeit und Geschichte stellen wollen und war schließlich zu einer religiösen Kraft geworden, deren irdische Macht eben die Geschichte beeinflusste. Eine Wahrheit jedoch zeichnet sich jetzt schon ab: Es ist möglich, den Menschen zu ändern, wenn man ihm ein Leben unter künstlichen Bedingungen schafft (und die „Engelsregel" ist laut Definition eine künstliche Regel). Jedenfalls ist beim Tode des Pachomios die Bilanz bereits positiv: 8000 Menschen leben außerhalb der Welt, unter der „Engelsregel". Und die Zeitgenossen täuschen sich nicht: Die Einöden Oberägyptens bevölkern sich mit Mönchen, denn „irgendetwas" war da entstanden, eine neue Weise, zu leben und sich zu organisieren, die die Wüste von Tabennesi nach dem Ausspruch eines zeitgenössischen Autors in eine „Wiese der Heiligen" verwandeln sollte.

5. Die Athleten des Exils

Wenn die Athleten der Welt sich auf einen Kampf vorbereiten, nähren sie ihren Leib mit weltlicher Nahrung und steigen dann in die Arena hinunter. Ebenso müssen sich die Athleten des Geistes durch Fasten und Beten gegen die Dämonen stärken.

Nestorius

Antonios und Pachomios sterben beide gegen die Mitte des 4. Jahrhunderts. Zwischen Geburt und Tod scheint sich ihr Leben wie eine ununterbrochene Meditation über Mensch und Gott zu entfalten, ein Leben außerhalb der Zeit, nur vorübergehend getrübt durch das Eindringen von Dämonen oder Besuchern, die hinter Wundern herjagen. Antonios und Pachomios lebten, der eine in seiner Wüsteneinöde von Kolzim, der andere hinter der Einfriedung seines Klosters, geschützt vor der profanen Welt und der Geschichte.

Aber die Geschichte bringt im Laufe dieses 4. Jahrhunderts solch ungeheuerliche Neuerungen, dass die Kunde davon noch bis in die abgelegensten Einöden Ägyptens dringt: die offizielle Anerkennung des Christentums durch Kaiser Konstantin, den endgültigen Sieg einer seit drei Jahrhunderten bekämpften Religion: Das Imperium wird christlich, die Kirche staatlich. Sicher fällt dieser Umschwung streng genommen nicht direkt mit der Proklamation des berühmten Ediktes von Mailand zusammen. Man darf sogar annehmen, dass sich der Vorgang umgekehrt vollzogen hat und Konstantin, als er die Freiheit des christlichen Kultes offiziell proklamierte, lediglich eine Tatsache bestätigte: die endgültige Einbürgerung des Christentums im *orbis romanus*. Die spirituellen Überzeugungen der Christen werden durch die Verkündigung des Edikts in keiner Weise betroffen, wohl aber das irdische Geschick der Kirche. Nun wird sich die Gesamtheit der Gläubigen einer Realität bewusst, die sich bis dahin noch nicht deutlich gezeigt hatte, nämlich der Bedeutung der Kirche als zeitlicher Macht: Ihre historische Berufung tritt jetzt klar zu Tage.

Tausend Kleinigkeiten, tausend Änderungen im täglichen Leben der Christen tragen zu diesem Bewusstwerden bei. So unter anderem das Ende der Verfolgungen. Die Christen sind nicht länger die Feinde des römischen Imperiums, Verschwörer, Partisanen oder Rebellen, sie werden nun Funktionäre oder Verbündete des neuen Reichs. Nicht länger ist es unvereinbar, Christ und römischer Bürger zu sein. Christen bekleiden jetzt die Stellen von „Ädilen, Prätoren, ja sogar – was zu weiter nichts verpflichtet – von Flamines des Jupiter ... die höchstgestellten Persönlichkeiten, allen voran ein Heide wie Aurelian, behandeln in der Affäre des Paulos von Samosata die Bischöfe nicht mehr als Räuberhäuptlinge, sondern als höchst achtbare Würdenträger." Sie werden fast von heute auf morgen zu Amtspersonen, für deren Reise- und Aufenthaltskosten bei Konzilien der Kaiser höchstpersönlich aufkommt; so konnte man wohl diesen oder jenen Bischof, „der bei der letzten Verfolgung ein Bein, einen Arm oder ein Auge hatte lassen müssen, sich mit dem, was ihm verblieben war, in den *plaustra des divus Augustus* breit machen sehen. Und dieser Bewegung folgte die ganze Kirche." Überall im *orbis romanus* versöhnt sich das Spirituelle mit dem Zeitlichen, sodass das Römische Reich, das als Verkörperung des Antichrist gegolten hatte, plötzlich zum „neuen Reich Gottes auf Erden" (Eusebius von Cäsarea) wird.

Das Imperium wird christlich

In eben dem Augenblick jedoch, in dem die alten „Widerstandskämpfer" aus der Zeit der Verfolgungen die Annehmlichkeit einer Zusammenarbeit mit der Macht akzeptieren, drängt eine umgekehrte Strömung viele Christen aller Stände, vor allem Bauern und Gesetzlose, Sklaven, kleine Handwerker, aber auch reiche Städter, „Leute von Welt" und selbst hohe Würdenträger des Imperiums, in die Wüsten, zu einem asketischen Leben. Oder mit anderen Worten, nun, da ein Teil der Kirche der Geschichte zustimmt, lehnt sich ein anderer leidenschaftlich gegen sie auf und flüchtet sich in die Zeitlosigkeit der Wüste. Das ist kein zufälliges Zusammentreffen. Zwischen den beiden Tatsachen besteht eine Ursache-Wirkung-Beziehung, die von vielen Historikern, von Ferdinand Lot bis Louis Bouyer, hervorgehoben wird. „Die Kirche, nun unermesslich gewachsen", schreibt Ferdinand Lot in *La Fin du Monde antique*, „kann nicht mehr auf die Gesellschaft der Reinen, der Heiligen, die das Ende der Zeiten erwarten, beschränkt bleiben. Ganz oder beinahe gänzlich mit der ‚Welt' gleichgesetzt, kann sie sich dem erniedrigenden Einfluss des Lebens nicht entziehen. Um dem zu entgehen, gibt es nur einen Ausweg: außerhalb der Welt, unter künstlichen Bedingungen, in der Wüste oder der Einsamkeit, in der Einsiedelei oder im Kloster leben. Das eremitische, später mönchische Asketentum taucht also im Orient nicht rein zufällig in dem Augenblick auf, in dem die Kirche triumphiert." Denn das Mönchtum ist, wie Louis Bouyer schreibt, „die instinktive Reaktion des christlichen Gemüts auf eine trügerische, durch die Bekehrung des Kaisers anscheinend gerechtfertigte Aussöhnung mit dem Gegenwärtigen", eine Reaktion, die man, um sie verstehen zu können, „auf dem Hintergrund der konstantinischen Kirche, die Frieden mit der Welt schließt", sehen muss. Warum? Weil vor der Bekehrung des Kaisers Konstantin Christ zu sein bedeutete, alles aufs Spiel setzen: Leben, Besitz, Arbeit – während man nach seiner Konversion Christ sein und doch alles behalten konnte. Der Aufbruch in die Wüste ist also eine Antwort auf diese neue Verführung, die Versuchung der Welt, der Macht und des Zeitlichen.

Aber dieses Phänomen hat noch einen anderen Aspekt, der uns hier interessiert: Mit dem Ende der Verfolgungen ist für die christliche Gesellschaft auch das ideale Vorbild des „heiligen Märtyrers" hinfällig geworden. Nun macht sich das Bedürfnis nach einem neuen „Vorbild" geltend, in dem diese Gesellschaft ihren antisozialen Traum weiterträumen kann. Denn für viele Christen bedeuten das Ende der Heimlichkeit und die offizielle Anerkennung der Kirche nicht das Ende des Kampfes gegen die Welt. Dieser Kampf wird wie in der Vergangenheit fortgesetzt, nur in anderer Form, durch die Wüstenanachoreten. Diese lassen nicht ab, die Welt, die sie früher verfolgt hat und ihnen jetzt schmeichelt und sie bejubelt, weiterhin – im Fleisch und im Geist – zu bekämpfen. Die Erscheinungen, die Löwen und wilden Tiere, die die Asketen bei ihren nächtlichen Wachen angreifen, sind für die Christenheit im Grunde die sublimierten Abbilder der wilden Tiere, die die Märtyrer in der Arena anfielen. Es ist der gleiche Kampf und er erfordert die gleichen physischen Kräfte, den gleichen moralischen Mut, das gleiche heimliche Vorgehen: Der heilige Anachoret tritt die Wachablösung des heiligen Märtyrers an, er führt in den Wüsten den Kampf fort, der einst in den Arenen begonnen wurde: Er ist ein Athlet des Exils!

Der hl. Bischoi wäscht einem Fremden die Füße und erkennt in ihm Christus.
Wandbild aus dem Wadi Natrun.

Trifft jedoch, was für die individuelle Ebene des Anachoreten gilt, auch für die kollektive des Mönchtums zu? Wechselt das Phänomen mit dem Übergang von einer Ebene auf eine andere nicht womöglich auch Sinn und Natur? Keineswegs. In dem Maße, wie die Christen immer zahlreicher in die Wüste ziehen, zeigt sich ein ganz ähnliches Phänomen, die Gründung großer Gemeinschaften, die die Welt auf ihre Weise bekämpfen, nämlich indem sie Gesellschaften bilden, die einer neuen Ordnung folgen und so die profane Welt verneinen. Es ist dies ein sehr interessantes Phänomen, das sich auch zu anderen Zeiten der Geschichte wieder findet, so zum Beispiel immer, wenn eine Gesellschaft unvermittelt mit ihrer Vergangenheit bricht. Die Bildung von Volkskommunen im China Mao Tse-tungs in jüngster Zeit ist vielleicht ein historisches Phänomen derselben Ordnung. In beiden Fällen ist der Bruch mit der Vergangenheit vor allem ein Bruch mit der sozialen Ordnung der Vergangenheit und erfolgt durch den Aufbau von Gemeinschaften, die sich (wie die pachomischen Klöster und die chinesischen Kommunen) zum Beispiel eben nicht mehr auf die Familie gründen. Worauf dieser unvermittelte Bruch mit den überkommenen so-

93

zialen Strukturen letztlich hinausläuft, liegt auf der Hand: Ein neuer Menschentyp soll geschaffen werden, dessen Wert für die Gesellschaft wie seine Stellung in ihr nach völlig neuen Kriterien beurteilt wird. So strebt die Hierarchie der pachomischen Klöster systematisch das Gegenteil der weltlichen an und umgekehrt. Schon auf dieser Erde gelten die Prinzipien, die den Aufbau des himmlischen Jerusalems bestimmen werden. Während die weltliche Gesellschaft die Werte der Individualität predigt und alles, was Ausdruck des Ichs ist, fördert, möchte die Regel der pachomischen Klöster diese Individualität brechen, den Menschen auf neuen, das Ich verneinenden Grundlagen aufbauen. „Es geschah", heißt es im koptischen *Leben des Bgul*, eines Schülers des Pachomios, „dass er seine Schüler zusammenrief und den einen und den anderen auftrug, ein schriftliches Bekenntnis abzulegen, damit sie alle nach einer Art lebten, in ihrer Nahrung, ihrer Kleidung, damit es unter ihnen keinen Unterschied mehr gebe, keine Uneinigkeit des Geistes oder des Herzens in allem, was sie auch tun mochten." Kurz gesagt, es geht um die Suche nach dem, was man mangels eines besseren Begriffes vielleicht eine Kollektivseele nennen darf.

Der christliche Mönch lässt die aggressive Welt von früher wiedererstehen; an die Stelle der Verfolgung tritt der Druck der Askese und des Kollektivs. Durch die Antworten, die er ständig diesen „Aggressionen" entgegenhalten muss (bei denen die Dämonen die Rolle spielen, die ehemals den Götterbildern oder den Löwen zugefallen war), wird er allmählich zu einem neuen Menschen. Den neuen sozialen und kulturellen Bedingungen entspricht ein neues Wesen, ja man kann sagen, dass das Mönchtum, wie es in Oberägypten in den pachomischen Gemeinschaften verstanden wurde, im Grunde unbewusst sogar eine Methode zur Beschleunigung der spirituellen und biologischen Evolution des Menschen war.

Schließlich noch ein Wort zu den wirtschaftlichen Bedingungen im Ägypten des 4. Jahrhunderts, die der Entstehung und dem Gelingen dieses Versuchs der „künstlichen Gesellschaften" im höchsten Maße förderlich waren. Der koptische Fellache des 4. Jahrhunderts hatte keinerlei Veranlassung, sich an die Einrichtungen der Vergangenheit oder an ein soziales System zu klammern, dessen Hauptopfer ja er selber war. Das Land gehörte ihm nicht, er war praktisch nur ein Sklave im Dienste des Grundbesitzers (oft ein Fremder, ein Grieche oder Römer), und das Leben, das er als Bauer führte, bot verglichen mit dem, das ihn als Anachoret erwartete, kaum

Vorteile. Die Viten der Wüstenheiligen enthalten zahlreiche diesbezügliche Hinweise. So etwa das *Leben des heiligen Arsenius*. Arsenius, ein Römer adliger Abstammung, der eine Zeit lang am Hofe Theodosios' des Großen (also gegen Ende des 4. Jahrhunderts) ein hohes Amt bekleidet hatte, beschloss im Alter von 40 Jahren, sich der Askese zu widmen, und machte sich auf nach Ägypten. Eines Tages, als er krank war, veranlasste ihn ein Schüler, sich auf ein Bett zu legen, und schob ihm ein Kissen unter den Kopf. Ein Anachoret, der ihn zufällig aufsuchte, war schockiert über diesen „Luxus". Da sagte der Schüler des Arsenius zu ihm: „Was hast du gemacht, ehe du Eremit geworden bist?" – „Ich war Bauer." – „Und wovon hast du gelebt?" – „Wie heute: Ich habe auf der Erde geschlafen, ich habe täglich ein paar Linsen und Brot und Öl gegessen. Aber meine Seele hatte keinen Frieden." – „Nun", entgegnete der Schüler, „Arsenius, den du hier vor dir siehst, war einst Hauslehrer der Kinder des Kaisers, tausend Diener standen zu seinen Diensten, und er schlief in einem prächtigen Bett. Welcher Unterschied zwischen seiner früheren Lage und deiner, der du schlechter lebtest als heute! Mit der Welt hast du ein mühseliges Leben verlassen und gegen ein süßeres eingetauscht, während Arsenius den Überfluss mit der Armut vertauscht hat." Gewiss, das ist eine dieser erbaulichen Episoden, die sich fast wortwörtlich öfters finden, aber sie ist doch sehr aufschlussreich in Bezug auf die entsetzliche Lage des koptischen Bauern im 4. Jahrhundert: ein unablässig arbeitender Sklave, der auf der Erde schläft, manchmal ohne ein Dach überm Kopf, und sich das ganze Jahr hindurch von Schweinebohnen oder Linsen, gekochten Kräutern und trockenem Brot nährt.

Man versteht nun, warum sich die Mönche – mit Ausnahme der Gründer, die alle aus wohlhabenden Familien stammen – von allem Anfang an fast ausschließlich aus Bauern rekrutieren, aus kleinen Handwerkern, den an den Ufern des Nils lebenden Dörflern, kurz aus den ländlichen und arbeitenden Klassen. Das Leben in der Wüste bietet eine Lösung für das Problem der täglichen Existenz und verleiht dem Fellachen zugleich ein Ansehen und eine Würde, die er als Bauer, Hirte oder Fährmann nie hätte erlangen können. Das erklärt, warum die benachteiligten Klassen für soziale Experimente oft die geeignetste und aufgeschlossenste Schicht bilden. Und man versteht jetzt auch, warum so viele Sklaven in den Klöstern Asyl suchen, um endlich selbst Mönche oder Eremiten zu werden.

Diese Flucht in die Wüste nimmt schließlich solche Ausmaße an, dass es zu schweren sozialen Unruhen kommt und die Kirche eingreifen muss. So exkommuniziert zum Beispiel das Konzil von Gangra im Jahre 342 den Bischof Eusthatios und seine Anhänger, weil sie den Sklaven geraten haben, ihre Herren zu verlassen und Asketen zu werden. Sehr bald schon ergreift die Kirche Partei für die soziale Ordnung und die Interessen der Herren und Mächtigen. „Wir werden", heißt es in einem Kanon der heiligen Apostel aus dem 4. Jahrhundert, „nichts zulassen, was den Herren, denen die Sklaven gehören, Kummer macht und Zwietracht in den Heimen sät." Später befiehlt ein Edikt des Kaisers Valens sogar, „Sklaven, die sich unter den Mönchen versteckt halten, gewaltsam (zu ihren Herren) zurückzubringen". Solche Anordnungen färben schließlich sogar auf die Hagiographie ab: Theodorus, ein Heiliger aus dem 4. Jahrhundert, „hatte die wunderbare Kraft, Sklaven mit unsichtbaren Banden zu binden, die jede Flucht unmöglich machten. Wenn der Herr trotz dieser Vorsichtsmaßnahmen seinen Sklaven verlor, blieb ihm noch die Möglichkeit, eine Nacht auf dem Grabe des Heiligen zu verbringen. Dieser zeigte ihm dann im Traum den Ort, an den sich sein Sklave geflüchtet hatte. Offensichtlich waren dem heiligen Theodorus die Herren lieber als die Sklaven."

So wird Ägypten, das das Vorbild des heiligen Anachoreten, des Athleten des Exils und neuen Märtyrers der Wüste hervorgebracht und am Nil jenes erstaunliche Werk, die „künstlichen Gesellschaften", die pachomischen Klöster, begonnen und entwickelt hat, sehr bald ein „zweites Heiliges Land", wo, „gestützt auf die Schriften des Neuen Testaments der christliche Gleichheitsgedanke, die Idee des himmlischen Jerusalems und das idealistische Beispiel der ersten christlichen Gemeinschaften mit außerordentlicher Kraft zum Ausdruck kommen".

Aber wer „Heiliges Land" sagt, sagt Pilgerschaft. Und tatsächlich kommen seit der zweiten Hälfte des 4. Jahrhunderts zahllose Reisende nach Ägypten, um die berühmtesten Anachoreten und die bedeutendsten Klöster aufzusuchen: die einen aus Neugierde, angezogen vom Wunderbaren, die anderen dagegen, um die Lehre der großen Asketen zu befolgen, ihre Schüler zu werden und von ihrem beispielhaften Leben Zeugnis zu geben. Jene halten sich nur vorübergehend in Ägypten auf und wagen sich kaum über die Umgebung von Alexandria in die Wüsten des Wadi Natrun vor oder über Unterägypten hinaus. Unter ihnen befinden sich viele einfache

Besucher, die auf einem Kamel oder Maulesel allein mit einem Führer reisen, aber auch viele „Leute von Welt", reiche römische Damen, Senatoren oder hohe Würdenträger des Imperiums, die mit zahlreicher Begleitung unterwegs sind. So die große römische Dame Paula, die Freundin des heiligen Hieronymus, die mit ihrem Gefolge die Anachoreten in ihren Zellen in der nitrischen Wüste aufsucht, oder die mysteriöse gallische Dame – namens Etheria –, Verfasserin einer *Peregrinatio ad sancta loca*, die nach einer Reise nach Jerusalem durch Ägypten kommt. Oder auch jener Postumianus, ein römischer Adliger, der Ägypten im 5. Jahrhundert bereist und viele Anekdoten mit zurückbringt, die Sulpicius Severus in seinen Dialogen und seinem *Leben des heiligen Martin* verwertet.

Der zweiten Kategorie von Besuchern, die nach Ägypten kommen und längere Zeit dort bleiben, um das Leben der Anachoreten zu teilen, haben wir die Mehrzahl der Zeugnisse zu verdanken, die wir hier heranziehen. Es handelt sich vor allem um Palladius, Rufinus von Aquileja und Cassian.

Palladius war ein Grieche aus Galatien, der sich zwischen 388 und 390 nach Ägypten begab und als Schüler des Makarios und des Evagrios Pontikos zwölf Jahre lang in der nitrischen Wüste beziehungsweise in der Wüste der Sketis lebte. Anschließend verließ er Ägypten, hielt sich in Konstantinopel und Rom auf, wurde zum Bischof von Hellenopolis in Bithynien ernannt und kehrte schließlich nach Ägypten zurück, wo er bis zu seinem Tode blieb. Um 420 verfasste er seine berühmte *Historia Lausiaca* (so genannt, weil sie dem Kämmerer Lausus gewidmet ist), die das Leben, die asketischen Heldentaten, die Wunder, die Versuchungen, die Aussprüche der bedeutendsten Anachoreten Ägyptens berichtet. Der Zweite, Rufinus von Aquileja, ist noch heute berühmt wegen seines Streites mit dem heiligen Hieronymus über Origenes. Um 371 begleitete er eine große römische Dame, Melanie die Ältere, nach Ägypten und blieb sechs Jahre lang bei den Anachoreten der nitrischen Wüste und der Wüste Sketis. Er berichtet uns zwar nichts über seinen Aufenthalt in Ägypten, übersetzte aber die *Geschichte der Mönche in Ägypten* vom Griechischen ins Lateinische, die heute allgemein dem Archidiakon von Alexandria, Timotheus, zugeschrieben wird. Lange Zeit glaubte man sogar, Rufinus selbst sei der Verfasser. Aus Gründen der Einfachheit werden wir Rufinus auch weiterhin als Autor dieser berühmten Geschichte bezeichnen. Sie überschneidet sich zum Teil mit der des Palladius, weist aber an einigen Stellen sehr interes-

sante Abweichungen auf. Übrigens begab sich auch der heilige Hieronymus selbst, nachdem es in Rom aufgrund seiner Anwesenheit und des vor-
zeitigen Todes seiner Schülerin Blesilla zu Schwierigkeiten gekommen war,
im Jahre 385 nach Ägypten, wo er sich einige Zeit in den Wüsten von Nitria und der Sketis, den Zentren der Askese, aufhielt.

Der letztgenannte Reisende – Cassianus – kam schon in seiner Jugend
zu den Mönchen Ägyptens und blieb länger als zehn Jahre bei ihnen. Danach reiste er nach Konstantinopel, Rom und Marseille, wo er zum Bischof
bestellt wurde, und gründete um 415 ein Männer- und ein Frauenkloster.
Gut 20 Jahre nach seinem Aufenthalt in Ägypten, verfasste er seine *Einrichtungen der Mönche* und seine *Gespräche mit den Vätern*, Werke, die
zahlreiche konkrete Einzelheiten über das Leben der Mönche und Anachoreten in Ägypten liefern, aber historisch gesehen zu den anfechtbarsten
zählen. In erster Linie für die Mönche der Provence verfasst, deren asketische Methoden und spirituelle Richtlinien sich merklich von denen der
ägyptischen Mönche unterschieden, geben die beiden Werke des Cassianus
deutlich mehr Aufschluss über das Mönchtum in der Provence im 5. Jahrhundert als über die Klöster Ägyptens.

Auch die *Historia Lausiaca* des Palladius und die *Geschichte der Mönche in Ägypten* enthalten wohl eine ganze Anzahl echter Anekdoten und
mancherlei konkrete Einzelheiten über die ägyptischen Anachoreten,
können jedoch im heutigen Sinne des Wortes keineswegs als historische
Werke betrachtet werden. Die Berichte des Palladius, Rufinus und Cassianus tragen alle in höchstem Maße den Stempel der damals so beliebten
aretalogischen Tendenzen. Diese Mönchspilger wollen in Ägypten keine
Reportagen durchführen, sie fragen nicht nach der Fremdartigkeit der
Wüste. Sie suchen in diesem zweiten Heiligen Land vor allem eine Moral,
eine beispielhafte Askese, ein Wunder oder sonst irgendetwas Außerge-
wöhnliches, das ihren Glauben und ihren Eifer befeuern könnte. All diese Anachoreten, die sie aufsuchen und deren Aussprüche sie berichten,
sind in ihren Augen Akteure in einem gewaltigen Drama, in dem sich die
Mächte des Bösen und die Mächte des Guten in der Einöde der Wüste
gegenüberstehen. Und wenn sie die Begebenheiten dieses fantastischen
Kampfes nachzeichnen, so entstehen unter ihrer Hand Werke, die mehr
von einem Roman oder einem Epos an sich haben als von einem historischen Zeugnis. Auch hier also muss man das Geschichtliche gegen den

Text suchen, in den versteckten oder eingestreuten Wahrheiten, die er unwillentlich bezeugt.

In den Wüsten Oberägyptens

Beim Tode des Pachomios und des Antonios zählen die von den beiden Neuerern gegründeten Gemeinschaften bereits einige tausend Anhänger. Im Laufe des 4. Jahrhunderts entstehen am Nil, dem Delta entlang bis nach Syene in Oberägypten, immer neue Klöster; für die antoninischen geht die treibende Kraft von Pispir und dem Berge Kolzim aus, für die pachomischen von Tabennesi. Seltsam, dass zwischen diesen beiden großen Zentren des Mönchtums keine sehr engen Beziehungen bestanden haben dürften. Die pachomischen Gemeinschaften, mehr als 600 Kilometer südlich des Deltas, im fast unzugänglichen Herzen Oberägyptens, lagen praktisch abseits der Reiseroute der „Touristen", die oft nicht einmal etwas von ihrer Existenz wussten. Einer der wenigen, die sich bis nach Tabennesi vorwagten, war der heilige Athanasios, der Verfasser des *Lebens des Antonios*, der sich während eines unfreiwilligen Wüstenexils dort aufgehalten hatte; von den anderen genannten Autoren hatte einzig Palladius die Klöster und asketischen Zentren Oberägyptens aufgesucht. Im Übrigen wäre es auch fraglich, ob uns Männer wie Rufinus oder Cassian, gesetzt den Fall, sie wären bis nach Tabennesi vorgestoßen, großen Aufschluss über die Regeln, die Geschichte und das tägliche Leben der Mönche hätten geben können. Denn was zum Beispiel weiß Palladius zu berichten? „Wir sahen in Ägypten auch noch viele andere Einsiedler. Was gäbe es nicht alles zu sagen über diese bewundernswerten Männer und all die unzähligen anderen, die in der Umgebung von Syene in der Oberthebais leben und deren Kräfte manch einem unglaublich erscheinen mögen, so weit gehen sie über die anderer Menschen hinaus. Denn noch heute erwecken sie Tote auf und gehen wie der heilige Petrus auf dem Wasser."

Die Abgelegenheit dieser Klöster scheint der Legendenbildung förderlich gewesen zu sein. In den für die Reisenden praktisch unzugänglichen Wüsten Oberägyptens vermutet man noch viel wunderkräftigere Anachoreten als in den anderen Gegenden des Landes, und die seit dem 5. Jahrhundert über diese Asketen umlaufenden Berichte gehören zu den erregendsten der koptischen Literatur. Der Anachoret trägt hier kaum noch menschliche Züge, meist lebt er unter Tieren und flieht selbst noch „den Geruch der Menschen". Die von Robert Amelineau übersetzte *Reise eines ägyptischen Mönches in die Wüste* kann als Vorbild dieser Gattung gelten:

„Es gab einen Anachoreten namens Paphnutios. Er sprach zu den Vätern, die Gott liebten, und hier ist, was er zu ihnen sagte: ‚Ich bin Paphnutios, und eines Tages regte sich in meinem Herzen der Wunsch, in die Tiefen der Wüste zu gehen, um zu sehen, ob sich dort ein Mönch fände.

Ich ging vier Tage und vier Nächte lang, ohne zu essen oder zu trinken. Am vierten Tag gelangte ich zu einer Höhle, und ehe ich eintrat, klopfte ich nach dem Brauch der Brüder an die Tür, damit der Bruder herauskäme und ich ihn küssen könnte. Ich wartete. Ich klopfte bis tief in die Nacht an die Tür: Niemand antwortete.'" (Eine für das Leben in der Wüste typische Szene. Viele Anachoreten hatten die Gewohnheit, den Besuchern oder Schülern nicht zu öffnen, sondern sie so lange wie möglich klopfen zu lassen, um ihre Ausdauer und Beharrlichkeit auf die Probe zu stellen. Manche Texte sprechen davon, dass die Schüler zwei oder drei Tage lang klopften.)

„‚Ich sagte in meinem Herzen: ‚Vielleicht ist an diesem Ort kein Bruder'. Ich trat in die Höhle ein und rief: ‚Segne mich, mein Vater!' Nachdem ich eingetreten war, schaute ich mich um: Ich sah einen Bruder auf dem Boden sitzen, Schweigen bewahrend. Alsogleich streckte ich die Hand nach ihm aus, ergriff ihn am Arm. Er zerfiel unter meinen Händen zu Staub. Ich betastete ihn am ganzen Leib und merkte, dass er in dieser Stellung geblieben, seit er tot war. Ich schaute um mich, ich sah einen Mantel. Als ich ihn nahm, zerfiel auch er in Staub. Dann erhob ich mich, verrichtete ein Gebet, nahm meinen Mantel, bedeckte den Leichnam, machte ein Grab, begrub ihn, ging'" (Ein in der Wüstenliteratur immer wiederkehrendes Thema. Es ist nicht völlig aus der Luft gegriffen, denn das trockene, heiße Klima Oberägyptens spielt eine gewisse Rolle bei der Austrocknung und Erhaltung des Leichnams. Aber daneben verrät der literarische Gebrauch dieses Themas doch eine typisch ägyptische Idee: die physische Bewahrung des Toten. Es taucht in der koptischen Literatur übrigens zu einer Zeit auf, da die Christen endgültig mit dem Brauch der Einbalsamierung gebrochen haben. Und das ist nicht nur ein rein zufälliges Zusammentreffen.)

„‚Ich setzte meinen Marsch durch die Wüste fort, bis die Sonne unterging. Ich schaute um und sah eine Büffelherde. Ein Bruder ging mit ihnen.

Ein Blick in die Zelle eines heutigen Wüstenvaters: die ehemalige Einsiedelei des koptischen Papstes Kyrill VI. (1902–1976) im Wadi Natrun.

Als er näher kam, sah ich, dass er nackt war: seine Haare bedeckten seine Scham, hüllten ihn wie ein Gewand ein. Als er herangekommen war, ergriff ihn Furcht, er glaubte, ich sei eine Erscheinung. Er blieb stehen und betete, denn er war schon zu vielen Malen versucht worden. Ich sah, dass er von Furcht erfüllt war, und trat zu ihm: ,Warum hast du Angst? Sieh, auch ich bin aus Fleisch und Blut.' Aber er hob die Augen zum Himmel, er sprach das Gebet, er sagte das Amen.'" (Wieder eine sehr typische Anekdote. Die Wüste ist das Reich des Unsichtbaren und Übernatürlichen. Daher auch das instinktive Zurückschrecken des Anachoreten vor jedem Besucher, der auf ihn zukommt – vor allem, wenn er in der Dämmerung auftaucht, wie es hier der Fall ist, denn: Entweder ist es ein Engel, und man muss ihn mit Rücksicht behandeln, oder es ist ein Dämon, und dem muss man aus dem Weg gehen, oder aber es ist ein Mensch, und in diesem Fall wird man sich auf die eine oder andere Weise verhalten.) Aber die Reise geht weiter:

„Ich nahm meinen Weg wieder auf und ging sieben Tage lang. Nach sieben Tagen blickte ich hinter mich. Ich sah einen Mann, der ebenfalls ging. Sein Haar fiel ihm über den Leib wie die Mähne eines Leoparden, denn er war nackt. Loliumblätter (lateinischer Name des Lolchs) bedeckten die Stelle seines Geschlechts.

Als er sich näherte, befiel mich Angst, und ich stieg auf einen Felsvorsprung. Er kam zum Felsen, warf sich in seinen Schatten, ermattet, wie er war, vor Hunger, Durst, der glühenden Hitze der Wüste. Er hatte viel gelitten. Er hob die Augen und bemerkte mich. Er richtete das Wort an mich: ‚Steig herab, Mann Gottes, denn auch ich bin ein Mensch. Ich bin Gottes wegen in dieser Wüste.‘ Er sagte noch: ‚Ich bin Benofer (auf Griechisch Onuphrios). Nun bin ich schon sieben Jahre in dieser Wüste und schlafe auf den Bergen nach der Art der wilden Tiere. Ich esse Lolium und Blätter von den Bäumen. Ich habe noch nie einen Menschen gesehen.‘“

Eine ganz ähnliche Episode – noch ausführlicher behandelt – findet sich im koptischen *Leben des Paulos von Tamueh*, eines anderen Anachoreten in Oberägypten, der durch die Wüste zieht und mitten unter einer Büffelherde auf einen Menschen stößt:

„Paulos sagte: ‚Wie heißt du?‘ Der Mann antwortete: ‚Ich heiße Aphu.‘ Paulos sagte: ‚Seit wie viel Jahren bist du an diesem Ort?‘ Er sagte: ‚Jetzt sind es 54 Jahre.‘ Paulos sagte weiter: ‚Wer hat dir das Kleid gegeben, das du trägst?‘ Er sagte: ‚Der Abbas Antonios, der von Shiît.‘ Paulos sagte: ‚Wovon lebst du mit diesen Büffeln?‘ Er sagte: ‚Ich lebe wie sie. Ich esse das Gras auf dem Feld.‘ Paulos sagte: ‚Frierst du nicht im Winter? Ist dir nicht heiß im Sommer?‘ Er sagte: ‚Im Winter lege ich mich zu den Büffeln, sie erwärmen mich mit dem Atem ihres Mauls. Im Sommer stellen sie sich zusammen und machen mir Schatten.‘ Paulos sagte: ‚Wahrhaftig, du bist würdig, Aphu der Büffel genannt zu werden.‘“

Dieses Thema vom Anachoreten, der mit Büffeln lebt und noch nie einen Menschen gesehen hat, ist hier etwas Ähnliches wie die religiöse Abwandlung des Themas von dem unter Tieren wild aufwachsenden Kind. Doch für den Ägypter hat es noch eine andere Bedeutung. Seit alters ist in seinem Lande dem Tier als Gefäß der Gottheit oder als Gottheit selbst eine besondere Bedeutung beigemessen worden. Ins Christentum übernommen, führt diese Haltung zu dem typisch ägyptischen Thema des „heiligen Büffel-Menschen". Der Vergleich eines Menschen mit einem Tier oder ein dem Menschen gegebener Tierbeiname (wie Aphu der Büffel) ist im christlichen Ägypten immer Zeichen einer großen spirituellen Erhebung. Aus alledem darf man mit Amelineau schließen, dass all diese Berichte „nur die neuen Ideen angepassten alten ägyptischen Romane sind", und dass Onuphrios, Paphnutios oder Aphu niemals existierten.

Nicht so jedoch die Anachoreten, die Palladius, Rufinus und Cassian beschrieben haben und denen wir uns jetzt zuwenden wollen. Diese gehören dem Bereich des Wirklichen an. Sie haben ein Gesicht, einen Namen. Sie haben Einsiedeleien oder Klöster gebaut, die heute noch zu sehen sind. Sie haben in einem Gebiet gelebt, dessen Name allein schon eine Geschichte ist: in der Thebais.

Die Thebais

Als der Jansenismus im 17. Jahrhundert manch einen, der der Welt und dem Jahrhundert entsagen will, nach Port-Royal-des-Champs zieht, suchen diese neuen Einsiedler ganz natürlicherweise bei ihren ägyptischen Vorläufern Bestätigung und Vorbild. Das scheint logisch genug, denn der Aufbruch in die „Wüste von Port-Royal" ist im Großen und Ganzen eine Wiederholung des Phänomens, das sich 13 Jahrhunderte früher in Ägypten gezeigt hat. So stammen aus dieser Zeit ja auch bezeichnenderweise die bedeutendsten Übersetzungen und Abhandlungen über die Wüstenväter; werden plötzlich die Heiligen Ägyptens und Syriens „wieder entdeckt", die sich, wie der heilige Antonios und die heilige Maria von Ägypten, bereits im Mittelalter dank der *Legenda aurea* des Jacobus de Voragine einer großen Popularität erfreut hatten.

Aber nach 13 Jahrhunderten musste eine solche Rückwendung zu den Quellen in einer Gesellschaft, die sich so sehr von der ägyptischen unterschied, ein etwas zweifelhaftes Unterfangen sein. Die Jansenisten behandelten die heroischen Wüstenheiligen wie die tragischen Autoren ihrer Epoche die heidnischen Helden: sie projizierten die Sitten, die Ideen und die Vorurteile des 17. Jahrhunderts in sie hinein. In den damaligen Übersetzungen sprechen die Wüstenväter die Sprache der Höflinge, die den Texten einen ganz besonderen Scharm gibt, aber unter der Sonne Ägyptens, in diesen von wilden Tieren bevölkerten Wüsten doch etwas wundernimmt. Das große Jahrhundert stellt sich die nitrische Wüste oder die Einöden der Thebais als eine Art Ile-de-France vor, auf wunderbare Weise mit all ihren Teichen, ihrem Laubdach, ihren Hügeln und ihren Pflügern in die tiefsten Sandwüsten versetzt.

Die berühmten Wüsten der Thebais, aus denen die Jansenisten eine Oase des Friedens und der Meditation machten, waren in Wirklichkeit jedoch ganz anders. Genau genommen ist die Thebais das an Theben in Oberägypten angrenzende Gebiet, aber die Autoren des 4. Jahrhunderts und später auch die Reisenden verstanden unter Thebais die Einöden am Nil zwischen Memphis und Syene, das heißt das ganze Mittel- und Oberägypten. Um eine Geografie, die bereits höchst unklar ist, nicht noch verwickelter zu machen, wollen wir den Begriff ebenfalls im weiteren Sinn gebrauchen.

Wie sehen nun diese Wüsten Mittel- und Oberägyptens aus, die seit dem 4. Jahrhundert so viele Anachoreten anziehen? Große Steinwüsten, wo nur ein paar Palmen und etwas Gras gedeihen, wo die Wasserstellen selten sind; weite Flächen unterbrochen von Wüstenhügeln oder Anhöhen, an deren Fuß die Asketen Laubhütten erbauen oder einfach Löcher graben, um dort mangels verlassener unterirdischer Gräber Schutz vor der Sonne zu finden. Diejenigen, die sich am Nil niederlassen, leben als Höhlenmenschen in den großen Felsen- oder Steilwänden, die stellenweise über den Fluss hinausragen, in Höhlen, die der Reisende heute noch sehen kann. „Angefangen beim Schloss von Kairo bis nach Oberägypten", schreibt Maillet, ein Reisender aus dem 18. Jahrhundert, „sind an den unzugänglichsten Orten Tausende und Abertausende von in Stein gehauenen Zellen zu sehen. Zu diesen Grotten konnten die heiligen Anachoreten nur auf sehr schmalen, oft über Abgründe führenden Wegen gelangen; die Abgründe überbrückten sie mit Brettern, und wenn sie diese auf ihrer Seite einzogen, war die Einsiedelei völlig unzugänglich. Das also ist die so genannte Thebais, einst wegen ihrer unzähligen Eremiten berühmt. Viele dieser Grotten und Höhlen kann man von den Booten aus sehen, die den Nil befahren. Von manchen solchen Höhlen konnte man das Wasser mittels langer Seile direkt aus dem Nil schöpfen, wenn er seine volle Höhe erreicht hatte und am Fuße der steilen Felsen dahinfloss.

*Die Höhle des hl. Antonios in den Felsen
oberhalb des nach ihm benannten Klosters.*

Im Übrigen machen diese Grotten nicht die ganze so genannte Thebais aus. Daneben gibt es noch die eigentlichen, in der Kirchengeschichte der ersten Jahrhunderte so berühmten Wüsten der Thebais, die öden Berge, die sich drei oder vier Tagesreisen gegen das Rote Meer hin erstrecken. Hier, zwischen Suez und dem Berg Kolzim, sechs oder sieben Meilen vom Meer entfernt, liegen das berühmte Kloster des heiligen Antonios, die Grotte des heiligen Paulos und verschiedene andere durch die Bußübungen der alten Anachoreten geheiligten Einsiedeleien."

Hier in den Grotten des Berges Kolzim starb der heilige Antonios, hier am Fuße des Berges entstand die erste Keimzelle des Anachoretentums. Denn der heilige Antonios hat, worauf der heilige Athanasios kaum hinweist, seine letzten Jahre nicht gänzlich allein verbracht. Abgesehen von den zahlreichen Pilgern, die ihn aufsuchten, hatte er mehrere Schüler um sich, von denen manche an anderen Orten seinem Beispiel folgten und Zentren des Anachoretentums gründeten. Das erste zu Pispir gegründete Kloster – das weniger ein Kloster im heutigen Sinne als vielmehr eine Versammlungsstätte war, an der die in den Einöden der Umgebung verstreuten Anachoreten wöchentlich einmal zusammentrafen – wurde ebenfalls sehr bald zu einem Zentrum, von wo aus sich das Anachoretentum nilabwärts bis Memphis und nilaufwärts bis Theben ausbreitete. Rufinus und Palladius, die gegen Ende des 4. Jahrhunderts – also kaum ein halbes Jahrhundert nach dem Tode des Antonios – dieses ganze Gebiet der Niederthebais bereisten, sprechen von Zellen und „Löchern" der Anachoreten den ganzen Nil entlang. Nach Rufinus belief sich allein die Zahl der in der Niederthebais lebenden Anachoreten auf 10 000. Die wichtigsten Mönchszentren waren, abgesehen von den zu Lebzeiten des Antonios gegründeten Klöstern von Pispir und Kolzim, im Fajum, in Arsinoë, Antinoë, Oxyrhynchos, Aphroditopolis, Babylon und Memphis. In Oxyrhynchos, schreibt Rufinus, „leben lauter Einsiedler, ja selbst noch außen entlang der Stadtmauer. Überall in der Stadt sieht man mehr Klöster als Häuser. Es gibt kein Tor, keinen Turm, keinen Winkel, wo nicht ein Einsiedler wäre." Und er fügt hinzu: „Die Stadt zählt 20 000 Jungfrauen und 10 000 Einsiedler." Wahrhaftig: ein himmlisches Jerusalem, dessen Einwohner sich schon gänzlich dem Jenseits geweiht haben, eine Stadt, die jede Beziehung zur irdischen Welt verloren hat! Über Antinoë, etwas weiter südlich gelegen, schreibt Palladius: „In den Klöstern, die um die Stadt liegen, leben mehr als 2000 Einsiedler."

Denselben Eindruck vermittelt Sulpicius Severus oder vielmehr sein Informant, Postumianus, der Ägypten zu Beginn des 5. Jahrhunderts besuchte: „Vom Berge Sinai wandte ich mich wieder dem Nil zu und besuchte die zahlreichen Klöster auf beiden Seiten des Flusses. Ich bemerkte, dass an den meisten dieser Orte die Mönche in Gruppen von Hundert zusammenwohnten. Aber in bestimmten Dörfern lebten vielfach bis zu 2000 und 3000 Mönche."

Sicher sind diese Zahlen übertrieben, man darf ihnen also kein zu großes Gewicht beimessen. Aber der Eindruck, der aus allen Berichten spricht und die Realität des Phänomens bekräftigt, ist überall derselbe: Nilaufwärts und nilabwärts blühen Einsiedeleien und Klöster, sodass der Reisende sich manchmal des Eindrucks nicht erwehren kann, die Eremiten seien zahlreicher als die normale Bevölkerung.

Unter den bedeutendsten Schülern des Antonios verdienen zwei besondere Aufmerksamkeit: Paulos der Einfache und der heilige Sisoes. Paulos, dem Antonios den Beinamen der Einfache gab, weil er „frei von aller Arglist war", kam im Alter von 60 Jahren in die Wüste, ein Bauer, dessen Ausdauer und Gehorsam nicht zu erschüttern waren. Drei Tage und drei Nächte lang klopfte er an die Tür des Antonios und wartete, dass der Heilige ihm öffne. Antonios nahm ihn daraufhin auch zu sich, um ihn zu unterweisen und durch die Übertragung von außerordentlich mühseligen und recht seltsamen Arbeiten weiter zu prüfen: einen ganzen Tag lang in der prallen Sonne Binsen flechten, einen Korb flechten, wieder aufmachen, neu machen und wieder aufmachen und so weiter, einen Honigtopf zerbrechen und den Honig mit einer Muschel ohne Staub von der Erde wieder aufkratzen und so fort. Paulos der Einfache gehorcht. Er gehorcht allen Befehlen, selbst jenen, die man ihm nicht gibt. Eines Tages, als Antonios in seiner Zelle mit Besuchern spricht, stellt Paulos eine sehr naive Frage und Antonios befiehlt ihm verlegen, zu schweigen. Paulos schweigt. Einen Tag. Zwei Tage. Eine Woche. Er spricht mit niemand mehr und Antonios fragt ihn, warum. „Hast du mich nicht anderntags schweigen geheißen?", antwortet Paulos der Einfache. Und Antonios ruft aus: „Dieser da richtet uns alle."

Diese Anekdote – die zu denen gehört, die man nicht erfindet – zeigt, welches Prinzip der Lehre in der Wüste zugrunde lag: im Schüler jede persönliche und gefühlsmäßige Reaktion zu unterdrücken und strikten Gehorsam zu verlangen, um die schädlichen Impulse des Ichs abzutöten. Paulos, der mehrere Tage lang ununterbrochen denselben Korb macht und wieder aufmacht, stößt damit bis an die Grenzen eines jeden Gehorsams vor, bis dahin, wo er das Absurde streift.

Der heilige Sisoes lebt ebenfalls bei Antonios auf dem Berge Kolzim. Wie Paulos die Tugend des Gehorsams weit vorangetrieben hat, so vertieft Sisoes die Tugend der Demut. Und wie die Übung des Gehorsams manchmal ans Absurde grenzt, so stößt die der Demut an die Grenzen der Verächtlichkeit. Diese Grenze wurde in Ägypten allerdings selten erreicht, außer eben vom heiligen Sisoes, der, wie Palladius sagt, sein ganzes Leben lang „die Liebe zur heiligen Verächtlichkeit" übte und dessen größter Wunsch es war, „von allen verachtet zu werden", da er „das Lob der Menschen so sehr fürchtete, dass er, wenn er in der Wüste mit zum Himmel erhobenen Händen betete, die Hände senkte, sobald er glaubte, gesehen zu werden, aus Angst, man könnte ihn deshalb höher schätzen".

Außer vielleicht auch von der im koptischen *Leben der Theodora* erwähnten heiligen Isidora, die im ersten zu Lebzeiten des Pachomios gegründeten Frauenkloster bei Tabennesi lebte und aus Liebe zur Demut vorgab, verrückt und besessen zu sein. Ihr einziges Bestreben war es, „immer verachtet zu werden". So verbrachte sie ihre Tage in der Küche des Klosters, den Kopf mit Lumpen bedeckt, barfüßig, und nährte sich „von Brotkrumen, die sie mit einem Schwamm vom Boden auflas, und vom Spülwasser der Kochtöpfe". Ein Motiv, das seit dem 4. Jahrhundert vor allem in Syrien in den Heiligenviten immer wieder auftaucht. Es handelt sich hier um eine Radikalisierung, eine Art letzter Askese in dem Sinn, dass man nicht nur den Körper trainiert, sondern auch die sozialen Bedürfnisse. Der Anachoret meidet die Gesellschaft, dieser neue Typ des Heiligen lebt zwar mitten in der Gemeinschaft, verzichtet aber auf öffentliches Ansehen. Dieses Thema nimmt immer mehr Gestalt an, es entstehen die „heiligen Simulanten": nicht mehr in der Wüste oder im Kloster leben, sondern mitten in der Stadt (wie Markus der Narr in Alexandria oder Simeon Slos in Antiochia) oder sogar im Schoß der Familie (wie der heiligen Alexis). Die in den Grotten und Wüstenlöchern am Nil verstreut lebenden Anachoreten blieben länger unbekannt und namenlos. Einmal, weil ihre Einsiedeleien so abgelegen waren (manche zogen sich an unzugängliche Orte oder in unterirdische Gräber zurück), zum andern aber auch, weil die

*Blick von einem Felsvorsprung auf das
Samuelskloster in der Libyschen Wüste.*

meisten dieser Anachoreten die Besucher eher flohen als suchten. Das ist
ein ziemlich einleuchtendes Phänomen, denn die größten Anachoreten
waren nicht unbedingt die bekanntesten. Ja unter all den Asketen der
ägyptischen Wüste befanden sich sogar manche, die eine solche Vollkommenheit erlangt hatten, dass sie selbst der Heiligkeit und dem mit ihr ver-
bundenen Ruhm entsagten. Ebenso waren die berühmtesten nicht immer
die heiligsten. Das ganz besondere spirituelle Klima des christlichen
Orients im 4. Jahrhundert verführte manch einen zu einem asketischen
Übermaß, zu einer bedenkenlosen Zurschaustellung der Kasteiungen und
Bußübungen, mit deren Strenge und Echtheit man es nicht zu genau nehmen darf. Aber andererseits ist es natürlich schwierig, die Erfahrung von
Menschen, die 40 oder 50 Jahre lang in der Einsamkeit gelebt haben, nach
zwei Jahrtausenden zu beurteilen. Dazu kommt noch, dass das Verhalten
der Anachoreten an Kriterien gemessen werden muss, die das gerade

Gegenteil der uns sonst geläufigen sind: Einer, der die Welt flieht, achtet im Allgemeinen darauf, die Spuren zu verwischen, die zu seiner Einsiedelei führen. Dasselbe gilt aber auch im spirituellen Bereich: Die Unsinnigkeit, die Einfältigkeit, die Verdummung, der vorgetäuschte Wahnsinn und andere „abwegige" Verhaltensweisen können Techniken der Askese sein: falsche Spuren, die den von den weltlichen Kriterien noch allzu durchdrungenen Schüler oder Besucher irreführen sollen. Den Gipfel erreichen diese asketischen Techniken in Syrien mit den „Weidenden", Asketen, die auf allen vieren gehen und sich von Kräutern und Wurzeln nähren: Hier verwischt der Heilige seine Spur bis zur äußersten Grenze des Möglichen, denn er geht so weit, dem Anschein nach das Menschsein aufzugeben und als Tier zu leben. Die Kriterien, anhand derer sich beurteilen lässt, ob ein Asket ein Heiliger oder ein Exhibitionist oder ein Armer im Geist ist, sind also recht kompliziert und heikel. So kann man einen Heiligen, der vorgibt, wahnsinnig zu sein, nicht a priori von einem Dorfidioten unterscheiden, der sich zufällig bei ihm befinden mag. Aber leider können wir in unserer Verlegenheit auch nicht auf den „wahren" Heiligen zählen. Im Gegenteil, er gefällt sich darin, die Dinge zu verwirren, und zwar so sehr, dass gelegentlich sogar echte Heilige einen Augenblick lang von Zweifeln befallen oder von einem Schwindel erfasst werden angesichts des eigenartigen Verhaltens eines „Kollegen" in der Heiligkeit. Die wahren Narren von den vorgeblichen, die wahren Heiligen von den falschen zu unterscheiden, wer würde sich daran wagen, ohne persönlich – wenn auch vielleicht nur in geringem Ausmaß – den Versuch des Wahnsinns, der Askese und der Einsamkeit gemacht zu haben? Hinter jeder Geste, hinter jedem Wort des Anachoreten steht in Wirklichkeit eine verborgene Logik, eine Geheimsprache, deren Worte und Gesetze man zuerst entdecken muss. Mit Rufinus und Palladius in die Wüsten Ägyptens zu reisen heißt mehr, als nur den Gefahren der Sonne, des Sandes und der wilden Tiere zu trotzen, es bedeutet vielmehr das Wirkliche vom Schein und selbst das falsche Wirkliche vom falschen Schein scheiden zu lernen. Die Wüste ist voller Täuschungen, wobei die gefährlichsten nicht so sehr die Dämonen und die Versuchungen sind als vielmehr jene, die darin bestehen, dass man sich über die wahre Natur, die wahre Identität des Menschen täuscht.

„Bist du der große Makarios?", fragt ein Besucher eines Tages Makarios den Älteren.

„Der große Makarios?" Den kenne ich nicht", antwortet Makarios. Und der Frager, der nichts begriffen hat, sucht all die anderen Wüstenlöcher auf, wo er von den Anachoreten – natürlich – unweigerlich immer dieselbe Antwort erhält: „Nein, ich bin nicht der große Makarios." Und so kehrt er nach Alexandria zurück, ohne jemals Makarios getroffen zu haben. Deshalb wollen wir bei dieser Reise, die wir nun ins Land des Wirklichen und des Scheinhaften unternehmen, für unseren Teil auf der Hut sein, dass wir nicht am „großen Makarios" vorübergehen, ohne ihn zu sehen, dass wir uns nicht über die wahre Natur des Anachoreten täuschen und die Heiligen, die Narren und die geistig Armen mit demselben Maß messen.

Heiliger? Narr? Armer im Geist? Das Leben des Johannes von Ägypten bietet uns eine ausgezeichnete Gelegenheit, Stellung zu beziehen. Er war einer jener zahllosen Anachoreten, die sich in einer Grotte in der Thebais niederließen und eine Form der Askese einführten, die Generationen von Anachoreten als Beispiel diente. Verlassen wir jetzt also den Berg Kolzim, in dessen Nähe an einem unbekannten Ort der Leib des heiligen Antonios ruht. Im Vorübergehen nicken wir Paulos dem Einfachen zu, der Tag und Nacht mit nachdenklicher Miene, die Augen auf seine Arbeit gesenkt, denselben Korb flechtet und wieder aufmacht. Aufmunternd winken wir dem heiligen Sisoes zu, der mit erhobenen Armen am Horizont betet und sie sinken lässt, sobald er uns gewahrt. Und um ihm eine Freude zu machen, geben wir ihm zu verstehen, dass wir ihn verachten. Beide haben ihren Weg gefunden: den „Weg des Korbes" oder den „Weg der gesenkten Arme". Wie sieht nun der Weg der anderen aus?

Wenden wir uns nun zum Nil. Folgen wir dem Fluss nach Süden bis zu einem Ort namens Lykopolis (die Stadt der Wölfe), dem heutigen Asiut. Bei dieser Stadt ein Berg, auf diesem Berg eine Grotte, in dieser Grotte eine Hütte und in dieser Hütte ein Mann: Johannes von Ägypten. Er lebt hier seit 50 Jahren. „Er hatte sich in das Innere des Berges bei Asiut bringen lassen, wo ihm die Mönche des Klosters von Hanadah eine große Hütte bauten, in der sie eine Art Gefängnis machten. Dort lebte Johannes und täglich kam einer, um ihm die Körner zu bringen, von denen er sich nährte." Man besuchte ihn, hielt sich aber kaum länger in diesem Gefängnis auf. Einzig dem Palladius, der von Nitria bis nach Lykopolis 18 Tage durch die Wüste gereist war, gelang es, sich bei dem Heiligen niederzulassen und ihn zu bewegen, ihm sein Leben zu erzählen. Aber kann man es tatsächlich

Der „große" Makarios:
Bild aus dem
Makarioskloster im
Wadi Natrun.

ein Leben nennen? Einsamkeit, Dunkelheit, Schweigen, Gefängnis: Wie
soll man dieses freiwillige Sich-im-Berg-Einsperren, dieses Sich-in-der-
Nacht-Verkriechen nennen? Der heilige Antonios war nur einige Jahre in
seinem Grab bei Kome geblieben. Johannes von Ägypten dagegen bleibt 50
Jahre lang in seiner Hütte und ernährt sich wie ein Vogel von Körnern und
Wasser. Wie ein Vogel, der auf den Gebrauch seiner Flügel verzichtet hat,
verwandelt in eine lebendige Statue. Später machen in Syrien auch andere
Anachoreten diesen Versuch des Sich-gänzlich-Einsperrens – in Gräbern,
Grotten oder dunklen Höhlen, manchmal sogar in einem hohlen Baum
oder auf Säulen, wo sie jahrelang auf einer fast vegetativen Ebene dahinle-
ben und an „menschliche Blumen" gemahnen, die die Wiese der Heiligen
übersäen.

Gewöhnen wir uns an diese Bilder: ein Heiliger, wie ein Tier in seiner
Höhle, im Schatten verkrochen, ein Heiliger, blind, in das Herz der Erde
vergraben, ein „Maulwurfsheiliger", wie man ihn nennen könnte. In diesen

Anekdoten und Bildern drücken die Menschen des 4. und 5. Jahrhunderts den erstaunlichen Traum aus, der sie inspiriert und fasziniert: sich weit weg von der Welt in der Dunkelheit vergraben, anspruchslos lebend in der Nacht und im Schweigen bleiben.

Verlassen wir die Grotte, in der Johannes von Ägypten im Dunkel seine Askese übt; treten wir in den Glast der Wüste hinaus; vor uns liegt der Nil. Wir gehen auf dem östlichen Ufer flussaufwärts, lassen Hermopolis Magna, dann Oxyrhynchos hinter uns und gelangen schließlich, südlich des Fajum, nach Herakleopolis. In der ganzen Gegend, durch die wir gekommen sind, wimmelt es von Einsiedeleien und Klöstern. Die Anachoreten – jedenfalls diejenigen, die vor dem Offenbarwerden ihrer asketischen Heldentaten nicht zurückschrecken – vollbringen immer mehr Wunder und manche von ihnen, wie der heilige Apollonius, den Rufinus besuchte, umgeben sich mit mehr als 500 Schülern. Dieser heilige Apollonius ging in die Annalen des Anachoretentums aufgrund einer besonderen Großtat ein: Eines Tages ließ er eine ganze Versammlung von Heiden, die ein Opfer zelebrierten, in Unbeweglichkeit erstarren, „sodass sie, nachdem sie unter der unerträglichen Hitze gelitten hatten, von den Strahlen der Sonne verbrannt waren, ohne dass sie sich die Ursache eines so seltsamen Vorfalls hätten erklären können". Aber lassen wir das „Wunder" auf sich beruhen; halten wir nur fest, dass es zur Zeit des heiligen Apollonius (der unter der Regierung Julian Apostatas in der Wüste lebte) in Ägypten noch viele Heiden gibt. So spricht auch Rufinus von „neun oder zehn größeren heidnischen Dörfern (in der Umgebung von Hermopolis Magna, also in der Wüste, in der Apollonius lebte), wo die Dämonen mit unfrommem Aberglauben und befremdlicher Leidenschaft verehrt wurden (es handelt sich zweifelsohne um einen Dionysos-Osiris-Kult): Sie hatten einen Tempel von erstaunlicher Größe, in dessen Mitte ein Götterbild stand, das die Priester – begleitet von der gesamten Bevölkerung – nach Art der Bacchanten heraus- und um diese Dörfer herumtrugen, wobei sie frevelhafte Zeremonien begingen, um vom Himmel Regen zu erlangen. Das von Apollonius vollbrachte „Wunder" ist nur eine Episode aus dem immer heftiger werdenden Kampf zwischen Christen und Heiden. Eine Generation später – als das Heidentum im ganzen Imperium offiziell verboten ist – plündern christliche Mönche unter der Führung von Schenute oder Makarios von Thu die heidnischen Tempel, setzen sie in Brand, zerschlagen die Bilder der Götter und machen sich manchmal sogar die Gelegenheit zunutze, um das Tempelpersonal niederzumetzeln. Zur Zeit des Apollonius, da man noch nicht stark genug ist, um solche Gewalttaten zu begehen, begnügt man sich damit, die Heiden symbolisch niederzumetzeln oder zu „neutralisieren", doch gleicht dieses „Wunder" zu sehr dem, was später geschichtliche Wirklichkeit wird, um nicht schlicht und einfach der literarische Ausdruck unbewusster christlicher Wünsche zu sein. Wir wollen die Analyse dieses aretalogischen Wunders nicht weiter verfolgen und lediglich anmerken, dass es sich eindeutig um ein Sonnenwunder handelt (heidnische Menschenmengen, die durch die Sonneneinwirkung erstarren und gleichsam verbrannt werden), das dem heiligen Apollonius vielleicht aufgrund seiner Namensgleichheit mit dem Sonnengott der alten Griechen zugeschrieben wurde.

Etwas weiter nördlich, bei Herakleopolis, lebte ein gewisser Paphnutios, dessen Leben so heilig war, schreibt Rufinus, „dass man ihn eher für einen Engel als für einen Menschen hielt". Aber Vorsicht! Auch hier trügt der Schein. Paphnutios ein Engel? Tatsächlich? Nachdem er Jahre in der Wüste zugebracht hat, befragt er unvorsichtigerweise einen Engel, wie es um ihn stehe. Dieser enthüllt ihm, er sei auf der Stufenleiter der Tugenden kaum höher als ein gewisser Musiker aus Herakleopolis. Paphnutios verdoppelt seine Anstrengungen im Fasten und Beten. „Wo stehe ich jetzt?", fragt er den Engel einige Jahre später. „Auf der Stufe des Sowieso aus dem nächsten Dorf", antwortet der Engel. Und Paphnutios fastet und betet noch mehr. Ein drittes Mal fragt er den Engel: „Und wo stehe ich jetzt?" – „Auf der Stufe eines Kaufmanns aus dem und dem Dorf", antwortet der Engel. Das also ist das Leben des Paphnutios, der sich über sich selber täuscht und sich eine falsche, nämlich zu ideale Vorstellung von sich selber macht. Paphnutios wird in puncto Heiligkeit von einem beliebigen Musiker oder Kaufmann übertroffen. Eine andere, bekanntere Episode deutet ebenfalls in diese Richtung: die Bekehrung der Thais, einer Kurtisane von Herakleopolis. Eines Tages also nimmt Paphnutios, der angebliche Engel der Wüste, „ein weltliches Gewand und Geld und begibt sich so versehen in die Stadt an die Tür einer berühmten Kurtisane namens Thais", einzig und allein in der Absicht, sie zu bekehren. Und tatsächlich, es gelingt ihm, denn bald darauf finden wir Thais in einem Frauenkloster wieder, „in eine Zelle eingeschlossen, deren Tür Paphnutios mit Blei versiegelt hat". Thais bleibt, sich von Wasser und Brot nährend, drei Jahre in dieser Zelle und beendet schließlich im Kloster ihre Tage. Hier endet die Anekdote dieser Bekehrung, zu deren Berühmtwerden Anatole France mit seinem Roman *Thais* beigetragen und über die Massenet eine bekannte Oper komponiert hat. Dem Anschein nach ist in dieser Geschichte alles einfach und klar: auf der einen Seite ein Heiliger, der fast ein Engel ist; auf der anderen eine offensichtlich vom Teufel besessene Prostituierte. Kurz, die beiden Pole eines jeden Lebens. Aber in Wirklichkeit verbirgt jedes dieser Wesen eine zweite Natur: Denn der Heilige ist nur dem Anschein nach ein Engel und steht einem Musiker, einem Kaufmann, einem Weltmenschen näher als einem Engelwesen, während die Prostituierte insgeheim eine Neigung zur Tugend haben muss, da sie sich so schnell von der Ausschweifung ab- und dem eremitischen Leben zuwendet. Auffallend an dieser Anekdote ist die Begegnung dieser beiden dem Anschein nach so verschiedenen Wesen, die aber in gewisser Hinsicht „einander entgegengehen", denn der Heilige verkleidet sich als Weltmensch und die Kurtisane verwandelt sich in eine Heilige. Es ist, als vollziehe sich zwischen Paphnutios und Thais ein Austausch der Heiligkeit, als müsste Paphnutios seiner Heiligkeit entsagen (was die Legende durch: sich als Weltmensch verkleiden, ausdrückt), damit die Kurtisane ihrerseits eine Heilige werden kann. Natürlich spricht der Bericht des Rufinus nicht von einem „Austausch", da Paphnutios nach der Bekehrung der Thais in seine Wüste zurückkehrt. Erst 16 Jahrhunderte später hat Anatole France diese Legende folgendermaßen umgedeutet: Er lässt Paphnutios nach der Bekehrung der Thais den Versuchungen des Fleisches erliegen, seinen Gott verleugnen und sich der Wollust ergeben. Anders als in der christlichen Legende lässt sich hier das Heilige nicht *ex nihilo*, aus dem Nichts, ohne Vorbedingung erringen. Die Heiligkeit ist nur durch Austausch, um den Preis der Heiligkeit eines anderen zu erringen. In der Version von Anatole France schimmert der vorchristliche Mythos durch, der von der Gnade noch nichts weiß.

6. Die demütigsten Menschen der Welt

Als ich ihn anflehte, sich ein bisschen Ruhe zu gönnen nach all der Enthaltsamkeit, antwortete er mir: „Überrede erst die Engel zu schlafen."

Aus dem „Leben des heiligen Dorotheus"

Rund 100 Kilometer südlich von Alexandria und etwa 80 Kilometer nordwestlich von Kairo liegen die Wüsten des Wadi Natrun, die die Griechen die Wüste von Nitria nannten. Dieser Name kommt von den zahlreichen Nitrumseen dieser Gegend – Nitrum oder Natron, das die alten Ägypter zur Einbalsamierung der Toten verwendeten. Der Wasserstand dieser rund 14 Seen steigt während des Winters und des Frühlings an, sinkt im Mai und hinterlässt dann an den Ufern Nitrumverkrustungen. Seit Jahrhunderten geben diese Nitrumablagerungen dem Gebiet ein seltsames Aussehen, das alle Besucher oder Pilger erstaunt hat: Eine zu Stein gewordene Flora erhebt sich gleich Steinwäldern in fantastischen Formen, in denen jeder Reisende je nach Fantasie die Überreste mumifizierter Riesen oder großer, auf dem Meeresgrund versteinerter Segelschiffe zu erkennen glaubte.

„Man findet dort", schreibt Coppin, „Trümmer menschlicher Knochen, die zu Fels geworden sind. Nur an der Gestalt sind sie noch zu erkennen, aber die Menge, in der sie vorhanden sind, lässt keinen Zweifel darüber, dass es sich um echte Knochen handelt."

Ein Jahrhundert nach ihm reist Maillet durch das Wadi Natrun; er schreibt: „An diesem Kanal (dem Kanal von Fayum) lagen die Wüste des heiligen Makarios und dieses Baharbalaama genannte Tal, ein arabisches Wort, das bedeutet: Meer ohne Wasser, denn früher war dieses Tal vom Meer bedeckt. Das kann man an den vielen versteinerten Masten und Schiffen erkennen, die zu einer Zeit, als die Bucht noch vom Meer überflutet war, vermutlich dort Schiffbruch erlitten. Die Meeresmuscheln, die sich an den steinigen Rändern des Tales befinden, sind ein weiterer unbestreitbarer Beweis für diesen Ursprung. Inmitten dieser entsetzlichen und unfruchtbaren Wüste kann man heute noch das Kloster des heiligen Za-

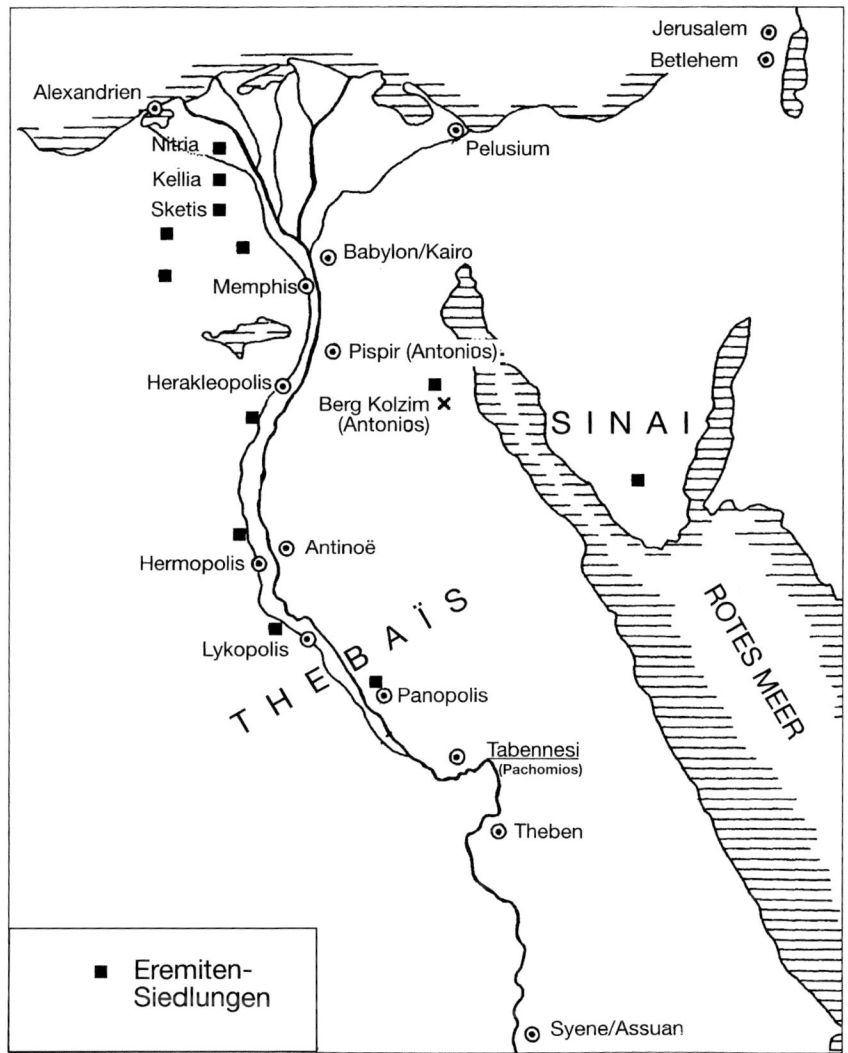

charias sehen und zwei oder drei andere, in denen koptische Religiosen leben. Das ist alles, was in diesen Wüsteneien von all den berühmten Klöstern aus der christlichen Zeit Ägyptens heute noch übrig ist."

Menschliches Gebein, gestrandete Schiffe ... in der Fantasie der Reisenden des 17. und 18. Jahrhunderts spukte menschliches Missgeschick. Auf
Rufinus, der diese Wüsten im 4. Jahrhundert durchquert, zu einer Zeit, da
immer mehr Anachoreten sich dort niederlassen, wirkt die seltsame Atmo-

sphäre des Ortes ganz anders: „Dann kamen wir nach Nitria, das etwa 40 Meilen von Alexandria entfernt ist und von allen Mönchskolonien Ägyptens am berühmtesten ist. Es hat seinen Namen von einem nah gelegenen Marktflecken, wo es Salpeter im Überfluss gibt, und das ist, glaube ich, eine Fügung der göttlichen Vorsehung, denn wie man sich des Salpeters bedient, um ein Kleid von Flecken zu reinigen, so sollten hier eines Tages die Menschen von ihren Sünden rein gewaschen werden."

Damit sind wir wieder in der uns vertrauten Atmosphäre des 4. Jahrhunderts, das ein so großes Bedürfnis nach Symbolen hat, dass selbst der Salpeter „aretalogisch" verwendet und zum Synonym für das Prinzip der Läuterung wird.

Die Wüsten des Wadi Natrun

Diese Einöden waren, wie man sich vorstellen kann, nicht leicht zu erreichen. Die weiten Steinflächen mit den milchigen Natronablagerungen, die den Widerschein der Sonne unerträglich machten, die versengten Ebenen, wo es kaum Brunnen gab, wo nur wenige Palmen und etwas Schilf wuchsen, boten dem Reisenden keinerlei Orientierungspunkt. „Man musste sich an die Sterne halten", schreibt Rufinus, also nachts gehen, nachdem man tagsüber in irgendeinem Loch im Schatten einer Palme geschlafen hatte. Eine ermüdende, ja gefährliche Reise, die Rufinus sehr anschaulich beschrieben hat. Die verschiedenen Gefahren der Wüste, die er in dem folgenden Text aufzählt, haben zweifelsohne eine symbolische Bedeutung: Drachen, Sümpfe, Diebe und Krokodile tauchen niemals zufällig vor dem Reisenden auf. Wie wäre das auch denkbar, da doch selbst die Mineralien, die Steine, das Nitrum, diese Felsen mit menschlicher Gestalt da sind, weil Gott es so gewollt hat? Aber trotz aller Fantastik und der eindeutig symbolischen Färbung des rufinischen Berichts erahnt man die wirklichen Strapazen und Gefahren; es zeigt sich, dass diese „Pilgerfahrt zu den Quellen" keineswegs eine Erholung war.

„Die größte Gefahr, die uns bedrohte", schreibt Rufinus gegen Ende seiner *Geschichte der Mönche in Ägypten* „war, nach einem Marsch von fünf Tagen und fünf Nächten durch die Wüste hungers zu sterben und zu verdursten.

Die zweite Gefahr lauerte in einem Tal auf uns, das eine außerordentlich salzhaltige Feuchtigkeit ausströmt, die sich, sobald sie von der Sonne erhitzt wird, in Salz verwandelt, so wie im Winter der Nebel zu Eis werden kann. Stellenweise wächst das Salz wie große Nadeln in die Höhe, und die Wege werden so holprig, dass sie die Füße jener, die barfuß gehen, aber selbst jener, die wohlbeschuht sind, durchbohren und zerschneiden.

Die dritte Gefahr auf unserem Marsch durch die Wüste erwartete uns in einem anderen Tal, das ebenfalls eine bestimmte Feuchtigkeit ausströmt; als wir es durchqueren wollten, stießen wir auf seinem Grund auf Steine und einen stinkenden Morast, in dem wir bis zu den Rippen versanken. Dem Untergang nahe, schrien wir zu Gott: ‚Herr! Rette uns! Bis an die Kehle geht uns das Gewässer, wir sinken ohne Halt in tiefen Schlamm, hineingeraten in die Wassertiefen, zu viel für unsere Kräfte ist's!' – Glücklich, wer selbst im Augenblick des Todes noch einen passenden Psalm findet!

Die vierte Gefahr bestand darin, dass wir, als wir am Meer entlanggingen, auf Diebe trafen, die uns, da sie uns nicht mit dem Schwert töten konnten, zehn Meilen Wegs verfolgten, sodass wir über der langen Flucht vor Ermüdung fast starben.

Die fünfte Gefahr lag darin, dass die Überschwemmung des Nils Wassermassen zurückgelassen hatte, die uns drei Tage lang bedrohten und denen wir nur mit knapper Not entgingen.

Die sechste Gefahr lauerte auf dem Nilstrom selbst auf uns, wo das Boot, in dem wir uns befanden, beinahe unterging.

Die siebente Gefahr erwartete uns auf dem See namens Sancta-Maria, wo wir, von einem großen Sturm erfasst, im tiefsten Winter auf eine Insel verschlagen wurden.

Und die achte und letzte Gefahr, die wir zu bestehen hatten, lauerte auf uns, als wir uns den Klöstern von Nitria näherten; die Überschwemmung des Nils hatte, nachdem er in sein Bett zurückgetreten war, eine Art See hinterlassen, in dem es mehrere Tiere gab, vornehmlich Krokodile, die nach Sonnenaufgang aus dem Wasser gekrochen waren und nun ausgestreckt auf dem Ufer lagen, sodass wir sie für tot hielten: Deshalb näherten wir uns ihnen, um die übermäßige Größe dieser Tiere zu betrachten, die, kaum vernahmen sie ein Geräusch, wie aus einem tiefen Schlaf aufwachten, sich auf uns stürzten und uns aus allen Kräften verfolgten. Da riefen wir mit lautem Geschrei und tiefen Seufzern den Namen des Herrn an, der in seiner Güte nicht ermangelte, uns zu retten. Denn als hätte ein Engel diese riesigen Tiere zurückgetrieben, warfen sie sich in den Teich, während wir aus allen Kräften liefen, um die Klöster zu erreichen und Gott Dank sagten, der uns aus so vielen Gefahren befreit und so viele Wunder gewirkt hat."

Trotz (oder vielleicht gerade wegen) der verschiedenen Gefahren, die sie bargen, wurden diese unwirtlichen Orte seit der zweiten Hälfte des 4. Jahrhunderts zunächst zu einem bedeutenden Zentrum der Anachorese und später auch des Mönchtums: Ein Anachoret entdeckt einen idealen Ort (das heißt einen im Grunde unbewohnbaren Ort, eine ausgedörrte Wüstenei, wenn möglich von wilden Tieren und Dämonen heimgesucht), sein Ruhm zieht Schüler an, die sich in angemessener Entfernung vom Alten niederlassen, die Woche in Einsamkeit verbringen und sich am Sonntag zum Gottesdienst in einem als Kirche genützten Gebäude – Hütte, Grotte – versammeln, das allmählich vergrößert und zur Keimzelle des künftigen Klosters wird. In Nitria geht dieser Vorgang so vor sich: Um das Jahr 325 trennt sich ein gewisser Ammon nach achtzehnjähriger Josefsehe (sein Vater hatte ihn zur Heirat gezwungen) von seiner Frau und macht sich auf in die Wüste. Er entdeckt die Einöden von Nitria, richtet sich dort ein und bald schon versammeln sich Schüler um ihn.

Im Wadi Natrun war das Leben noch mühsamer als in der Thebais. Der Nil war mehr als 30 Kilometer entfernt, in dem nitrumhaltigen Boden gab es kaum Wasser, es lag tief in der Erde und war von unangenehmem Geschmack. Die meisten Anachoreten lebten in einfachen Hütten oder in Grotten, die sie in die Wüstenhügel am Rande der Seen gruben. Sie kleideten sich meist mit Tierfellen, was den „Vorteil" hatte, dass sie, wenn sie in der Sonne beteten, noch mehr unter der Hitze litten und dass sie großen wilden Tieren in Menschengestalt glichen, was die Besucher abschreckte. Trotz oder vielmehr wegen dieser „idealen Existenzbedingungen" strömen die Anachoreten in wahren Scharen herbei; Palladius, der sich gegen Ende des 4. Jahrhunderts zwölf Jahre dort aufhält, spricht von „5000 Einsiedlern, die in dieser Wüste leben".

Unter all diesen Asketen den repräsentativsten herauszusuchen ist schwierig. Es wäre überdies willkürlich, sie voneinander unterscheiden zu wollen, leben sie doch in der Anonymität, streben sie doch danach, das

Die größte Gefahr, die uns bedrohte, war hungers zu sterben und zu verdursten:
Blick auf die Oase En Hudra am Sinai.

Persönliche abzustreifen: Fasten, Wachen in der Nacht und Gebete in der prallen Sonne oder Meditationen im Schatten einer Grotte – die asketischen Übungen sind stets die gleichen. Ein Tag folgt auf den anderen, und jeder gleicht dem nächsten. Manche jedoch haben ihrer Askese eine persönliche Färbung gegeben, so zum Beispiel der heilige Pior, der sich 50 Jahre lang täglich von einem kleinen Brot und fünf Oliven nährte, die er im Auf- und Abgehen aß, weil das Essen, wie er meinte, etwas Vorübergehendes sein müsse. Darin verrät sich eine Geisteshaltung, die man in der Wüste nicht selten antrifft: Die Symbole werden buchstäblich aufgefasst, während die geringfügigsten Ereignisse des täglichen Lebens, die unbedeutendsten Naturerscheinungen als Symbole verstanden und als Eindringen übernatürlicher Kräfte gedeutet werden. Die meisten Anachoreten (miss-) verstehen die oft symbolische Bedeutung eines Wortes oder einer Handlung eines Alten und nehmen alles „nach dem Buchstaben". So wird spirituelle Metaphorik in konkrete Handlung übersetzt: Der heilige Pior, dem gesagt wurde, essen müsse man als etwas Vorübergehendes betrachten, ist nun im Auf- und Abgehen. Doch der heilige Pior ist kein Einfaltspinsel;

wenn es um Symbole geht, ist er nicht zu unterschätzen! Eines Tages, als er sich zur „Kirche" von Nitria begibt, hört er, wie Anachoreten über andere Asketen aus der Umgebung schimpfen. Da nimmt er einen großen Sack Sand auf den Rücken und einen kleinen Korb Sand in die Hand und geht so ausgerüstet, ohne ein Wort zu sagen, vor den Anachoreten auf und ab. „Was tust du?", fragen die anderen verdutzt. „Dieser große Sack voll Sand, das sind meine Sünden", antwortet Pior. „Ich trage ihn hinter mir, damit ich sie nicht sehe. Dieser kleine Korb, das sind die Sünden der anderen. Ich trage ihn vor mir, um nur sie zu sehen." Da wechselten die Anachoreten das Thema.

Das „übliche" Fasten

Am östlichsten Ende des Wadi Natrun, rund 15 Kilometer weiter südlich, verschwindet das Nitrum nach und nach und der Boden wird weicher. Er lässt sich leichter graben; viele Asketen legten deshalb hier Löcher an – bedeckt mit Palmenzweigen oder Schilf zum Schutz vor der Sonne – oder richteten sich unter der Erde ein, in Höhlen, die so eng waren, dass man sich darin kaum umdrehen konnte. Das war die berühmte Wüste der Zellen (griechisch: *kellia*), wo Palladius drei Jahre als Schüler Makarios' des Alexandriners zubrachte. „Manche dieser Zellen", schreibt er, „hatten außer einem Loch, durch das man hineinschlüpfte, keinerlei Öffnung, denn sie lagen im Innern der Wüste, wo keine Besucher mehr zugelassen waren. Es waren dunkle, unter der Erde gelegene, Hyänenlöchern gleichende Höhlen, die so eng waren, dass man darin nicht einmal die Beine ausstrecken konnte." In ein solches Loch zog sich Makarios der Alexandriner jedes Jahr 40 Tage lang während der Fastenzeit zurück, um sich auf Ostern vorzubereiten. Dann kehrte er in eine der geräumigeren Zellen zurück, die er im Wadi Natrun besaß, wo er auch die Pilger empfing, die aus allen Teilen der römischen Welt zu ihm kamen.

Dieser Makarios der Alexandriner (so genannt, um ihn von seinem Namensvetter Makarios dem Älteren, dem Großen zu unterscheiden) war im Gegensatz zu den anderen Anachoreten, die sehr häufig wilden Tieren in Menschengestalt glichen, „klein, sehr schwach und sehr zart. Er hatte nur an den Lippen einen Bart und da wieder nur auf der oberen einen sehr kleinen, denn seine außerordentlich strengen Bußübungen verhinderten, dass ihm einer am Kinn wuchs."

„Außerordentlich strenge Bußübungen", sagt Palladius. Man fragt sich nur, ob nicht selbst dieser Ausdruck noch ein Euphemismus ist, wenn man etwa weiß, dass Makarios, um über den Schlaf zu triumphieren, 20 Tage und 20 Nächte nackt mitten in der Wüste verbrachte, wo er am Tag von der Sonne versengt wurde, in der Nacht aber vor Kälte erstarrte, sodass er sich nach diesen 20 Tagen unverzüglich in seine Zelle werfen musste, denn „sonst wäre ich in Ohnmacht gefallen, so sehr war mein Gehirn ausgetrocknet".

Aber es kommt noch besser. „Eines Tages, als Makarios in seiner Zelle saß, stach ihn eine Stechfliege. Aus Schmerz erschlug er sie. Sogleich beschuldigte er sich, sie aus Rache getötet zu haben. Daher beschloss er, in einem Sumpf der Sketis volle sechs Monate nackt auszuharren, ohne sich von der Stelle zu rühren – und dies in einer Wüstengegend, wo es Stechfliegen gibt so groß wie Wespen, deren Stachel selbst die Haut der Wildschweine durchdringt. Sie versetzten seinen Leib in einen solchen Zustand, dass bei seiner Rückkehr alle glaubten, er habe den Aussatz, sodass er nur an seiner Stimme wiedererkannt wurde."

Ein Verhalten, das gewiss manchem unsinnig vorkommen wird, das aber in Wirklichkeit eine zugleich archaische und faszinierende Mentalität enthüllt. Zur Strafe für seine unkontrollierte Reaktion lässt sich Makarios von den Mücken stechen. Dieses Verhalten kann man als Buße oder als Abhärtung deuten, sie dient aber auch der Wiederherstellung eines Gleichgewichts. Dinge, Pflanzen, Tiere sind Teil eines geheiligten Universums, in dem es nichts Zufälliges gibt, wo von der Erscheinung eines Cherubs bis zum Moskitostich alles ein Zeichen aus der unsichtbaren Welt ist. Wenn sich Makarios also von den Moskitos stechen lässt, so deshalb, weil sie in dem unermesslichen und unergründlichen göttlichen Plan mit demselben Recht ihren Platz einnehmen wie die Menschen selber.

Gegen Ende seines Lebens verbreitete sich im Wadi Natrun das Gerücht, in Oberägypten gebe es Klöster, in denen eine ganz andere Regel gelte als die des Antonios. Die Neuigkeit musste den Einsiedlern der nitrischen Wüste recht seltsam erscheinen: Konnte man denn ein Heiliger sein und doch mitten unter den anderen leben, ohne sich also frei kasteien zu können? Makarios wollte sich Gewissheit verschaffen und brach nach Tabennesi auf. Zu dieser Zeit stand noch Pachomios der Gemeinschaft vor, die Reise fällt also in die Jahre zwischen 330 und 350. Makarios klopfte inkognito als einfacher Novize an die Tür des Klosters und hatte seines hohen Alters wegen größte Mühe, aufgenommen zu werden. Schließlich jedoch gab ihm Pachomios eine Zelle und Makarios begann mit seinen „außerordentlich strengen Bußübungen". Das Fasten, wie es in Tabennesi geübt wurde, war für ihn ein Kinderspiel. So „beschloss er, da er erfahren hatte, dass die Einsiedler von Tabennesi während der ganzen Fastenzeit nichts Gekochtes aßen, sieben Jahre lang dasselbe zu tun. Er hielt sich streng an diese Askese, aß nur, was er an rohen Kräutern fand, die einen getrocknet, die anderen in Wasser getaucht, und es fiel ihm nicht schwer."

Ja, er führte in Tabennesi sogar eine recht eigenartige Form der Askese ein, was die Art und Weise Brot zu essen anging: „Da er ebenfalls erfahren hatte, dass ein Einsiedler täglich nur ein Pfund Brot aß, zerbrach er die Brotstücke, die er besaß, und tat sie in eine Flasche, entschlossen, nur so viele davon zu essen, als er mit den Fingern fassen konnte. Was von großer Strenge war. Denn, so sagte er uns bereitwillig, ich nahm wohl mehrere Stücke, aber der Flaschenhals war so eng, dass ich sie nicht herausholen konnte. Drei Jahre lang übte er diese strenge Enthaltsamkeit, aß täglich nicht mehr als vier oder fünf Unzen Brot (rund 100 Gramm), trank entsprechend wenig Wasser und verzehrte im ganzen Jahr nur einen kleinen Krug Öl."

So weit das übliche Fasten. Aber speziell in der Fastenzeit hielt es Makarios noch strenger: „Als die Fastenzeit gekommen war, nahm er Palmenzweige, die er anfeuchtete, und hielt sich während der ganzen Fastenzeit bis zum Osterfest aufrecht stehend in einer Ecke seiner Zelle, ohne sich niederzuknien, ohne sich zu setzen, ohne sich auch nur anzulehnen, ohne einen einzigen Bissen Brot zu essen, ohne einen einzigen Schluck Wasser zu trinken, und begnügte sich damit, des Sonntags einige rohe Kohlblätter zu nehmen, um sie vor den Mönchen zu essen und ihnen zu zeigen, dass er Nahrung zu sich nehme."

Sodass sich die Mönche von Tabennesi schließlich über die Anwesenheit dieses Mannes entsetzten und manche sich fragten, ob er nicht vielleicht eher ein Dämon sei, gekommen, um sie aufzuhetzen. Sie beschwerten sich bei Pachomios, der daraufhin Makarios befragte, wer er sei (nach siebenjährigem Aufenthalt in Tabennesi!), und nun überzeugt, dass es sich um einen Menschen handle, seine Tugend verehrte. Dann erst, im Alter von 90 Jahren, kehrte Makarios in seine Zelle im Wadi Natrun zurück, die er bis zu seinem Tode nicht mehr verließ.

In der Wüste der Zellen hatten sich um den heiligen Makarios bereits viele Anachoreten versammelt, die in der Askese miteinander wetteiferten. So stellt etwa der heilige Benjamin in seiner Hütte einen kleinen Krug mit Öl auf, in den er ein Loch bohrt, „um täglich nicht mehr als einen Schluck davon zu trinken". Aber als er einige Monate später einen anderen Anachoreten aufsucht, sieht er, dass dieser seinen Krug noch nicht angebrochen hat. Er ist also in der Askese „geschlagen".

Der heilige Dorotheus suchte sich „die größte Mittagshitze aus, um in der Wüste Steine zusammenzutragen, mit denen er Zellen für jene baute, die sich keine bauen konnten, und so machte er jedes Jahr eine. Und als ich ihn fragte: ‚Was fällt Euch ein, mein Vater, in Euerem hohen Alter auf diese Weise Eueren Leib durch diese unerträgliche Hitze zu töten?', antwortete er mir: ‚Ich will ihn töten, da er mich tötet.'

Er aß täglich nur sechs Unzen Brot (100 Gramm) mit einer Hand voll Kräuter und trank nur etwas Wasser. Ich rufe Gott zum Zeugen, dass ich ihn niemals habe die Beine ausstrecken sehen noch sich in ein Bett legen, um zu schlafen. Er verbrachte die Nächte im Sitzen, damit beschäftigt, aus Palmfasern Stricke zu machen, zufrieden, beim Arbeiten oder Essen ein bisschen zu schlummern, sodass ihm oft das Brot aus dem Munde fiel, so sehr war er vom Schlaf überwältigt."

Diese Verfeinerungen in der Askese machten offensichtlich (wenn man so sagen darf) den ganzen „Charme" des Lebens in der Wüste aus. Aber Vorsicht! Dem Bestreben, die Askese weiter voranzutreiben, sind Grenzen gesetzt: Im extremen Fasten liegt auch die Gefahr des Stolzes und der Selbstüberschätzung, man könne sich dem allgemein menschlichen Sein entziehen und nach der Art der Engel leben. Eine häretische Vorstellung, da sie zu der Annahme verleitet, Askese und Kasteiungen könnten in ihrer Auswirkung an die Stelle der Gnade treten.

Deshalb versuchten auch die Asketen diese oft kaum mehr feststellbare Grenze, die die äußerste Demut vom äußersten Stolz trennt, mithilfe willkürlicher, aber konkreter Kriterien abzustecken. Diese Kriterien sollten den Anachoreten vor zwei Gefahren bewahren, die ihn in der Wüste ständig bedrohen: sich seinen Begierden zu überlassen und dadurch die Beute von Dämonen zu werden oder durch die Auferlegung übermäßiger Entbehrungen dem Stolz zu verfallen und ebenfalls die Beute von Dämonen zu werden. Deshalb also werden bald asketische Regeln erforderlich. Regeln – und das ist ihre Aufgabe – lenken und beruhigen. Sie sagen dem Asketen, was gut und was schlecht ist, und wenn er sich an sie hält, kann er sicher sein, in dieser doppeldeutigen Welt, in der er sich fast wie ein Blinder bewegt, dem rechten Weg zu folgen, der zu den Engeln und in den Himmel führt.

Offensichtlich braucht man zunächst Regeln im Hinblick auf Essen und Fasten. Wir wissen von Cassian, dass es sich die meisten Anachoreten zur Auflage machten, nicht mehr als sieben Oliven täglich zu essen. Denn man muss schließlich auch oder vor allem hinsichtlich der Zahl von Oliven wissen, wo die Sünde beginnt und wo sie aufhört. So ist der Asket festgelegt: Wenn er sechs statt sieben Oliven isst, begeht er eine Sünde des Stolzes, wenn er acht isst, eine Sünde der Völlerei.

Der Nahrung eine derartige symbolische Bedeutung beizulegen, mag übertrieben erscheinen, aber sich darüber hinwegsetzen hieße die wesentliche Rolle verkennen, die sie in den meisten Religionen und Gesellschaften als Symbol für spirituelle Zustände, soziale Beziehungen, ja sogar für die höchsten mystischen Versuche gespielt hat. Dieser Symbolcharakter der Nahrung tritt in den primitiven oder alten Religionen deutlich zu Tage, aber auch das Christentum weiß darum. Wenn der englische Ethnologe Richards zum Beispiel schreibt, dass in den archaischen Gesellschaften „die Nahrung die Quelle der intensivsten Gefühle ist, dass sie die Grundlage gewisser sehr abstrakter Notionen und Metaphern des religiösen Denkens bildet ... für den Primitiven die Nahrung zum Symbol der höchsten spirituellen Versuche, zum Ausdruck wesentlicher sozialer Beziehungen werden kann ...", so stellt er damit ein auf der Hand liegendes Prinzip auf, das auch für die Asketen der ägyptischen Wüsten gilt. Brot konnte für den Asketen das Abbild der Seele sein, wie folgende Anekdote, die Johannes von Ägypten Palladius erzählte, auf ergreifende Weise dartut. Dieser Anachoret war so vollkommen, dass Gott ihn „der Sorge um das tägliche Brot enthoben hatte und durch seine Vorsehung für ihn sorgte. Wenn er, vom Hunger getrieben, in seine Höhle zurückkehrte, fand er auf dem Tische immer ein Brot von ausgezeichnetem Geschmack und von unvergleichlicher Weiße vor. Aber diese großen und glücklichen Fortschritte flößten ihm ein Gefühl der Eitelkeit ein, er schrieb die Wohltaten, die er allein der Freizügigkeit Gottes zu verdanken hatte, seinem guten Verhalten zu und zeigte bald die ersten Zeichen geistiger Erschlaffung." Er betet weniger häufig, ruht sich länger aus, spricht die Psalmen nicht mehr mit derselben Aufmerksamkeit. Anfangs fällt diese Erschlaffung nicht weiter auf, denn „wie die Strömung eines Flusses, zunächst durch Rudern unterstützt, das Boot auch dann noch trägt, wenn man aufhört zu rudern, so wurde dieser Mann von seiner alten Gewohnheit getragen und verrichtete seine gewöhnlichen Übungen, was ihn unverändert erscheinen ließ".

Aber seine Erschlaffung nimmt mit der Zeit so sehr zu, dass er, „von den Stacheln des Fleisches getrieben, eines Tages von dem Verlangen ergriffen wird, in die Welt zurückzukehren. Und als er seine Höhle betrat, um zu essen, fand er wohl ein Brot auf dem Tische vor, aber ein weniger weißes als sonst." Und später gar gaukeln ihm seine unkeuschen Begierden eine Frau vor und er wird von dem Verlangen erfasst, sie zu besitzen. Da „fand er, als er in seine Höhle zurückkam, auf dem Tische ein sehr schmutziges, trockenes Brot, auf allen Seiten wie von Ameisen und Hunden angefressen". Ja, plötzlich erscheint ihm also auf diese Weise seine Seele, und „seine Gedanken, die ihn wie ein Haufen Barbaren von allen Seiten belagerten und gleichsam einen Hagel von Pfeilen auf ihn niederregnen ließen, führten ihn ganz gebunden und geknebelt in die Welt".

Die demütigsten Menschen der Welt

Manchmal werden schon die Orte selbst zu Symbolen. In den Wüsten Ägyptens, wo sich alles zu gleichen scheint, nehmen manche Orte eine besondere symbolische Bedeutung an. So war für Rufinus schon das Wadi Natrun ein Ort der Läuterung. Aber zwei Tagereisen weiter südlich lag eine andere Wüste, die noch strengere und unnahbarere Asketen beherbergte: die Sketis (koptisch: Wüste Shiît). Hier lebte als erster Einsiedler Makarios der Ältere, den Serapion, sein Biograf, „den großen Erleuchteten, den großen Pneumatophoren, das Haupt der Mönche des heiligen Berges von Shiît" nennt. Wie bezaubernd sind schon allein die Namen: Makarios (griechisch: selig) und Erleuchteter und Pneumatophore (wörtlich: der, der *pneuma* in sich trägt – von Gott erleuchtet ist); aber auch die Person, die es verstanden hat, in sich alles zu vereinigen, was in dem einen Wort Anachoret enthalten ist, der Anachoret schlechthin zu sein, das Symbol all dessen, was Ägypten in der Wüste sucht. Betrachten wir das fesselnde Porträt – oder vielmehr Bild –, das Theophanes der Grieche im 14. Jahrhundert in der Verklärungs-Kathedrale zu Nowgorod von ihm entworfen hat. Auf dem von Sonne und Wind gegerbten Gesicht des Asketen, eingerahmt von langem Haar, keinerlei Angst, keinerlei Freude: nichts, was an den Menschen aus Fleisch und Begierde erinnert, sondern im Gegenteil diese *hesychia*, diese Seelenruhe, diese „Stille des Herzens und der Gedanken", die der Anachoret manchmal nach Jahren des Betens und Fastens erlangt. Theophanes hat weder den Menschen Makarios gemalt noch den Asketen Makarios, sondern das Bild des inneren Menschen, des erweckten Menschen, der sich, um mit den großen Anachoreten zu sprechen, hinter dem „schlafenden" Menschen verbirgt. Und eben diesen Eindruck machte Makarios auf den ersten Blick auf seine Zeitgenossen, seine Schüler und Besucher, als er nach mehreren Jahren der Zurückgezogenheit in der Sketis die erste Asketenkolonie gründete. Sein „Leben" und die Apophthegmata oder Sentenzen, die ihm zugeschrieben werden, wie auch die Berichte des Palladius und Rufinus stimmen in diesem Punkt überein: Makarios der Ältere war ein „Erweckter".

Wie könnte man aber auch in einer solchen Wüste schlafen – das Wort in all seinen Bedeutungen genommen? Ein im Grunde unbewohnbarer Ort, noch schrecklicher als die anderen, den nur die erprobtesten Asketen aufzusuchen wagen. Er liegt, sagt Rufinus, „von Nitria so weit entfernt, als man an einem Tag und in einer Nacht gehen kann. Kein Weg führt dorthin und es ist unmöglich, auf der Erde Zeichen anzubringen, die einen leiten. Man hält sich stattdessen an den Lauf der Sterne. Es gibt kaum Wasser und wenn man auf welches stößt, so strömt es einen sehr schlechten Geruch aus und riecht wie Erdpech, aber der Geschmack ist nicht allzu unangenehm. Dort leben Einsiedler von unerhörter Vollkommenheit, denn an einem solch entsetzlichen Ort können es nur Menschen aushalten, die ein vollkommenes Leben ergreifen und deren Mut und Vertrauen allem gewachsen ist."

Makarios zieht erst im Alter von 30 Jahren in diese Wüste. Vorher war er nach dem geradezu klassischen Schema vieler Heiligenviten der Zeit von seinen Eltern gezwungen worden, ein junges Mädchen aus seinem Dorf zu

Manchmal werden schon Orte zu Symbolen. Auf dem Weg zu einem heutigen Einsiedler verlieren sich die Jeepspuren in der Weite der Wüste des Wadi Natrun. Der Jeep stellt die Verbindung zum Eremiten her, versorgt ihn mit Lebensmitteln und liefert seine Handarbeiten ab. Wenn ein Mönch als Einsiedler leben möchte, muss er sich vorher im gemeinsamen Klosterleben bewähren.

heiraten, und hatte mit ihr eine Josefsehe geführt. Bald darauf aber verliert er Eltern und Frau und kann nun „sein Dorf verlassen, in eine Zelle am Rande eines anderen Dorfes ziehen, wo er einige Zeit allein bleibt". Zu dieser Zeit – als er zurückgezogen bei diesem Dorf lebt – wird er beschuldigt, ein junges Mädchen geschwängert zu haben. Makarios leugnet es nicht und wird von den Dorfbewohnern fast gesteinigt. Zufällig gesteht das Mädchen kurz nach seiner Niederkunft, dass es gelogen und den Anachoreten beschuldigt habe, um ihren Geliebten zu beschützen und den Verdacht von ihm abzuwenden. Wieder sagt Makarios nichts, als er die Neuigkeit erfährt, und beweist dadurch eine Gleichgültigkeit gegenüber den Werten der weltlichen Gesellschaft, die bald legendär wird. Später, als er sich bereits in der Sketis niedergelassen hat, bietet sich ihm erneut eine Gelegenheit, diese Gleichgültigkeit zu beweisen. Eines Tages, als er in seine Höhle zurückkehrt, ertappt er Diebe dabei, wie sie seine Zelle plündern und ihr Kamel beladen. Er beeilt sich, ihnen zu helfen, ja läuft ihnen sogar noch nach, um ihnen ein Paar Sandalen nachzutragen, das sie hatten liegen lassen!

Während Makarios auf die Berufung in die Wüste wartet, lebt er also in seiner Zelle beim Dorf; seine Askese lockt bereits zahlreiche Besucher an, darunter manche von ganz besonderer Art. „Eines Tages, als Makarios in seiner Zelle war, schaute er nach rechts, und er sah. Da war ein Cherub mit sechs Flügeln und vielen Augen, der groß neben ihm stand. Und da der Abbas Makarios anfing, ihn zu betrachten und so zu sprechen: ‚Was ist das? Was ist das?‘, da, vom Glanz und der Klarheit seiner Glorie erfasst, fiel er aufs Gesicht, der heilige Abbas Makarios, und war wie tot." In ihrer Nüchternheit steht diese Begebenheit aus dem koptischen Leben des Makarios in der christlichen Literatur Ägyptens geradezu einzigartig da. Weder die Visionen des Antonios, die ausgesprochen literarisch und zweifelsohne eine Erfindung des Athanasios sind, noch diejenigen des Pachomios, von denen sich viele als spätere Zusätze herausgestellt haben, weisen diesen kurzen, bündigen, direkt zupackenden Stil, diesen überraschend ehrlichen Ton auf. Der Mensch kann Visionen von Engeln und Cherubim nur schwer ertragen, diese blitzhafte Manifestation gewisser innerer, auf das Fasten zurückgehender Zustände, deren Grund in seiner Person zu sehen dem Asketen schwer fällt. Deshalb ergreifen den Anachoreten beim Anblick der Erscheinung, beim Hören der Stimme dieses „Etwas", das plötzlich da ist und spricht, Furcht und Beben: „In der folgenden Nacht war der ganze Ort plötzlich hell erleuchtet wie zur Stunde des Mittags an Sommertagen und Abbas Makarios wusste, dass es der Cherub war, der wieder zu ihm kam. Zunächst wartete diese Kraft einige Zeit, ehe sie zu ihm sprach, um ihn nicht zu erschrecken ...", dann, als Makarios sich nach und nach an den Glanz und die Gegenwart des Cherubs gewöhnt hat, versetzt ihn die Kraft in der Ekstase in die Wüste Sketis und heißt ihn, sich dort niederzulassen.

Makarios bricht in die Sketis auf, findet alles, wie er es mit dem Cherub gesehen hat, wählt einen Hügel, wo er sich eine Höhle baut, macht sich aus Schilf ein Bett, gräbt einen Brunnen für sein Wasser und richtet sich ein. Aber etwas quält ihn in dieser Wüste. Zunächst die Dämonen, die immer, wenn er sich zu beten anschickt, „über seiner Höhle auftauchen in Form einer Anzahl von Reitern und Miene machen, gegeneinander zu kämpfen", während andere „sich in der Nähe der Türe halten und Feuerkugeln ma-

Ein Bild der Hesychia –
der heilige Hironymus, am Fuße eines Baumes lesend.
Radierung 1634, Rembrandt zugeschrieben.
© Öffentliche Kunstsammlung Basel,
Kupferstichkabinett. Foto: Martin Bühler

chen, die sie in die Höhle werfen, wo sie zerspringen" (ist das nicht eine wunderbar dämonische Beschreibung eines Wüstengewitters?). Und später die Schüler, die ihm bereits zuströmen und ihn quälen, die „er Höhlen in den Fels graben heißt, die sie mit Palmblättern und Schilf des Wadi bedecken und in denen sie dann wohnen", und deren Meister zu werden Makarios sich nicht bereit fühlt. Da, nach seinem ersten Aufenthalt in der Sketis, entschließt er sich, zu Antonios auf den Berg Kolzim zu gehen, um seinerseits zuerst Schüler zu sein. Er verbringt dort einige Jahre mit seinem Freunde Serapion, der in der Folge sein Biograf werden sollte, erlebt die letzten Augenblicke des Antonios mit (der Aufenthalt des Makarios in Kolzim fällt also in die Jahre zwischen 340 und 360) und kehrt anschließend in die Sketis zurück, wo er bis zu seinem Tode (im Jahre 390) bleibt.

„Ich habe 20 Jahre in dieser Wüste damit zugebracht, Hunger, Durst und Schlaflosigkeit zu leiden", vertraut er seinem Schüler Evagrios an, „denn ich nahm jeden Tag nur etwas Brot, ich teilte mein Wasser ein, und gleichsam verstohlen, an die Wand gelehnt, gönnte ich mir das bisschen Schlaf, ohne das ich nicht auskommen konnte."

Wozu neue Versuchungen kommen, denn „als die Dämonen sahen, welch große Zahl von Seelen der Heilige errettete, entbrannten sie in großem Zorn und suchten ihn zur Stunde des Mittags auf, als er ganz allein war. Sie umringten ihn wie Hunde, spuckten ihm ins Gesicht, zerrissen ihm das Fleisch, sodass sein ganzer Leib wie eine schwarze Traube aussah".

Oft macht sich Makarios auch auf, lässt die Sketis, all die vielen Besucher und Schüler weit hinter sich, um jene *Apatheia* zu suchen, jene Ablösung des Leibes und des Geistes, bei der man sich im Frieden mit sich selbst befindet. Er wagt sich weit in die Wüste vor, wo er Tag und Nacht ganz allein betet. Jedoch nicht immer ganz allein. Die Wüste hat ein verborgenes Leben, das sich dem, der die Kraft hat, es zu erahnen oder zu erwarten, nach und nach enthüllt: zunächst das heimliche Leben der Gräber, dieser leeren heidnischen Gräber, von denen es, sobald man sich dem Nil nähert, nur so wimmelt:

Nicht alle sind von Dieben ausgeplündert worden, in manchen befinden sich noch die alten Götzen und Mumien, was Makarios jedoch nicht schrecken kann. Eines Tages betritt er eines dieser Gräber, um sich auszuruhen; er findet dort einen Leichnam vor, den er als Kopfkissen benutzt. Als der Anachoret die Augen schließt, entspinnt sich im Dunkel ein seltsamer Dialog.

„Los, erhebe dich, komm mit uns!", flüstert ein Dämon der Leiche zu.
„Unmöglich", antwortet der Kadaver. „Ein Mann liegt auf mir."
„Wer ist es?", fragt der Dämon.
„Der große Makarios", antwortet der Kadaver.

„Wollt ihr mich wohl in Ruhe lassen", fährt Makarios ungeduldig dazwischen. Er schlägt das Zeichen des Kreuzes, der Dämon flieht, die Leiche
verstummt und Makarios schläft wieder ein. Aber man trifft in der Wüste
auch namenlose Anachoreten, die die Welt verlassen haben, ohne es einem
Menschen zu sagen, die die Besucher flohen und alle Schüler zurückwie-
sen. Vielleicht sind das die wahren Heiligen, die, die allem entsagt haben,
selbst der Heiligkeit. Hinter den üblichen Schriften der Wüstenliteratur,
die den Anachoreten-Heiligen immer als eine ebenso berühmte Persönlichkeit wie den Kaiser darstellen, errät man gelegentlich die Sehnsucht
nach dem vollkommenen Heiligen, von dem keiner etwas weiß, nicht einmal die anderen Heiligen. Die Männer der Wüste haben ihre „Helden" gehabt: Antonios, Pachomios, Makarios, aber auch ihre unbekannten Anachoreten, in dem Sinn, in dem man vom „unbekannten Soldaten" spricht.

Eines Tages macht sich Makarios in die an die Sketis angrenzende Wüste auf. Nach einem viertägigen Marsch gelangt er an einen See mit einer
Insel. Er begibt sich auf die Insel und „er schaute um sich und siehe da: Da
waren zwei Männer, deren Fleisch durch die Luft schwarz und grob geworden war, deren Haare und Nägel lang waren: Ihre Gestalt war so ver-
ändert, dass Makarios, als er sie sah, erschrak und sich sagte: ‚Das sind
Geister!' Aber als sie sahen, dass er vor Schreck fast zu Boden fiel, riefen sie
ihn im Namen des Herrn an. Da näherte sich Makarios ihnen, berührte sie,
um zu sehen, ob sie nicht doch Geister wären, und als er sah, dass es wirklich Menschen waren, verehrte er sie."

Auf dieser unbekannten Insel hat Makarios der Ältere den vollkommenen Menschen entdeckt, das Ideal, das er selbst anstrebt, das er seinen
Schülern vorhält: den, der es verstanden hat, „die Menschen zu fliehen",
der die *hesychia* gefunden hat und „einem Stein ähnlich" geworden ist.

Nach dem Tode Makarios' des Älteren wurde seine Lehre von seinen
Schülern fortgeführt, die sie ihrerseits den Novizen übermittelten. Während Serapion, der bedeutendste Schüler des Makarios, das Leben des
„großen Erleuchteten und großen Pneumatophoren" niederschrieb,
machten die Worte des Makarios, die er zu den Anachoreten gesprochen
hatte, in den Wüsten Ägyptens die Runde. Diese Worte – oder Apophthegmata –, von denen gewiss manche authentisch sind, bilden die Grundlage der fünfzig geistlichen Homilien, die gewöhnlich Makarios dem Älteren zugeschrieben werden, in Wirklichkeit aber erst nach seinem Tode,

vermutlich von einem syrischen Asketen aus dem 5. Jahrhundert verfasst wurden. In Wahrheit sprach Makarios wenig, seine Lehre bestand vor allem in Beispielen. Wollte er die Demut lehren? Denn er antwortete nie, wenn man ihn: „O großer Makarios" ansprach, wohl aber immer, wenn man ihn beschimpfte.

Diese Lehre hat Früchte getragen, denn im 4. und 5. Jahrhundert versammeln sich in der Wüste Sketis jene Anachoreten, die man heute „die demütigsten Menschen der Welt" nennen würde. Zum Beispiel der heilige Eladios, der zwölf Jahre lang in einer Schilfhütte lebt und dem Rufinus, als dieser ihn darauf aufmerksam macht, dass sein Dach eingefallen sei, antwortet, „er habe es nicht sehen können, da er seit zwölf Jahren aus Bescheidenheit die Augen nicht mehr erhoben habe". Bei manchen Anachoreten geht die Demut gar so weit, dass sie nicht einmal zu antworten wagen, wenn man sie bei ihrem Namen ruft (gehört überdies nicht tatsächlich ein wenig Dreistigkeit und Hochmut dazu, zu glauben, man sei auf dieser Welt wirklich der Herr Sowieso?), was bei den nichteingeweihten Besuchern zu den schlimmsten Missverständnissen führt. Aber eingeweihte Besucher wie Palladius und Rufinus wissen, woran sie sich zu halten haben. Wenn sie in der Wüste einen Poimen suchen und einen Anachoreten treffen, der ihnen antwortet: „Nein, ich bin nicht Poimen", schließen sie unbeirrt: „Da ich aus dieser Antwort ersehen hatte, dass er es wohl war und seinen Namen nur aus reiner Bescheidenheit verbarg." Hier kommt die Logik der Wüste wieder zu ihrem Recht.

Wer damals Palladius und Rufinus auf ihrer Reise durch die Wüste Sketis begleitet hätte, wäre in ihrem Gefolge auf seltsame Menschen gestoßen. In diesen Einöden spielt sich gleichsam ein beispielloses Theater ab, ein Theater, in dem jeder den Eindruck erweckt, voll Eifer und peinlicher Genauigkeit eine ewige Rolle zu spielen.

Da, am Horizont zum Beispiel, ein gänzlich schwarzer Anachoret (unter den Anachoreten gibt es auch Schwarze aus Nubien und Äthiopien), der auf seinem Rücken vier gefesselte, verdächtig aussehende Individuen trägt: Wir täuschen uns nicht, es ist tatsächlich Moses der Äthiopier, ein ehemaliger Räuber und Strolch, ein früherer Dieb, der eines Tages Eremit wurde und dieselbe Brutalität, die er früher im Dienst des Teufels gezeigt hat, nun in den Dienst Gottes stellt. Die verdächtig aussehenden Gestalten, die er auf seinem Rücken trägt, sind vier frühere „Kollegen" im Diebstahl und in der Räuberei, die er gefangen genommen hat und jetzt zur „Kirche" der Sketis schleppt, um sie zu bekehren. In seinem „Leben" heißt es: „Auf diese Weise bekehrte er bis zu 75 Diebe, die seine eifrigsten Schüler wurden."

Aber da nun, zur Abwechslung, ein Anachoret, der ganz Sanftmut ist. Zu sanft sogar: Er verbringt seine Tage und Nächte damit, weinend durch die Wüste zu laufen. Worüber weint er? Über sich selber, über die Welt? Nein, sagt Palladius, er „weint über die Erbsünde und über die Schuld der ersten Menschen". Es ist Bessarion, der Wandereremit, der „niemals einen bewohnten Raum betritt". Er schläft in der Wüste unter freiem Himmel und vollbringt zauberhafte Wunder: Er hält die Sonne in ihrem Lauf an, er erweckt Tote zum Leben (übrigens aus Irrtum, weil er glaubt, es handle sich lediglich um Kranke, denn sonst hätte er es aus Bescheidenheit natürlich nie gewagt), er geht auf dem Wasser über den Nil und „er spürt das Wasser bis zum Knöchel, aber darunter ist es fest". Als Bessarion sich ein einziges Mal in seinem Leben in ein Dorf begibt, sieht er dort so viele Arme, dass er dem ersten seinen Mantel gibt, dem zweiten die Hälfte seiner Tunika und die andere Hälfte einem dritten, sodass er sich auf dem Dorfplatz „gänzlich nackt wieder fand und schnell unter einen Vorbau laufen musste, wo er sich niedersetzte, die Beine übereinander schlug und sich mit den Händen bedeckte, denn alles, was ihm geblieben war, war das Evangelium unter seinem Arm"!

Und dort, etwas weiter weg, hat sich in einem ehemaligen heidnischen Heiligtum ein Anachoret niedergelassen, der sich einer seltsamen Beschäftigung hingibt: Er sammelt Steine, stellt sich vor einem Götterbild auf und wirft seine Steine einen nach dem anderen auf die Statue, wobei er sie gleichzeitig um Vergebung bittet. Und falls Sie ihn fragen, was er tue, wird er Ihnen antworten: „Ich versuche ihr zu gleichen, denn der Mensch soll sein wie die Statuen, unempfindlich für Schläge wie für Lob." Es ist Poimen.

Und da, noch weiter weg, was macht dieser Anachoret? Er gießt einen dürren Stock mitten in der Wüste mit Wasser, das er von einem drei Kilometer entfernten Brunnen holt. Es ist Johannes der Kleine (wie er sich selbst aus Bescheidenheit nennt), der noch heute für dieses Wunder des Gehorsams und der Ausdauer berühmt ist: zwei Jahre lang auf das Geheiß eines Alten mitten in der Wüste einen verdorrten Stock zu gießen, bis er grünt! Und der Stock, sagt Palladius, schlug tatsächlich wieder aus; als Jean Coppin die Klöster im Wadi Natrun besuchte, bemerkte er „unter all diesen Bruchbuden eine kleine Kuppel, die zu einer Johannes dem Kleinen geweihten Kirche gehörte; daneben zeigt man noch heute den Baum, der aus dem Stock hervorgegangen ist, den er auf den Befehl seines Oberen zwei Jahre lang goss. Man hat ihm den Namen ‚Chadgeret el Taa‘ gegeben, was so viel heißt wie der Baum des Gehorsams!‘"

Die Jahre vergehen, aber die Zahl der Eremiten in der Wüste Sketis nimmt immer noch zu. Die Berühmtheit dieser Wunderanachoreten – die tagelang nichts essen, dürre Stöcke wieder zum Ausschlagen bringen und auf dem Wasser wandeln – lockt viele Besucher von Rang an. Sie treffen nicht immer Bessarion oder Poimen, die zurückgezogen in der tiefsten Wüste leben, aber sie können Johannes den Kleinen, Moses den Äthiopier, Paphnutios den Büffel und viele andere aufsuchen.

Unter diesen Letzteren befand sich einer, dessen Geschick mit zu den eigenartigsten zählt: Arsenius der Römer. Im Gegensatz zu anderen Anachoreten, die koptische Bauern waren, war Arsenius ein sehr reicher, kultivierter Römer adliger Abstammung, der um 383 im Alter von 30 Jahren Präzeptor der Kinder Theodosios' des Großen wurde. Nachdem er zehn Jahre am Hofe des Theodosios verbracht hat, beschließt er, sich in die Wüste zurückzuziehen und bricht nach Ägypten auf. Dort hört er von Johannes dem Kleinen und sucht ihn auf, um sein Schüler zu werden. Johannes der Kleine, der wohl weiß, wer Arsenius ist und welchen Platz er in der Gesellschaft einnimmt, behandelt ihn härter als alle seine anderen Besucher – nach der Logik der Wüste, die vom Anachoreten verlangt, die Armen, die Bettler oder die Kameltreiber unverzüglich und zuvorkommend zu empfangen, die Offiziere aber, die Magistrate, die hohen Beamten und selbst den Kaiser mehrere Stunden warten zu lassen, wenn möglich in der prallen Sonne.

Johannes der Kleine also lässt Arsenius, sobald er seiner ansichtig wird, einen vollen Tag warten und wirft ihm gegen Abend ein Stück Brot hin, das Arsenius sofort auf allen vieren auf der Erde isst. So verbringt er einige Zeit im Dienste Johannes' des Kleinen, erfüllt alle seine Befehle ohne Widerrede und nimmt sein Mahl immer gleich auf dem Boden ein. Und wenn sich Besucher oder Anachoreten darüber erstaunen, Arsenius auf diese Weise essen zu sehen, antwortet Johannes der Kleine: „Das ist Arsenius, der Präzeptor der Kinder des Kaisers." Worauf sich jeder beruhigt. Nachdem Arsenius auf diese Weise zum Gehorsam gelangt, verlässt er seinen Meister und sucht sich nun seinerseits eine Höhle in der Wüste. Dort übt er eine ungewöhnlich strenge Askese, die selbst Rufinus erstaunt: „Als das Wasser, in das der heilige Arsenius die Körbe tauchte, die er aus Palmblättern machte, zu verderben anfing, ließ er nicht zu, dass es erneuert wurde, sondern goss frisches Wasser auf das stinkende, damit es weiterhin schlecht roch. Weshalb die anderen Anachoreten zu ihm sagten: ‚Warum willst du nicht zulassen, dass man dir frisches Wasser gibt anstelle dieses verdorbenen Wassers, das deine Zelle mit Gestank erfüllt?‘ Er antwortete: ‚Ehedem habe ich die ausgesuchtesten Wohlgerüche um mich gehabt, so ist es nur billig, dass ich hier diesen schlechten Geruch ertrage, damit Gott mich am Tage des Gerichts von dem unvorstellbaren Gestank der Hölle befreit.‘

Sein tägliches Mahl setzt sich aus zwei Zwetschken, einer Feige und etwas Brot zusammen, wozu noch kommt, dass er die Früchte erst aß, „wenn sie überreif waren".

Um das Jahr 395 zwingt der Einfall von aus dem Süden kommenden Nomaden die Eremiten der Sketis zur Flucht. Arsenius zieht in die nahe gelegene Wüste von Memphis, wohin sein Ruf zahlreiche Besucher lockt. Getreu der Wüstentradition empfängt er sie umso schlechter, je höher sie im Rang stehen, und diese „boshafte Laune" pflegt er, vielleicht wegen seiner Abstammung, mit besonderem Eifer. Eines Tages klopft eine große römische Dame, die eigens seinetwegen von Byzanz gekommen ist, an die Tür des Heiligen. Arsenius öffnet, „in der Meinung, es wäre sein Schüler Daniel. Aber als er sah, dass er es nicht war, warf er sich mit dem Gesicht auf die Erde, und als die Dame ihn bat, sich wieder zu erheben, antwortete er: ‚Ich werde mich nicht von der Stelle rühren, ehe Ihr nicht gegangen seid.‘ Die Dame wartete einige Stunden, aber da der Heilige auf der Erde liegen blieb, zog sie sich schließlich zurück."

Gewiss ist der Fall des Arsenius reichlich eigentümlich, aber der der anderen ägyptischen Anachoreten ist geradezu frappierend. Denn wenn man sich vor Augen hält, was sie waren, ehe sie in die Wüste gingen, so kann man ermessen, wie unerhört das Anachoretentum oder auch das Zönobitentum das Ansehen eines Menschen hob: Ein ehemaliger Bauer – das heißt ein Sklave, ein Opfer seines Herrn oder des Grundbesitzers – konnte sich, wenn er einmal Eremit war, den „Luxus" leisten, Adlige oder Magistratspersonen warten zu lassen und ihnen Lektionen zu erteilen! Viele

Anekdoten sprechen sogar davon, dass Herren zu ihren früheren Fellachen oder Sklaven kamen und sie um eine Unterweisung anflehten: Diese radikale Umkehrung der sozialen Stellung dürfte wohl manchen Aspekt plötzlicher Berufungen von Bauern in die Wüste erklären: Das sind Faktoren, die im Leben eines Menschen – ob koptisch oder nicht – eine entscheidende Rolle spielen. Die Wüste gab dem Bauern und dem Fellachen seine Würde wieder, sie machte ihn zu dem, was er vorher nie hatte sein können: zu einem Menschen.

Das Ende der Götzen

Von dieser Beschreibung der Wüste Sketis und des Wadi Natrun ausgehend, könnte man den Eindruck gewinnen, das christliche Ägypten habe während des 4. Jahrhunderts in einer Art Wachtraum gelebt: Johannes der Kleine, der unermüdlich denselben Stock gießt, Poimen, der den Statuen und Steinen gleichen möchte, Bessarion, der seinen untröstlichen Schmerz über die Erbsünde in der Wüste spazieren trägt – verwirklichen sie nicht alle bis an die Grenzen des Wahrscheinlichen den unerhörten Traum der Gesellschaft ihrer Zeit: in diesen abstrakten und nackten Gegenden wie zu Anbeginn der Welt zu leben und die verlorene Unschuld wieder zu finden? Das Asketentum der Wüste hat also den alten Traum der ersten christlichen Gemeinden wieder aufgenommen. Aber dieser Traum ist auch ein Albtraum: Der Anbeginn der Welt, durch das Blut Christi wiederhergestellt, ist auch die Endzeit; jeder wartet – freudig oder angsterfüllt – auf das Ende der Welt. Kurz, der Anachoret lebt in seiner Wüste vor der Geschichte und nach der Geschichte in einem noch stammelnden und schon altersschwachen Universum, was vielleicht auch der Grund dafür ist, warum seine fixen Ideen und seine Visionen so widersprüchlich sind: Die Engel und die Dämonen sind in der Wüste so nahe beieinander, dass sie fast verschmelzen, denn jeder Asket spürt – instinktiv und heftig – das vereinte Gewicht der Unschuld und der Sünde in sich.

Zwischen den Cherubim und den Dämonen ist in der Wüste kein Raum mehr, weder für den Menschen noch für die Geschichte. Und doch wurde die Geschichte durch das ganze 4. Jahrhundert hindurch in Ägypten spürbarer als je zuvor, eine gewalttätige, dramatische Geschichte: Zu den bereits beschriebenen Umwälzungen treten die letzten, blutigen Zuckungen eines im Sterben liegenden Heidentums. In Blut und Massakern gehen die ägyptischen Götzen und Götter unter.

Zunächst noch dies: Die Götter sterben nicht immer eines gewaltsamen Todes. Bei manchen erstaunlich gelassenen Völkern sind allzu alte Götter ohne Skandal oder Massaker eines schönen Todes gestorben, sie wurden einfach vergessen oder von neuen Göttern verdrängt. Aber solche Völker waren selten und machten auch kaum Geschichte. In Äypten dagegen vollzog sich der Übergang vom Heidentum zum Christentum mit ungewöhnlicher Gewalttätigkeit.

Ägypten brauchte Zeit, um die neue Religion zu assimilieren. Das Mönchtum und die Flucht in die Wüsten waren eine erste Folge dieser schwierigen Assimilation, die Unruhen, die in Alexandria das Ende des Götzenkultes kennzeichnen, eine zweite. Und wenn wir hier darauf zu sprechen kommen, so deshalb, weil die Geschichte des ägyptischen Mönchtums seit dem Ende des 4. Jahrhunderts aufs Engste mit dem Auslöschen des Heidentums verbunden ist, denn Ägypten konnte nicht lange mit zwei derartig widersprüchlichen Religionen leben.

Und gerade darauf lief das von Kaiser Konstantin zu Mailand proklamierte Edikt zunächst hinaus: auf eine erzwungene, heikle Koexistenz des Heidentums und des Christentums. Eine Koexistenz, die sich bald in eine faktische Vorherrschaft des Christentums verwandelt, da mit Ausnahme Julian Apostatas von jetzt an alle Kaiser christlich sind und die neue Religion offen bevorzugen, bis schließlich 392 Theodosios der Große das Heidentum schlichtweg verbietet.

Natürlich lebte das Heidentum trotz Verbot noch lange Zeit in der Praxis wie im Bewusstsein fort; um die letzten Überreste einer 3000 Jahre alten Religion auszurotten, mussten die Christen manchmal so weit gehen, Statuen und Tempel zu plündern und in Brand zu stecken.

Dieser Gewalttätigkeit lag in erster Linie die Verständnislosigkeit der Christen – zum Teil sogar der intelligentesten – gegenüber den Werten und dem Wesen des Heidentums zu Grunde. In den Augen der Christen waren die Heiden nicht nur Menschen, die im Irrtum und in der Sünde lebten, sondern auch Anhänger einer unverständlichen, da irrationalen Religion. Bestenfalls hielt man sie für naiv und infantil, schlimmstenfalls – wie die

Ägypter – für geistesgestört. „Diejenigen, die sich Affen halten", schrieb schon Klemens von Alexandria in seinem *Mahner*, „haben voller Erstaunen festgestellt, dass diese Tiere sich von Bildern aus Wachs und Ton nicht täuschen lassen, selbst wenn diese wie junge Mädchen gekleidet sind. Seid Ihr da nicht schlimmer als die Affen, wenn Ihr steinernen oder hölzernen Statuen Ehrfurcht bezeugt?" Und er fährt fort: „Wie konnte man nur Statuen, also empfindungslose Gegenstände, vergöttlichen? Ich kann es nicht verstehen und beklage die Unglücklichen, die sich in ihrer Torheit dahin verirrt haben. Manche Tiere, wie die Würmer und die Raupen, haben nicht alle Sinne, andere sind blind oder verkrüppelt wie die Maulwürfe und die Zwergmäuse, ‚Tiere, schrecklich anzusehen', wie Nikander sagt. Und dennoch sind diese minderwertigen Tiere mehr wert als dumme Statuen. Die Auster hat weder Gesicht noch Gehör, noch Stimme, aber sie lebt, sie wächst, sie ist dem Einfluss des Mondes unterworfen. Die Statuen dagegen sind ohnmächtig, leblos, empfindungslos." Und ein Jahrhundert später schreibt der heilige Athanasios, der Verfasser des *Lebens des Antonios*, seinerseits in seiner Abhandlung *Gegen die Heiden:*

„Manche sind in ihrem Denken so tief gesunken und ihr Geist ist so sehr verfinstert, dass sie Wesen erfunden haben, die überhaupt nicht existieren und die nirgends in der Schöpfung zu sehen sind, um aus ihnen Götter zu machen. Sie vermengen die vernünftigen Wesen mit Wesen ohne Vernunft. Sie verbinden ungleiche Naturen miteinander und verehren sie als Götter, so hier diese Götter mit Hundeköpfen, Schlangenköpfen oder Eselsköpfen."

Die christliche Vernunft stößt sich also vor allem an der augenfälligen Irrationalität der ägyptischen Kulte, an dieser für sie unbegreiflichen Vereinigung von Menschlichem und Tierischem in der Gottheit. Natürlich heißt das, das ägyptische Heidentum oberflächlich zu beurteilen und die Gottheit mit ihrer liturgischen Form zu verwechseln. Die zeitgenössischen heidnischen Autoren versäumten auch nicht darauf hinzuweisen. Bei der Lektüre christlicher Autoren wie des Klemens von Alexandria oder des heiligen Athanasios – die in religiösen Dingen durchaus Bescheid wissen – hat man eher den Eindruck, dass sie gar nicht den Versuch machen wollen, gewisse Aspekte des Heidentums zu verstehen; es im Gegensatz zu vielen anderen christlichen Autoren wie zum Beispiel Origenes ablehnen, sich mit bestimmten Gegebenheiten des heidnischen Denkens und der heidnischen

Der Wehrturm im Antonioskloster verweist auf kriegerische Zeiten.
Ein solcher Turm, über den die meisten Wüstenklöster verfügen,
stellt als Zufluchtsort in Zeiten der Bedrohung ein „Kloster im Kloster" dar:
Auf den einzelnen Stockwerken befinden sich Kapelle, Mönchszellen,
Vorratskammern, die auch Getreide und Wein für die Eucharistie beinhalten,
sowie Wasservorräte und eine Schatzkammer.

Religion auf der Basis eines Kompromisses abzufinden. Eine solche Einstellung, eine solche bewusste Vergewaltigung ihrer Intelligenz aber musste notwendig zu physischen Gewalttaten führen, die dann ein Jahrhundert später tatsächlich auch gegen die heidnischen Götter und Philosophen begangen werden.

Schon bei den ersten Tempelplünderungen unter der Regierung Konstantins – also von 330 an – stürzten sich die Christen auf die heidnischen Götzen und zerschlugen sie; dabei entdeckten sie zu ihrem Entsetzen unter dem Bild des Gottes: Knochen, Schädel, schmutzige Stofffetzen, Stroh und Heu. Ein weiterer Beweis für das Bestreben, die Gottheit ganz bewusst mit ihrer bildlichen Darstellung zu verwechseln. Denn sonst könnte man genauso gut behaupten, eine Ikone Christi sei nur ein Gemisch aus Holz, Wachs und Eiweiß!

In dieser ständigen Verwunderung der Christen angesichts der Götter, Kulte, Geräte, deren Sinn und Bedeutung ihnen entgehen, an denen sie nur unfreundliche und hassenswerte Aspekte zu entdecken scheinen, liegt die ganze Geschichte des untergehenden Heidentums in Ägypten beschlossen. Immer, bei jedem Aufstand gegen die Götter des Heidentums, dasselbe „Szenario" mit denselben Gräuelszenen, demselben Massenauflauf, denselben hasserfüllten Schreien auf demselben Hintergrund von zerschlagenen und zertrümmerten Götterbildern, die durch die Straßen geschleppt, von Tempeln, die in Brand gesteckt und von Heiden, die bis in die Heiligtümer verfolgt werden. Das Szenario? Ein Bischof dringt an der Spitze einer erregten Menge in einen heidnischen Tempel ein, wirft die Statuen um, zeigt der Menge die Kultgeräte, deren Anblick eine allgemeine Empörung hervorruft, und nun, von der Berechtigung ihres Vorgehens überzeugt, schwärmen die Christen in die Straßen aus und machen Jagd auf die Heiden. So 361 in Alexandria, als Georg, der Bischof der Stadt, den Tempel des Mithras plündert und der vor dem Heiligtum versammelten Menge die Stierschädel zeigt, die dem Kulte des Gottes dienten; so noch 391 in Alexandria, als der Patriarch Theophilos einen Tempel des Dionysos plündert und der christlichen Menge die ithyphallischen Statuetten des Gottes zuwirft, woraufhin sich die Menge, toll vor Wut, auf das Serapium stürzt und das große Idol des Serapis zerschlägt; so immer noch 415 in Alexandria, als eine Rotte junger Christen – vom Patriarchen Cyrill aufgepeitscht – in das Haus der Philosophin und Mathematikerin Hypatia – einer der bedeutendsten Vertreterinnen des heidnischen Denkens dieser Zeit – eindringt, sie auf die Straße schleppt, erschlägt, ihren Leib zerstückelt und die Überreste öffentlich verbrennt! Der Gerechtigkeit halber muss angefügt werden, dass manche Christen gegen diese Gewalttaten protestierten und sich nicht vom Fanatismus des Patriarchen mitreißen ließen. Er dürfte von seinen Schäfchen wohl kaum geliebt worden sein, denn bei seinem Tode hielt einer der alexandrinischen Bischöfe an seinem Grabe folgende beispielhafte Leichenrede: „Endlich ist dieser verhasste Mann tot. Sein Abgang erfreut die Überlebenden, aber die Toten dürfte er betrüben. Sie werden seiner bald überdrüssig sein und ihn uns zurückschicken. Legt deshalb einen schweren Stein auf sein Grab, damit wir nicht Gefahr laufen, ihn wiederzusehen, auch nicht als Schatten!"

Aber welches mehr oder minder eingestandene Ziel verfolgten nun diese Gewalttaten? Eigentlich sollten sie die letzten Überreste des Heidentums in den Herzen der Ägypter ausrotten. Aber die Methode scheint nicht besonders erfolgreich gewesen zu sein: Das Heidentum widersteht gerade wegen der Gewaltmaßnahmen, die ergriffen werden. In den verschiedenen Regionen des Landes halten sich kleine heidnische Inseln: vor allem in Oberägypten, wo Isis in Philae bis zum 6. Jahrhundert verehrt wird, sodass Kaiser Justinian, um den Kult abzuschaffen, den Tempel schließen, die Priester gefangen nehmen und die Statuen bis nach Konstantinopel schaffen lassen muss; aber auch in anderen Gebieten des Landes, in Akhmin, wo (trotz des Verbots des Theodosios) die heidnischen Tempel noch mitten im 5. Jahrhundert blühen, ja selbst im Nildelta, also direkt vor den Toren Alexandrias, zum Beispiel in Menuthis, wo es noch gegen Ende des 5. Jahrhunderts Isisgläubige gibt und wo „die Christen so sehr in der Minderzahl und in ihrem Glauben so schwach waren", sagt ein Chronist aus dieser Zeit, „dass sie das Geld der Heiden nehmen und die Letzteren dafür nicht bei ihren Opfern behindern".

Unnötig hinzuzufügen, dass all diese Gewalttaten gegen die Tempel sehr brutale Reaktionen aufseiten der Heiden auslösten – wenigstens bis zum Edikt des Theodosios. Einer der bedeutendsten heidnischen Autoren, Libanios, richtete sogar eine Schrift *Pro Templis* an Kaiser Theodosios, in der er den Vandalismus der Christen angreift: Was bezwecken die Christen angeblich, wenn sie sich zu Plünderungen hinreißen lassen? Die Heiden zu bekehren? Aber nein, antwortet Libanios, denn „wenn sie dir sagen, o Kaiser, dass sie dank dieser Mittel Heiden bekehrt haben, lass dich nicht täuschen. Die so Bekehrten sind nur dem Anschein nach Bekehrte. Sie haben keineswegs den Glauben gewechselt, sie behaupten es nur. Sie nehmen an den Zeremonien ihrer Verfolger teil, sie mischen sich unter die Menge und geben vor, zu beten, aber in Wirklichkeit rufen sie keine anderen Götter an außer ihren eigenen." Denn „wie in den Tragödien derjenige, der die Rolle eines Tyrannen spielt, doch kein Tyrann ist, sondern der Mensch bleibt, der er war, ehe er die Maske anlegte, so ist jeder von ihnen sich gleich geblieben und hat sich nur dem Anschein nach gewandelt."

Die von Grund auf zerstörten Altäre, die Priester, die nur die Wahl haben zwischen Schweigen und Tod, die kaiserliche Armee, die sich entehrt, indem sie gegen Steine Krieg führt, all das, sagt Libanios, spricht kaum für das Christentum. Was nun die Mönche angeht, die seine Quintessenz darstellen, die Gegenstand einer allgemeinen inbrünstigen Bewunderung und Verehrung sind und beinahe als Heilige gelten, verhalten sie sich, wie es Heiligen ansteht? Nein. Man sehe doch nur, „wie sie sich Wildbächen gleich voranstürzen und das Land verheeren, indem sie alle Tempel zerstören. Die Tempel, o Kaiser, sind die Seele des Landes, es sind Bauten, inmitten von Feldern errichtet, die uns über viele Generationen hinweg überkommen sind. Ein Land, das all die Verwüstungen erlitten hat, ist ein verlorenes Land. Der Mut des Bauern sinkt mit seiner Hoffnung, wenn er seiner Götter beraubt ist."

Über drei Jahrhunderte setzte sich der „Dialog der Tauben" zwischen den christlichen und den heidnischen Autoren fort. Nun hat die Gewalt literarischen Reden und Schmähungen Platz gemacht. Man errät aus der Erregung des Libanios, dass er nicht nur die Existenz der Tempel verteidigt, sondern auch das Leben der Priester, die darin wohnen, und selbst der Gläubigen, die darin ihre Götter anbeten. Am Ende dieser Konfrontation, die so dramatisch ablief, vermögen Christen wie Heiden an den Werten des Gegners nur noch die äußerlichsten, entstelltesten, willkürlichsten Aspekte zu sehen. „Wollt Ihr wissen, wie diejenigen aussehen, die Götzen anbeten?", schrieb schon Klemens von Alexandria in seinem *Pädagogen*. „Sie haben schmutziges Haar, dreckige, zerlumpte Kleider, sie haben noch nie etwas von einem Bad gehört, ihre langen Nägel gleichen den Krallen der wilden Tiere. Sie beweisen durch das Beispiel, dass ihre Heiligtümer nur Gräber und Gefängnisse sind. Solche Leute beweinen die Götter mehr, als sie sie anbeten."

Eine recht treffende Beschreibung, nur dass sie Wort für Wort auf die künftigen Wüstenanachoreten zutrifft! Was hätte Klemens von Alexandria wohl gesagt, wenn er Onuphrios, Paphnutios, Aphu den Büffel, lediglich in ihr Haar gekleidet, wenn er Johannes von Ägypten in seinem Gefängnis im Berge gesehen hätte, oder gar Bessarion, wie er in der Wüste die Erbsünde beweinte? Und alle diese Mönche, auf die man in den Straßen der ägyptischen Städte, ja selbst in Alexandria stoßen kann, „in schwarze und düstere Kleider gehüllt", und bei deren Anblick der heidnische Autor Zosimus sich zu Recht fragt, „für wen tragen sie denn Trauer"?

Die Menschen zwingen, Gott zu lieben?

Die Geschichte vom Untergang der heidnischen Götter wäre unvollstän-
dig, wollten wir hier einen Mönch übergehen, der in dieser Geschichte eine große Rolle spielte: Schenute von Atripe. Er ist eine der seltsamsten und
fesselndsten Gestalten des ägyptischen Christentums, seine Lebensge-
schichte zählt zu den Meisterwerken der koptischen Literatur. Sie bringt
uns dem unglaublichen Abenteuer des koptischen Mönchtums noch näher
als das Leben des Antonios oder des Pachomios: einem Abenteuer, dessen
Gipfel, aber auch Grenzen sich am Leben und Werk Schenutes zeigen.

Im Jahre 333 wird Schenute in Oberägypten in dem Dorf Schenalolet
(heute: Geziret Shandawil) nördlich von Akhmin geboren. Seine Eltern
sind arm und sehr bald schon muss er auf dem Feld das Vieh hüten. Aber
wie man weiß, das Viehhüten in der Kindheit ist die beste Voraussetzung,
um eines Tages ein Heiliger zu werden. Da diese Weide in Oberägypten
liegt, unter einer sengenden Sonne in einer Hitze, die nur die Wahl lässt
zwischen Stumpfsinn und Fieber, bleibt nur eine Alternative: in der Hitze
dahinzudämmern und das ganze Leben lang ein Hirte von Tieren zu bleiben oder, vom Fieber erfasst, Hirte von Menschen zu werden. Im Alter von
acht Jahren entscheidet sich Schenute, Menschen zu führen. Eines Abends,
als er das Vieh heimgetrieben hat, geht er allein wieder auf die Felder hinaus, anstatt ins Haus zurückzukehren, und verbringt dort lange Stunden.
Was tut er? Er betet, „bis zum Halse in einem Bewässerungskanal stehend".

Nun beschließen seine Eltern, den Sohn machen zu lassen, was er will.
Was will er? Mönch werden. Mit 14 Jahren wird er also zu einem Onkel gebracht, dem Abbas Bgul, der unweit des Dorfes auf dem Berg Athribis ein
Kloster leitet. Der Abbas Bgul nimmt seinen Neffen Schenute auf, der darauf brennt, mit der Übung der Askese zu beginnen. Einer unsinnigen, fanatischen Askese, um ohne Verzug, die herkömmlichen Stufen übersprin-
gend, das Ziel zu erreichen, einer ungeduldigen und grausamen Askese, die
seinem Charakter und seiner Seele entspricht.

Mit 16 Jahren hatte er bereits so viel gefastet, schreibt sein Biograf Visa,
„dass sein Leib ganz ausgetrocknet war und die Haut ihm an den Knochen
klebte". Denn: „Oft aß er nur einmal in der Woche, am Sonntag, gekochtes
Gemüse und gekochte Beeren. Seine Kräfte ließen stark nach, sein Leib verlor alle Flüssigkeit, seine Tränen wurden ebenso süß wie Honig und die

Augen waren ihm tief in die Höhlen gesunken, wie die Löcher in einem Boot, und ganz schwarz wegen der Tränen, die er in Strömen vergoss."

Gelegentlich übt er auch voll Ausdauer und Hingabe die von Pachomios eingeführte „Technik des Lehmziegels", wie man sie vielleicht nennen könnte: Man nimmt einen Ziegel, stellt sich darauf und betet ununterbrochen, bis Schweiß und Tränen den Ziegel zum Schmelzen bringen.

Eines Tages sogar fällt Schenute nichts Besseres ein, als sich an ein Kreuz zu hängen und dort eine Woche lang auszuhalten. Daraufhin bricht er in die Wüste auf, wo er fünf Jahre bleibt. Nach seiner Rückkehr ist er ein Mann, fertig und bereit, sich nun den anderen Menschen zu stellen, ein Kloster zu gründen und die Mönche nach einer von ihm erfundenen Regel zu leiten.

Genau genommen lehnt sich diese Regel in vielen Punkten an die des Pachomios an, aber Schenute, der weiß, dass sie von ihm und nicht von einem Engel stammt, fügt noch manchen persönlichen Einfall, noch manchen Grundsatz hinzu, wie zum Beispiel die systematische Anwendung von Gewalt und die Stockstrafe für die Mönche. Vor allem die mönchische Disziplin, die Ablehnung jeder Individualität, den Grundsatz der leiblichen und seelischen Kollektivexistenz treibt er – sicher von der Regel des Abbas Bgul ausgehend – noch viel weiter voran als Pachomios. In Schenutes Klöstern war jede individuelle Askese, jede individuelle Kasteiung, ja sogar jedes individuelle Gebet verboten. Die Gebete wurden gemeinsam gesprochen, die Mönche mussten dabei auf dem Boden liegen. Auch das Fasten übten sie gemeinsam, sie trugen dieselben Kleider und mussten überall, beim Gottesdienst, im Refektorium, bei den vereinbarten Klosterarbeiten dieselben Gesten ausführen. Schenute hatte die geniale Eingebung, dass man, um eine Kollektivseele zu formen, zunächst einen Kollektivleib bilden müsse. Nur so lässt sich erklären, warum er sich sein ganzes Leben lang mühte, den Leib und die Seele seiner Mönche durch die Auferlegung physischer und spiritueller Übungen zu formen, die alle einbeziehen und alle vereinigen sollen.

Hier nur einige Beispiele aus den beiden Bereichen: *Übungen zur physischen Einswerdung:* Ein unantastbarer Grundsatz war der Gehorsam gegenüber jedwedem Befehl, ein Gehorsam, der in erster Linie eine vollkommene Beherrschung der körperlichen Reflexe verlangte. Der Mönch musste fähig sein – beim Gebet, beim Hersagen von Psalmen oder bei profanen Verrichtungen –, dieselben vereinbarten Gesten zu wiederholen oder eine bestimmte Zeit lang in ein und derselben Haltung unbeweglich zu verharren. So hatten die Mönche, wenn der Ruf zum Gottesdienst oder in das Refektorium ertönte, sofort ihre Arbeit niederzulegen, zu erstarren und den zweiten Ruf abzuwarten, um sich dann zum Gottesdienst oder ins Refektorium zu begeben. Jeder, der nach dem Ruf seine Arbeit noch fortsetzte oder nur eine Geste beendete, wurde von Schenute unerbittlich bestraft. Das führte natürlich manchmal zu heiklen Situationen: Eines Tages überrascht der Ruf einen Mönch in der Bäckerei in dem Augenblick, als er Holz in den Backofen legt. Er erstarrt in dieser Haltung, bis der zweite Ruf ertönt und er seine völlig verbrannte Hand herausziehen kann. Oder ein anderes Beispiel: das Brotbacken. Das Brot, zusammen mit getrockneten Früchten und gekochten Kräutern die Hauptnahrung der Mönche, wurde nach einem wahren Ritual hergestellt. Die Mehlbereitung, das Kneten, das Einschießen und die Gärung wurden nach bestimmten Gesten in einer festgesetzten Zeit durchgeführt und vor allem unter absolutem Stillschweigen. Wenn ein Mönch etwas brauchte, klopfte er mit einem Holzscheit nach einem vereinbarten Code, aber er sprach nicht. Ja, die Regel ging sogar so weit, dass es als schweres Vergehen galt, durch zu schnelles Zugießen des Wassers in den Backtrog etwas Mehl zu verstäuben.

Übungen zur spirituellen Einswerdung: Diese waren natürlich zu zahlreich, als dass wir sie hier im Einzelnen aufführen könnten. Auf der elementarsten Stufe standen gewisse Verbote: das Verbot, das Possessivpronomen zu verwenden, zu sagen: meine Zelle, mein Brot, mein Kleid; das Verbot, zu lachen. Das Lachen oder Lächeln trug dem Mönch Stockschläge ein und keiner legte Wert darauf, von Schenute geschlagen zu werden, denn dieser schlug die Mönche manchmal so, „dass sie auf der Erde rollten, als wollten sie sterben". Gelegentlich kam es sogar vor, dass man den Mönch nach den Stockschlägen einfach – auf den Friedhof des Klosters brachte, was im *Leben des Schenute* regelmäßig mit dem wunderbaren Euphemismus umschrieben wird: „die Erde tat sich auf, und der Frevler versank bei lebendigem Leib in die Hölle!" Auf diese Weise gelang es Schenute, seinen Mönchen ein solch wahrhaftes Entsetzen einzuflößen, dass alle flohen, sobald er die Hand an den Stock legte oder in Zorn geriet.

Diese Erziehung durch Stock und Entsetzen mag seltsam anmuten, aber auch hier haben wir es wieder mit einem typisch ägyptischen Zug des koptischen Mönchtums zu tun. Wenn Schenute sich ständig des Stockes bedient, so verwendet er letztlich doch nur ein Instrument, das seit drei Jahrtausenden in Ägypten dazu diente, die Leistung der Fellachen auf den Feldern zu „fördern", nun allerdings zum Zweck der spirituellen „Leistungsförderung". Schenute führt also die Tradition der Aufseher bei den Fronarbeiten aus der pharaonischen Zeit fort, die die Bauern wegen jeder Kleinigkeit schlugen, selbst um eines einzigen auf dem Boden übersehenen Maiskolbens willen. Nur mit dem einen – aber grundlegenden – Unterschied, dass die Stockschläge, die der Mönch erhält, wenigstens zu seinem Heil beitragen, während die, die der Bauer empfing, nur dem Grundbesitzer oder dem Pharao zugute kamen. Der Stock, in Ägypten schon immer in allen Lebenslagen herangezogen, zum Antreiben bei der Feldarbeit, zur Eintreibung der Steuern, bei der Aushebung zum Heer, dient jetzt ganz natürlicherweise zur Erlangung des Heils und des Paradieses. Im Übrigen darf man nicht glauben, dass Stockschläge für den Bauern oder den Mönch eine Demütigung bedeuteten. Schreibt nicht Amelineau 1887 nach einem langen Aufenthalt im Lande, dass „auch heute noch die Frau des Fellachen für ihren Mann nur Verachtung übrig hat, wenn er die Steuern freiwillig zahlt. Aber wenn der Mann erst zahlt, nachdem er geschlagen wurde, bewundert und achtet sie sogleich seinen Mut."

Aber nicht die Verwendung des Stockes als eines Mittels zum Heil ist der charakteristischste Beitrag Schenutes zu dieser Aufgabe der spirituellen Vereinheitlichung, sondern die Unterwerfung der anderen unter seine eigenen Visionen, die Kanalisierung und Vereinheitlichung der Bestrebungen und der mystischen Vorstellungen der Mönche während der 80 Jahre, die er sein Kloster leitet (denn Schenute stirbt 451 im Alter von 118 Jahren!).

Dass ihm das gelingen konnte, ist unerhört. Dies lässt sich nur durch das Bemühen erklären, selbst abstrakteste Symbole wortwörtlich zu nehmen. So vermeint zum Beispiel ein – sicher erst vor kurzem bekehrter – Mönch, dem man das Geheimnis der Eucharistie erklärt hat, bei der Messe sogleich zu sehen, wie ein Engel auf dem Altar ein Kind zerstückelt und die blutigen Stücke bei der Kommunion austeilt. Ein anderer wieder macht – weil Schenute ihm gesagt hat, für jede Mühe, die er in dieser Welt auf sich nehme, werde er in der anderen belohnt –, wenn er Wasser vom Brunnen holt, anstatt der zwei oder drei Schritte, die er sonst brauchte, jetzt Tag für Tag kleine Trippelschritte, um umso mehr gutzuhaben!

Auf einem so empfänglichen psychischen Boden mussten selbst die gröbsten Übertreibungen aufkeimen und ins Kraut schießen. Und Schenute erwies sich auch – nach seinem eigenen Bekenntnis – als einer, der mit Visionen und Wundern ebenso geschickt „umzugehen" verstand wie mit dem Stock. Ihm bleibt gar keine andere Wahl: Kein Mönch, nicht einmal ein Kopte, nicht einmal ein Schüler Schenutes, hätte sich jahrelang schlagen lassen, ohne wenigstens die Hoffnung zu haben, eines Tages dafür in den Himmel zu kommen. Die Anwendung von Gewalt und Stock setzten das Vertrauen in die Zukunft und das Jenseits voraus und Schenute wusste, wie er es den Mönchen einflößen konnte. Eines Tages zum Beispiel lässt er aus einem entfernten Dorf einen Bauern kommen, kleidet ihn prächtig und lässt ihn in der vollen Kirche die Psalmen lesen. Als die in Ekstase geratenen Mönche Schenute fragen: „Wer war dieser Unbekannte?", antwortet er: „Das war David in Person, der gekommen ist, um die Psalmen zu lesen!"

Ein anderes Mal werden die Mönche mitten in der Nacht vom „Ruf" geweckt. Alle laufen in die Kirche: Dort sehen sie drei Gestalten mit verhülltem Gesicht, die schweigsam die Kirche abschreiten, ehe sie sich in der Nacht verlieren. Und Schenute erklärt den Mönchen: „Das waren der heilige Johannes der Täufer, Elias und Elischa, die vom Himmel gekommen sind, um zu sehen, wie ihr lebt!"

Und wieder ein anderes Mal, als ein Mönch ihn fragt, warum er jeden Samstagabend die Apokalypse verlesen lasse, antwortet Schenute: „Weil mir kürzlich ein Engel gesagt hat: ‚Wir im Himmel lesen die Apokalypse immer am Samstagabend'"!

Die ganze spirituelle Autorität Schenutes beruht also auf zwei Prinzipien: der Handhabung von Visionen und der Anwendung des Stocks. Aber deshalb dürfen wir ihn doch nicht als Scharlatan abtun. Zwar nimmt er, wenn es darum geht, einen Mönch zu bestrafen oder zu schlagen, tatsächlich etwas zu oft seine Zuflucht zum Zeugnis des Himmels, Jesu Christi und seiner Engel, aber man fragt sich doch, ob er nicht manchmal selber daran glaubt. Wie oft kehren im *Leben des Schenute* ganz beiläufig Sätze oder Parenthesen wieder wie: „Eines Tages, als Schenute auf einem Stein saß und mit Jesus plauderte ..." oder auch: „Eines Tages, als Schenute in der Gesellschaft Jeremias' in der Wüste spazieren ging ..." oder sogar: „Da Schenute noch immer mit dem Propheten Elias redete, entschloss ich mich, an die Tür seiner Zelle zu klopfen." Und dann kommt der Augenblick, wo man, da man sich täglich auf die Worte oder die Gegenwart oder das Zeugnis der Engel und Propheten berufen hat, schließlich selber daran glaubt. Und zwar umso mehr, als diese Engel- und Prophetenscharen nicht um ihrer selbst willen, auch nicht aus Freude am Sichdurchsetzen angerufen werden, sondern, so sagt Schenute: „Ich plaudere nicht so sehr meinetwegen mit den Engeln, als vielmehr um durch dieses Beispiel die Mönche zu zwingen, Gott zu lieben."

In Wahrheit jedoch – und das ist einer der Gründe für seine Berühmtheit – zwang Schenute nicht nur seine Mönche, Gott zu lieben, sondern auch viele andere Menschen, sogar Heiden. Sein Name ist mit einer Reihe von Zügen – man könnte sogar sagen Razzien – gegen die heidnischen Tempel bei Akhmin verbunden, Razzien, die voller Unschuld und guten Gewissens berichtet werden. Wie könnten auch Männer, die täglich mit Ezechiel oder dem heiligen Johannes dem Täufer plaudern und ihre Anweisungen von Christus persönlich empfangen, nur im Leisesten am hohen Wert und an der Heiligkeit ihrer Unternehmungen zweifeln?

Anfangs beschränkt sich Schenute auf die Kultgegenstände und -gebäude: Er „begnügt sich" damit, gemeinsam mit seinen Mönchen in die heidnischen Tempel einzudringen, die Statuen umzuwerfen, ihnen das Gesicht zu zerschlagen, die Trümmer in den Nil zu werfen, ohne darüber jedoch zu vergessen, alle wertvollen Gefäße, Bilder und Geräte, die ihm Geld einbringen könnten, ins Kloster mitzunehmen! Aber später greifen Schenute und seine Mönche auch die Kultdiener an; im *Leben des Schenute* wie in seinen Predigten werden – sichtlich anerkennend – einige solcher „Ausfälle" berichtet. Hier der erste: „Es geschah, dass Abbas Schenute eines Tages in die Stadt Akhmin ging, um die Idole im Hause des Gesios, eines Heiden, in dessen Abwesenheit während der Nacht zu zerstören. Da saß er auf seinen Esel auf und begleitet von zwei ebenfalls berittenen Mönchsbrüdern gelangte er an den Fluss." Sie setzen über den Fluss, dringen in das Haus des Gesios ein, dessen Türen von selbst aufgehen (das ist die koptische Art und Weise, auszudrücken, dass Komplizen im Haus waren, sicherlich christliche Sklaven des Gesios), packen die Götzen, zerschlagen sie und werfen sie in den Fluss.

Als Gesios bei seiner Rückkehr sein Haus völlig ausgeplündert vorfindet, erfasst ihn Wut und er beschwert sich beim Gouverneur. Das kommt ihn teuer zu stehen, denn, so sagt das *Leben des Schenute*, „seit Jesus dem

Gesios seine Reichtümer genommen hat, hat man nie wieder von ihm gehört". Offensichtlich war es nicht ratsam, diese Mönche gegen sich aufzubringen. Die byzantinischen Kaiser billigten ihr Treiben zwar nicht gerade, unternahmen aber auch nichts, um diese Banditenstreiche zu verhindern oder zu bestrafen. Die Heiden in Akhmin und den umliegenden Dörfern erzitterten schon beim Namen des Schenute, und das zu Recht, denn kurz darauf kommt es in Akhmin zu einem wesentlich schwereren Vorfall, den Schenute selbst in einer seiner Predigten berichtet. Anlass dazu bot eine weissagende Statue in der Stadt, um die sich die Heiden nach wie vor in großer Zahl versammelten. Eines Tages drangen Schenute und seine Mönche während einer dieser Versammlungen in die Stadt ein, warfen die Statue um und schlugen sie in Trümmer. Es kam zu einem Handgemenge, das zu einem Massaker ausartete; die Mönche, toll vor Wut, steckten die Häuser in Brand, plünderten die Stadt und metzelten die Einwohner in den Straßen nieder. Dafür, dass diese Heiden sich den Mönchen widersetzt hatten, widerfuhr ihnen, wie Schenute uns sagt, das gleiche Schicksal wie dem Gesios: „Man hat nie wieder von ihnen gehört und nach dem Massaker wurden ihre Gebeine in den Wind gestreut. Sie wurden verbrannt wegen ihrer unverschämten Worte, weil sie die Diener Gottes verflucht und Christus in Person gelästert haben."

Kurz, Schenute zeigt bei seinem Kampf gegen die Heiden dasselbe Temperament und dieselbe Gewalttätigkeit, die ihm schon bei seinem Kampf gegen die Unwissenheit oder die Naivität seiner Mönche so gute Dienste geleistet haben, nur dass er jetzt Richter und Partei in einem ist und den Heiden Katastrophen voraussagt, die er dann schleunigst selber in die Tat umsetzt, für den Fall, dass ihn die Rache des Himmels im Stich lassen sollte. Und von dieser mörderischen Tollheit ist Schenute durch nichts abzubringen; noch 450, kurz vor seinem Tode, im Alter von 117 Jahren, plündert er mit seinen Mönchen einen heidnischen Tempel mitten in der Thebais!

Allerdings war Schenute nicht der Einzige, der das Ende des Heidentums „beschleunigte". Eine reichlich seltsame Schrift, der *Panegyrikus des Makarios von Thu*, ungefähr um 450 verfasst und Dioskur, dem Patriarchen von Alexandria, zugeschrieben, zeigt, wie gespannt zu dieser Zeit die Beziehungen zwischen den heidnischen und den christlichen Gemeinschaften auf dem Land waren. So geht in einem bestimmten Dorf in Oberägypten, in dem heidnische Griechen leben, die noch immer den Gott Kothos verehren, plötzlich das von Christen ausgestreute Gerücht um, dass diese Griechen „die Kinder der Christen stahlen, um sie dem Gotte Kothos zu opfern, und dass man sie eines Tages auf frischer Tat ertappte, wie sie die christlichen Kinder packten und zum Altar ihres Gottes schleppten". Tatsächlich „gestehen" die Griechen: „Wir locken die kleinen Kinder der Christen an, indem wir ihnen Brot und andere gute Dinge zu essen geben, wir fangen sie, wir verstecken sie an einem geheimen Ort, damit man sie nicht schreien hört. Dann erwürgen wir sie auf dem Altar, wir nehmen ihnen die Eingeweide heraus, um aus ihnen für unsere Kitharen Saiten zu machen und unsere Götter zu feiern. Was die Leiber angeht, so wurden sie zu Asche verbrannt. Und jedes Mal, wenn es irgendwo einen versteckten Schatz gab, nahmen wir eine große Menge dieser Asche, streuten sie an die verborgenen Orte und sangen zu unseren Kitharen mit den Saiten aus Eingeweiden und alsobald erschienen uns die Reichtümer."

Als der Abbas Makarios von Thu dieses „Geständnis" hört, zieht er mit seinen Mönchen zu dem fraglichen Tempel. Bei ihrem Anblick kamen die heidnischen Priester „mit Waffen in der Hand, mit Hacken und Lanzen, heraus, nahmen ihre Frauen und stiegen auf das Dach, um uns zu steinigen." Es gelingt ihnen sogar, sich des Abbas Makarios zu bemächtigen und sie schicken sich schon an, ihn zu opfern, da taucht einer seiner Schüler auf, lässt die Heiden in Bewegungslosigkeit erstarren und befreit den gefesselten Makarios! Nun bemächtigen sich die Mönche des Hohepriesters namens Homer, zünden ein großes Feuer an und werfen den Hohepriester hinein und mit ihm alle Götzen, die sie in den Häusern fanden. Das war das Ende des Heidentums in dem kleinen Dorfe Thu.

7. Dem Himmel näher sein

Simeon lebte wie ein Engel in einem sterblichen Leib, und die Natur vergewaltigend, die durch ihr eigenes Gewicht der Erde zuneigt, erhob er sich zwischen Erde und Himmel, unterhielt sich mit Gott und brachte ihm die Gebete der Menschen dar.
Aus dem „Leben des heiligen Simeon Stylites"

In allen christlichen Ländern im Nahen Osten beruhten Anachoretentum und Mönchtum auf den gleichen Prinzipien: Dieselbe Auffassung vom menschlichen Geschick, dieselbe Einstellung zum immer währenden Kampf des Menschen gegen die Welt und das Böse drängten die Menschen, in die Wüste zu ziehen. Demnach müssten sich im Nahen Osten Anachoretentum und Mönchtum, wie sie im Laufe der Jahrhunderte entstanden, auch in ihren Formen gleichen. Trotzdem aber unterscheiden sich die Asketen, Mönche und Heiligen in Palästina und Syrien merklich von ihren ägyptischen Vorbildern. Der Grund dafür liegt darin, dass ein Beginnen dieser Art – so wenig es auch dem Anschein nach mit Früherem zu tun hat – doch in der Vergangenheit verwurzelt ist, in all dem, was die Vergangenheit an Bildern, Symbolen, besonderen Empfindungsweisen hinterlassen hat. Mögen auch Sinn, Ziel und Methode der Askese in Ägypten, in Palästina und in Syrien die gleichen sein, das Gewicht, die Imperative der Vergangenheit geben ihnen ein jeweils verschiedenes Gepräge. Die Askese hat ihre Geografie wie das Klima.

Bei dieser neuen Reise ins Land der Askese sollen uns übrigens zwei griechische Autoren führen, Theodoret von Kyrrhos und Johannes Moschos, die Palästina und Syrien im 5. und 6. Jahrhundert bereisten.

Theodoret, 393 in Antiochia geboren, später Bischof von Kyrrhos bei Antiochia, ist der Autor einer bedeutenden, um die Mitte des 5. Jahrhunderts verfassten *Geschichte der Religion*, der er eine *Geschichte der Mönche Syriens* beifügte, die das Leben und die Wunder von rund dreißig syrischen Asketen beschreibt. Es handelt sich hierbei um ein persönliches Zeugnis, denn Theodoret von Kyrrhos hat die Heiligen, von denen er berichtete, darunter auch den berühmten Simeon Stylites, aufgesucht und persönlich gekannt. Zu seinem Zeugnis treten noch das des heiligen Ephraim, des großen syrischen Dichters aus dem 4. Jahrhundert, der selbst als Asket in der Wüste lebte und ein Lob der Einsiedler Syriens und Mesopotamiens verfasste, wie auch einige die Asketen Syriens betreffende Bruchstücke der im 6. Jahrhundert von Evagrios dem Scholastiker verfassten Kirchengeschichte.

Johannes Moschos, um die Mitte des 6. Jahrhunderts in Damaskus geboren, ist der Verfasser der *Geistlichen Wiese*, einem der fesselndsten und schönsten Bücher der christlichen Literatur. Es ist eine Sammlung von 300 erbaulichen und wunderbaren Geschichten, „geerntet" in den Wüsten Syriens, Palästinas, der Sinai-Halbinsel und Ägyptens, die das tägliche Leben der orientalischen Asketen, zum größten Teil Zeitgenossen des Autors, beschreibt. Das Buch strotzt nur so von Wundern und Teufeleien, aber das ist nicht Moschos' Schuld, denn seine Informanten glaubten ebenso daran wie er selbst; er hat nur aufgezeichnet, was man ihm berichtete. Übrigens war Moschos selbst ein Wandermönch, der durch alle Wüsten zog, um die Asketen noch an den unzugänglichsten Orten zu „interviewen". Ihn interessierten weder die Dinge noch die Tatsachen, sondern die Menschen, und dieser Neugierde für alles Menschliche verdankt die *Geistliche Wiese* jenen freien und lebendigen Ton, der dann Jahrhunderte später wieder aus den Berichten eines russischen Pilgers spricht.

Nach Syrien

Ein Reisender, der um die Mitte des 4. Jahrhunderts zu Fuß von Ägypten nach Syrien gewandert wäre, hätte einen seltsamen Kontrast zwischen den beiden Ländern festgestellt. Vom Niltal kommend, dessen Höhlen und Wüsten schon mit Anachoreten bevölkert sind, hätte er am Fuß der Sinai-Halbinsel und in den Wüsten Palästinas nur eine unermessliche und leere Einöde vorgefunden. Die Anachoreten sind noch nicht bis hierher vorgedrungen oder vielmehr, sie kommen nun erst allmählich: Sehen Sie den jungen Mann von 15 Jahren, „nur mit einem Sack und einer Felltunika bekleidet"? Er ist von Gaza aufgebrochen, um einen Ort zu suchen, an dem er meditieren kann; nun macht er Halt „zwischen dem Meer und den Sümpfen in dieser unendlichen, entsetzlichen Einöde, die sieben Meilen

Blick auf das Samuelskloster in der Libyschen Wüste.

von Mayoum entfernt ist und linker Hand liegt, wenn man dem Meere folgend von Palästina nach Ägypten kommt". Es ist Hilarion, der zukünftige heilige Hilarion, der erste Anachoret Palästinas, dessen Leben der heilige Hieronymus mit derselben etwas verdächtigen Begeisterung beschrieben hat wie das des Paulos von Theben. So wurde der heilige Hilarion von der Geschichte denn auch nie ganz zugelassen – zumindest nicht mit den Zügen, die ihm der heilige Hieronymus verlieh; auch hier steht also der Autor mit seinem Vorbild allein – einem allerdings bewundernswerten, eindrucksvollen Vorbild: Der Teufel selbst, gewohnt, es in Ägypten bei den Versuchungen mit Anachoreten verehrungswürdigen Alters zu tun zu haben, ist etwas ratlos angesichts dieses fünfzehnjährigen Asketen, der „täglich nur fünfzehn Feigen isst, wenn die Sonne untergegangen ist", und „da ihm nichts Besseres einfällt, beschränkt er sich darauf, seine Sinne zu kitzeln und seinen Leib, der in die erste Blüte der Jugend trat, die Glut der Begierde fühlen zu lassen, die ihm bis dahin unbekannt war". Eine Versuchung, die die strenge und methodische Askese des heiligen Hilarion erklärt: Von seinem 21. bis zu seinem 27. Jahr isst er lediglich in kaltem Wasser aufgeweichte Linsen, Brot, Salz und Wasser. Von seinem 27. bis zu seinem 30. Lebensjahr Wurzeln und wilde Kräuter. Von seinem 31. bis zu seinem 35. Lebensjahr 200 Gramm Gerstenbrot täglich und etwas gekochte Kräuter. Aber, fügt der heilige Hieronymus an, „als er merkte, dass sein Augenlicht schwand und seine Haut so spröd wurde wie Bimsstein, da fügte er dem, was ich aufgezählt habe, etwas Öl hinzu und lebte bis zu seinem Tode im Alter von 60 Jahren in dieser äußersten Enthaltsamkeit".

Würde der Reisende in das Innere der Sinai-Halbinsel vordringen, so fände er eine noch ödere Gegend vor, mit kahlen Gebirgen, Schluchten und Wadis, aber ebenso leer wie die Wüste des heiligen Hilarion. Das Katharinenkloster – unterhalb des Gipfels des Sinai –, das ursprünglich zur Erinnerung an das Gespräch zwischen Jahwe und Mose das Kloster des Gesprächs hieß, wird erst zwei Jahrhunderte später unter Justinian errichtet. Um die Mitte des 4. Jahrhunderts ist der Sinai noch eine wüste Halbinsel, nur von wenigen Anachoreten bewohnt, die in Höhlen oder in den Tiefen der Wadis in einer kaum fassbaren Einsamkeit und Dürftigkeit hausen; so zum Beispiel dieser unbekannte Asket, den der heilige Simeon der Ältere in einem einfachen Wüstenloch vorfindet. „Nachdem der heilige Simeon der Ältere und seine Jünger zwei Tage lang dem Sinaiweg gefolgt waren", erzählt Theodoret, „sahen sie in der Wüste über einer Mulde die erhobenen Hände eines Mannes." Sie halten es für eine Luftspiegelung (deren sich der Teufel gerne bedient), verrichten ein Gebet und treten näher. Da „sahen sie eine kleine, einem Fuchsbau gleichende Höhle, nahmen aber niemand darin wahr, denn derjenige, der die Hände zum Himmel erhoben hatte, verbarg sich, als er das Geräusch ihrer Schritte vernahm. Der Heilige beugte sich über die Höhle, um hineinzuschauen, und beschwor den, der darin war, sich ihnen zu zeigen und zu sagen, ob er ein Mensch oder ein Teufel sei. Da kam der, der sich in dieser Höhle verborgen hatte, zum Vorschein mit wildem Blick, Haaren voller Schmutz, das Gesicht von Runzeln überzogen, die anderen Teile des Leibes ganz eingefallen, in einem armseligen, aus Palmenblättern gemachten und gänzlich zerrissenen Gewand."

Noch seltsamer ist ein anderer Anachoret, den Sulpicius Severus in seinem Buch *Über die Tugenden der Einsiedler im Orient* erwähnt und von dem Postumianus hörte, als er gegen Ende des 4. Jahrhunderts den Sinai bereiste: „An den verborgensten Orten des Sinai soll ein Anachoret leben, den ich lange Zeit suchte, ohne ihn jedoch finden zu können; seit fast fünfzig Jahren soll er dem Gespräch mit Menschen völlig entsagt haben. Sein einziges Kleid ist sein Haar, das seinen ganzen Leib bedeckt, denn Gott hat sich durch eine einzigartige Gnade seiner Nacktheit erbarmt. Kamen gottesfürchtige Menschen zu ihm, um ihn zu sehen, so floh er an die unzugänglichsten Orte, um eine Begegnung mit ihnen zu vermeiden. Einem einzigen Menschen wurde vor nun ungefähr fünf Jahren dank der Macht seines Glaubens die außergewöhnliche Gunst zuteil, mit ihm zu reden. Zwischen mehreren Gesprächen, die er mit ihm führte, fragte ihn dieser, aus welchem Grund er sich so sehr bestrebe, das Gespräch mit den Menschen zu meiden. Der Anachoret antwortete, dass diejenigen, die von Menschen aufgesucht würden, nicht gleichzeitig von Engeln umgeben wären, was allgemein zu der nicht unbegründeten Annahme führte, dass Engel zu ihm kamen."

Einen ähnlichen Anblick bietet auch Palästina. Auch hier hätte der Reisende bei der Durchquerung der Wüste von Juda in den Wadis, die auf das Tote Meer zu liegen, einige Anachoreten sehen können. Seit dem Beginn des 4. Jahrhunderts lassen sich die Ersten in den Höhlen der Wüste von Kalamon südlich von Jericho nieder und treten die „Nachfolge" der Essener an (in dieser Wüste wurden die berühmten Handschriften vom Toten Meer gefunden): so der heilige Chariton, der um 330 die Laura von Pharan gründet, und später der heilige Gerasimus, heute noch berühmt dafür, dass er einen Löwen pflegte, der ihn bis zu seinem Tode nicht mehr verließ. Diese ganze Region – die Wüste von Juda, die Wüste von Kedron und die Wüste von Kalamon – wird zu Beginn des 5. Jahrhunderts zum bedeutendsten Eremiten- und Mönchszentrum des Landes. Ausschlaggebend dafür sind der heilige Euthymius und der heilige Sabas, die in der religiösen Geschichte Palästinas dieselbe Rolle spielen wie Antonios und Pachomios in der Ägyptens. Diese in den Höhlen über den Wadis lebenden Anachoreten verbringen die ganze Woche in Einsamkeit; jeden Samstag und Sonntag versammeln sie sich (wie in der Sketis und in Nitria) in einer Kirche, um zwei Tage lang Gottesdienst zu halten und Psalmen zu singen. Diesen Gemeinschaften, die sich in Palästina lange neben den eigentlichen Klöstern halten, hat man den Namen *Lauren* gegeben.

Aber verlassen wir das Tote Meer und die Wüste von Kalamon und setzen wir unseren Weg auf dem rechten Jordanufer nach Norden fort. In der Wüste gen Osten keine Spur eines Lebewesens. Oder doch: Dort am Horizont ein menschlicher Schatten, der vor dem Besucher flieht, eine Frau, die einzige Bewohnerin dieser Wüste: Maria von Ägypten.

Die heilige Maria von Ägypten war nicht die erste Frau, die in die Wüste zog. Schon in Ägypten gab es neben den Religiosen, die in den von Pachomios, Theodor und Schenute gegründeten Klöstern lebten, Anachoretinnen, wenn auch nur wenige. Aber bald schon bildeten sich um ihr Leben in der Wüste Erzählungen, in denen das Geschichtliche und das Legendäre so ineinander übergehen, dass man es kaum trennen kann. In den Augen der Anachoreten Ägyptens war der Platz der Frau nicht in der Wüste; sooft sie eine sahen, hielten sie sie eher für einen Dämon als für ein menschliches Wesen. Denn der Teufel nahm gern die Züge einer Frau an, meistens einer armen, ausgehungerten, in der Wüste verirrten, die den Anachoreten bat, ihr für die Nacht Gastfreundschaft zu gewähren. Deshalb zogen es die wenigen Frauen in der Wüste vor, als Männer zu gelten. So die heilige Apollinaria Syncletica, die mehrere Jahre lang unter dem Namen Dorotheus in der Wüste Sketis als Jünger des Makarios des Älteren lebte und deren wahre Identität Makarios erst bei ihrem Tode erfuhr, als er sie begrub. Oder wie jene Athanasia, die etwas später, im 6. Jahrhundert, in der Sketis lebte und deren schöne und kurze Geschichte wir hier wiedergeben wollen:

Athanasia lebte zunächst in der Welt, schön, einfach und glücklich. Sie hatte einen Mann, Andronicos, und zwei Kinder, die sie liebte. Aber eines Tages starben ihre beiden Kinder und sie beschloss mit ihrem Mann, sich Gott zu weihen und in die Wüste zu ziehen. Im Wadi Natrun angekommen, trennten sie sich und jeder zog an einen anderen Ort. So lebten sie zwölf Jahre lang getrennt. Athanasia hatte sich das Haar geschnitten, das Gewand eines Mannes angelegt und den Namen Athanasios angenommen. Als nach zwölf Jahren ihr Mann Andronicos sie zufällig um Aufnahme in ihrer Zelle bittet, erkennt er seine frühere Frau nicht wieder, deren „Schönheit durch die Kasteiungen so zerstört war, dass ihr Gesicht schwarz war wie das eines Äthiopiers". Gerührt von der Güte und der Askese des Bruders Athanasios, schlägt Andronicos ihm vor, bei ihm zu bleiben, damit sie sich gemeinsam kasteien. So leben sie zwölf Jahre lang zusammen, ohne dass Andronicos ahnt, wer sein Gefährte wirklich ist. Erst auf dem Sterbelager enthüllt Athanasia ihrem Gatten ihr wahres Geschlecht und ihren Namen.

Den Kern dieses Wüstenmärchens – denn man kann es nicht anders bezeichnen, auch wenn es nicht ganz aus der Luft gegriffen ist – bildet ein Thema, das in den Erzählungen der Mittelmeerländer sehr häufig vorkommt: der Held, der seine wahre Identität verbirgt und unerkannt in der eigenen Familie lebt. Ein Thema, das schon lange vor dem Christentum auftaucht, zum Beispiel in der Odyssee, wenn Odysseus bei seiner Heimkehr von niemandem (außer von seinem Hund) erkannt wird und einige Zeit als Bettler in seinem Palast auf Ithaka verbringt. Das Christentum kleidet dann dieses Thema in die schöne Legende vom heiligen Alexius, dem „Mann Gottes", der von zu Hause weggeht, um in der Wüste zu leben, später aber wieder in den Schoß seiner Familie zurückkehrt und bis zu seinem Tode in seinem eigenen Haus als Dienstbote lebt, ohne dass seine Mutter oder seine Frau ihn erkennen.

Die tiefere Bedeutung dieser Gattung von Erzählungen liegt auf der Hand: Es sind in erster Linie Initiationserzählungen. Nach einer Reihe von Prüfungen (einer langen Irrfahrt auf dem Meer oder einem Aufenthalt in der Wüste) kehrt der Held als Sieger innerlich gewandelt zurück. An die Stelle des alten Menschen ist ein völlig neuer getreten und diese Metamorphose wird in der Erzählung durch eine Wandlung im Aussehen des Helden symbolisiert. Er hat sich so sehr gewandelt, dass ihn niemand mehr erkennt, nicht einmal seine eigene Mutter oder seine eigene Frau. Aber im Übergang vom Heidentum zum Christentum hat der Gehalt der Erzählung eine spürbare Modifikation erfahren: In den heidnischen Versionen ist das Initiationsthema meistens mit dem Thema der Rückkehr des Rächers verbunden. So gibt sich Odysseus nicht zu erkennen, um sich an Penelopes Freiern zu rächen, so erscheint Orest nach 20-jähriger Abwesenheit als fremder Reisender vor seiner Mutter Klytämnestra, um seinen Vater Agamemnon zu rächen: Der Wandel im Aussehen (ob er nun auf die Zeit zurückgeht oder auf eine Verkleidung) bedeutet vor allem, dass der Held eine neue Macht, eine neue physische Kraft erlangt, die seinen Triumph über seine Feinde sichert. In den christlichen Texten dagegen nimmt die Legende offensichtlich eine moralische Bedeutung an. Die Feinde, die Alexis und Athanasia bekämpfen müssen, „verinnerlichen sich". Es sind nicht mehr Freier oder Usurpatoren, sondern die Versuchungen der Welt, die tausend vertrauten Gesichter, die die Welt um sie herum und in ihnen selbst erhebt: eine Frau, ein Gatte, einst zärtlich geliebte Wesen. In der Einsamkeit erlangen sie eine neue Kraft, die es ihnen möglich macht, der Welt in einem Maße „gestorben" zu sein, dass Alexis jahrelang mit seiner früheren Frau und Athanasia mit ihrem früheren Mann zusammenleben können, als wären sie allem fremd, einschließlich ihrem eigenen Geschlecht. Dieses eminent christliche Thema „der Welt fremd zu sein" findet sich zusammen mit anderen märchenhaften und aretalogischen Elementen im Leben der heiligen Maria von Ägypten wieder. So das bekannte Thema der Sünderin, die wie Thais eine Heilige wird; das der Frau, die ihrem Geschlecht so fremd ist, dass man sie wie Athanasia für einen Mann hält; und schließlich das der Heiligen, die nach dem Beispiel des Paulos von Theben von den Gaben Gottes lebt, kurz vor ihrem Tod einen Besucher empfängt, der ihre unglaubliche Existenz der Nachwelt enthüllt und zu guter Letzt von Löwen begraben wird.

Die beiden letzten Themen stammen offensichtlich aus dem Bereich der Aretalogie, die beiden ersten dagegen können ebenso gut der Geschichte wie der Literatur angehören. Sicher hat es Kurtisanen oder Prostituierte gegeben, die sich bekehrt haben, ja von denen die eine oder andere auch eine Heilige geworden sein mag. Manche Einzelheiten aus dem Leben der Maria von Ägypten (wie der Bericht von ihrem Kampf gegen die Versuchungen des Fleisches und der Welt) haben einen echten Klang, den man nicht erfinden kann und der zeigt, dass diese Einzelheiten aus den Berichten einer unbekannten Anachoretin stammen. Aber die Anziehungskraft, die das Leben der heiligen Maria von Ägypten so lange Zeit auf die Leser des Orients und des Okzidents ausgeübt hat, beweist, dass die Christen wie die späteren Jahrhunderte weniger vom historischen Teil als vom moralischen angesprochen und fasziniert wurden. Außerdem taucht das Thema der reuigen Sünderin – so historisch es auch sein mag – erst spät in der christlichen Literatur auf, etwa zu der Zeit, da das Christentum triumphiert. Vermutlich hätten die Christen der ersten Jahrhunderte – vom Gedanken der Jungfräulichkeit, der Keuschheit, des enkratitischen Lebens oder der Josefsehe besessen – kaum zugegeben, dass aus einer Dirne eine Heilige werden kann. Später dagegen, als die Christen nicht länger verfolgt wurden und ihr Kampf gegen die Welt sich verinnerlicht, tritt ein neuer Heiligentypus in Erscheinung: der des reuigen Sünders, von Gott auserwählt, eben um seiner Sünden willen ein Heiliger zu werden, dessen Kampf vornehmlich ein immer während Kampf gegen seine eigene Vergangenheit und die Versuchungen der Welt ist, Bild des neuen Kampfes, den die Christenheit von nun an führen muss. Unter religionsgeschichtlichem Blickwinkel allerdings fallen diese beiden Themen zusammen: Denn ob nun Jungfrau und Märtyrerin oder im Gegenteil Sünderin, in beiden Fällen ist die spätere Heilige immer ein mit besonderen Kräften und höherer Stärke ausgestattetes Wesen. Schon im Altertum gab es bekanntlich für eine Frau nur zwei Möglichkeiten, sich den Göttern zu nähern und ihnen zu dienen: die Jungfräulichkeit oder die Tempelprostitution. Im einen wie im anderen Fall, ob es sich nun um eine vollständige Bewahrung (Jungfräulichkeit) oder um eine vollständige Verschwendung (Prostitution) der sexuellen Energie handelt, führt der Weg über die menschliche Welt hinaus zu den Göttern und später zu Gott. Der Autor ihres „Lebens" (vermutlich zu Beginn des 6. Jahrhunderts verfasst, wurde es lange Zeit irrigerweise Sophronios, dem Patriarchen von Jerusalem, zugeschrieben) dichtet Maria von Ägypten alle erdenklichen Sünden dieser Welt an. Auf die außergewöhnliche Sünde folgt dann die außergewöhnliche Reue – je mehr man sich von Gott entfernt hat, umso näher kommt man ihm nach der Bekehrung. Zur Beruhigung des Lesers: Vermutlich sind alle sexuellen Heldentaten, die Maria von Ägypten zugeschrieben werden, ebenso legendär wie ihre asketischen Großtaten in der Wüste. 17 Jahre lang lebt Maria in Alexandria und bietet sich jedem an, der ihr in den Weg kommt, aus Liebe zum Laster und nur um der Lust willen: „Nicht der Geschenke wegen gab ich meine Jungfräulichkeit hin. Nein. Ich wies das Geld, das man mir geben wollte, zurück, denn die rasende Leidenschaft, die mich bewegte, gab mir den Gedanken ein, dass weit mehr zu mir kommen würden, wenn ich für die Sünde keinen anderen Lohn begehrte als die Sünde selbst."

Aber ihren Leib einem jeden hinzugeben, genügt Maria der Ägypterin noch nicht, selbst in einer Metropole wie Alexandria. So beschließt sie, die Pilger zu begleiten, die auf einem Schiff nach Jerusalem zur Kreuzeserhöhung reisen, denn da es mehr als dreihundert sind, „hätte ich für meine rasende Leidenschaft viele Komplizen gehabt!"

In Jerusalem angekommen, will sie die Kirche des heiligen Johannes des Täufers betreten, aber eine unbekannte Macht hält sie zurück. Von Entsetzen gepackt, beginnt sie nun über ihr vergangenes Leben nachzudenken und beschließt, sich zu bekehren und sich Gott zu weihen. Es kommt zur plötzlichen Umkehr: Sie verlässt Jerusalem, folgt dem Jordan und verkriecht sich in der östlichen Wüste, fern von den Menschen und ihren früheren Geliebten.

47 Jahre später betet eines Morgens ein Mönch namens Zosimus in der Wüste, wohin er sich für einige Tage zurückgezogen hat, und da, als er beim Psalmensingen die Augen zum Himmel erhebt, sieht er zu seiner Rechten „etwas wie den Schatten eines menschlichen Leibes, was ihn zunächst, in der Annahme, es wäre eine Vorspiegelung des Teufels, mit Furcht und Erstaunen erfüllte. Aber nachdem er sich mit dem Zeichen des Kreuzes gewappnet und alle Furcht verloren hat, blickt er wieder zur Seite und gewahrt wahrhaftig eine Gestalt, die sich sehr schnell nach Westen entfernte. Was er da sah, war eine Frau, deren Leib durch die Glut der Sonne tiefschwarz geworden war und deren Haar so weiß war wie Wolle, aber so kurz, dass es ihr nur bis zum Hals reichte."

Zosimus folgt dem „Etwas, das so vor ihm herfloh" (er ist sich noch nicht ganz sicher, ob es sich tatsächlich um ein menschliches Wesen handelt), und schließlich gelangen beide an das Ufer eines ausgetrockneten Wildbaches, den das „Etwas" überquert. Zosimus bleibt auf der anderen Seite und das „Etwas" sagt zu ihm: „Ich bitte euch, vergebt mir, Abt Zosimus. Ich kann mich euch nicht zuwenden, um mit euch zu reden, denn ich bin eine Frau und wie Ihr seht, bin ich nackt, aber wenn Ihr mit Euren Gebeten einer armen Sünderin beistehen wollt, so werft mir Euren Mantel zu, damit ich mich damit bedecken und mich euch zuwenden kann, um Euren Segen zu empfangen."

Und in den Mantel des Zosimus gehüllt, erzählt ihm Maria von Ägypten von ihrem ausschweifenden Leben in Alexandria, ihrer seltsamen Pilgerfahrt nach Jerusalem, ihrer wunderbaren Bekehrung und von ihrem nun 47 Jahre zurückliegenden Aufbruch in die Wüste, kurz ihr ganzes Leben. Wovon hat sie die ganze Zeit über gelebt? „Als ich über den Jordan setzte, hatte ich zwei Brote und ein halbes bei mir, die bald austrockneten und so hart wurden wie Stein. Aber ich aß jeden Tag nur wenig davon, und so reichten sie mir 17 Jahre!" 17 Jahre eines mühseligen Lebens, eines Ringens um die Tugend und eines täglichen Kampfes gegen die Versuchungen der Welt: gegen die Erinnerung des Fleisches, gegen die Erinnerung an die Freuden, an all den Glanz und die Herrlichkeit und die Lieder der verlassenen Welt:

„Ja, 17 Jahre habe ich damit zugebracht, unablässig gegen diese aufdringlichen, heftigen, unvernünftigen Begierden anzukämpfen: Glühend begehrte ich Fleisch, den Fischen Ägyptens trauerte ich nach und so gerne hätte ich von dem Wein gehabt, von dem Wein, den ich so sehr liebte, als ich noch in der Welt war, den ich im Übermaß genoss, bis mir die Sinne schwanden, und hier hatte ich nicht einmal einen einzigen Tropfen Wasser; das entflammte in meinen Adern einen solch verzehrenden Durst, dass ich glaubte, daran sterben zu müssen! Und ich verzehrte mich auch in dem Verlangen, die lockeren Lieder zu singen, die die Lieder des Teufels sind, die ich in der Welt gelernt hatte und die mir wieder in den Sinn kamen und meinen Geist mit Unruhe erfüllten."

Aber durch Fasten und Beten überwindet Maria diese Begierden und erlangt eine solche Kraft, dass die Wüste für sie zu einem Ort der Wunder wird: Sie geht auf dem Wasser des Jordans, erhebt sich beim Beten in die Luft, spricht mit den Tieren und nährt sich vom Brot der Vorsehung. Als Zosimus sich im folgenden Jahr zum vereinbarten Zusammentreffen an den Ufern desselben Wildbaches einfindet, sieht er den Leib der Heiligen auf der Erde ausgestreckt, „die Hände gefaltet und das Gesicht nach Osten gewandt", und da er noch unschlüssig ist, ob er sie hier begraben oder ihren Leib ins Kloster bringen soll, gewahrt er, „wie folgende Worte in den Sand geschrieben werden: Vater Zosimus, begrabt den Leib der armen Maria, gebt der Erde, was der Erde ist. Fügt den Staub zum Staube!" Das war das letzte Wunder der Heiligen, ein postumes Wunder, da sie ihm zu ihren Lebzeiten „gesagt hatte, dass sie nicht zu schreiben verstand"!

Die Geschichte des christlichen Syriens ist der Ägyptens nicht unähnlich. Wie Ägypten besaß Syrien einen Fluss, den Orontes, eine kosmopolitische Hauptstadt, Antiochia, Gebirge wie das Amanusmassiv und unermessliche Wüsten. Aber im Gegensatz zu Ägypten, das ein dem Meer zugewandtes und allen Einflüssen offen stehendes Land war, war Syrien eher dem Binnenland zugewandt, den Wüsten im Osten, die es mit Mesopotamien und Persien verbanden. Diese kontinentale „Berufung" Syriens ist bemerkenswert: Sie ist der Grund dafür, dass die altsyrische Kirche bei dem großen Schisma im 6. Jahrhundert, als sie sich (dem Beispiel der koptischen Kirche folgend) von Byzanz trennte und monophysitisch wurde, die ganze orientalische Christenheit in die Häresie und das Schisma mit hineinzog. So war Syrien auch, obwohl Antiochia lange Zeit ein bedeutendes Zentrum des Hellenismus und das Land selbst jahrhundertelang von Griechen und Römern besetzt war, doch nie ein römischer oder byzantinischer Brückenkopf im Orient, sondern eher das Gegenteil: die in den Westen und in den Mittelmeerraum vorgeschobene Grenze der verschiedenen Länder des Mittleren Orients, dieser geistigen Einheit mit den religiösen Hauptstädten Edessa, Nisibis, Mossul, Seleukia und Ktesiphon.

Noch in einem anderen wesentlichen Punkt unterscheidet sich Syrien von Ägypten: Syrien hatte nicht wie Ägypten eine seit Jahrtausenden im Volk verwurzelte religiöse Vergangenheit mit all den dazugehörigen Göttern, Bräuchen und Symbolen. Zur Zeit als das Christentum in Erscheinung tritt, ist Syrien, religiös gesprochen, ein jungfräuliches Land mit einem weitaus weniger heftigen Heidentum als Ägypten, einem Heidentum, das vor allem mit keinem bestimmten nationalen Gefühl verknüpft war. In Syrien hat es nie die ethnische Einheit gegeben wie in Ägypten, sondern eher das, was man gemeinhin als Völkergemisch bezeichnet: syrisch sprechende Syrer, aramäisch sprechende syrische Juden, griechische und später römische Besatzung. Mangels einer solchen Verflechtung und kulturellen Einheit konnte sich Syrien dem christlichen Abenteuer viel freier und radikaler hingeben als Ägypten, seine eigenen religiösen Formen und Symbole schaffen, ohne jeden Kompromiss mit einer unabweisbaren Vergangenheit, und einen anachoretischen Versuch machen, der seine Kultur, seine Literatur und seine Architektur vollständig erneuerte.

Eine Erneuerung, die sich am Ende des 4. Jahrhunderts ankündigt. Seit dieser Zeit sind die großen Namen des ägyptischen Asketentums dank Evagrios von Antiochia, der das *Leben des Antonios* ins Lateinische übersetzt, und dank den Werken des heiligen Hieronymus in Syrien bekannt. Aber hier schlagen Anachoretentum und Asketentum von allem Anfang an ganz andere und weitaus extremere Wege ein als in Ägypten, sodass man eigentlich kaum von einem ägyptischen Einfluss sprechen kann.

Das Land selbst lädt zu einer Vielzahl asketischer Formen ein. Während Ägypten den Einsiedlern praktisch nur öde Wüsten bot, wo der Asket entweder unter freiem Himmel leben oder sich in der Erde vergraben musste, bietet Syrien den Anachoreten im Gegenteil sehr verschiedene Landschaften und unterschiedliche klimatische Verhältnisse: das bergige oder bewal-

Heute sind die Wüstenväter vielfach hoch gebildet und zählen zu den Pionieren der Landwirtschaft, deren erstaunliche Leistungen gerade in den Wüsten Ägyptens auch die volle Anerkennung des mehrheitlich islamischen Staates genießen. Blick auf die Gärten und Felder des Klosters Deir El-Baramus im Wadi Natrun.

dete Massiv des Amanus zwischen Antiochia und dem Meer (das eher von den Reklusen bevorzugt wurde, die in hohlen Bäumen leben und von den Weidenden, die sich von Kräutern, Wurzeln und Früchten nähren), die Ebene von Dana zwischen Antiochia und Aleppo (mehr für die Styliten geeignet, die unbeweglich auf Säulen lebten und sich nicht allzu weit von Städten oder Dörfern entfernt niederlassen konnten) und schließlich die Wüstengegend um Apamea im Süden, die der Askese analoge Bedingungen bot wie Ägypten. Es scheint demnach in Syrien ein enges Band zu bestehen zwischen den verschiedenen Formen der Askese und der Umwelt, in der sie geübt werden. Ein Band, das offensichtlich eine doppelte Bedeutung hat, denn die Entscheidung des Asketen für einen bestimmten Landschaftstyp, ob nun für eine kahle, unfruchtbare Gegend (die Wüste) oder für eine gedeihliche, fruchtbare (den Wald), entspricht einer inneren Entscheidung. Im einen wie im anderen Fall verrät die Wahl des Ortes eine bestimmte Grundeinstellung zur Schöpfung und zur äußeren Welt, die in den beiden oben erwähnten Formen der Askese zum Ausdruck kommt:

Askese in der Beschränkung des Raumes (vom Reklusen geübt, der in den
Wäldern lebt) oder Askese in der Weite des Raumes (vom Styliten geübt,
der inmitten von Menschenmengen unbeweglich auf seiner Säule verharrt). Im ersten Fall nimmt der Anachoret ein Leben auf sich, das die Verneinung des „natürlichen" Lebens ist: als Einsiedler unbeweglich im beschränkten Raum einer Höhle, eines Grabes oder auch eines in die Erde
gegrabenen Loches, eines hohlen Baumes oder eines Käfigs zu leben. Ein
solches Leben im Herzen der Stille und der Dunkelheit, an einem Ort, wo
die Eindrücke der äußeren Welt fast gänzlich zurücktreten (oder sich doch
auf jeden Fall verzerrt darstellen), führt den Asketen dazu, sich über sich
selber zu beugen, kurz, die äußere Welt durch eine Art Rückkehr zu den
Bedingungen des pränatalen Lebens zu überwinden. Das scheint der tiefere Sinn dieser Einschließung, dieses Sich-im-Dunkeln-Vergrabens zu sein:
so tun, als existierte die Welt der Lebenden nicht mehr, indem man ein
künstliches Universum um sich aufbaut und alle sozialen Errungenschaften abschafft.

Die Askese im offenen Raum ist offensichtlich schwieriger, da sie bedeutet, in der Welt zu leben und den Kontakt mit der Gesellschaft auf-
rechtzuerhalten. Der Asket hat Schüler, empfängt Besuche, gibt Ratschlä-
ge, spricht zu den Pilgerscharen. Er versucht das Ich abzuschaffen, ohne
das soziale Empfinden in sich abzuschaffen. Eine solche Askese erfordert
wegen der ständigen Versuchungen, denen der Asket ausgesetzt ist außerordentlich strenge Methoden; Methoden, die auch hier darin bestehen,
nach außen ein künstliches, allem Menschlichen möglichst zuwiderlau-
fendes Verhalten anzunehmen, eben weil man weiterhin unter den Menschen lebt. Das ist der Sinn der Askese der Weidenden (die sich von Kräutern und Wurzeln nähren, ja sogar auf allen vieren laufen und „wie ein
Tier" leben), der Styliten und der Dendriten (die auf Säulen oder Bäumen leben und sich ins vegetative Stadium „zurückversetzen") und der
Steher, die sich inmitten der Mengen unbeweglich verhalten, sich nicht
rühren, nicht sprechen, ja nicht einmal die Augen heben; der Asket wird
eine Art menschliche Statue, versetzt sich in einen mineralischen Zustand
zurück. In jedem dieser Fälle werden wesentliche Attribute des Menschen: das Wort, die Bewegung, die aufrechte Haltung, abgelehnt und zurückgewiesen.

Die Reklusen

Die Reklusion war nicht eine auf Syrien beschränkte Form der Askese. Schon Johannes von Ägypten (in der Thebais) und die Anachoreten in der Wüste der Zellen lebten als Reklusen in „Hyänenlöchern" (Höhlen). Aber in Syrien wurde diese Gattung der Askese weiter ausgebaut und vor allem nicht nur vorübergehend, sondern ständig geübt. Im *Leben des Makarios des Alexandriners* heißt es, Makarios habe sich einmal im Jahr für vierzig Tage in sein Loch in der Wüste der Zellen zurückgezogen. In Syrien dagegen leben die Asketen, wie aus den Berichten des Theodoret und des Johannes Moschos hervorgeht, jahrelang in der Reklusion.

Worin schließen sie sich nun ein? Meistens in sehr enge Hütten, die sie selbst errichten und in denen sie grundsätzlich niemanden empfangen. Ein Schüler bringt ihnen ein- oder zweimal wöchentlich zu essen und zu trinken.

So war die Hütte des heiligen Marcianus „so klein, dass sie für ihn allein nicht groß genug war. Denn ob er nun stand oder lag, immer litt er. Er konnte darin nicht stehen, ohne mit dem Kopf am Dach anzustoßen, und wenn er lag, die Füße nicht ausstrecken, denn seine Hütte war nicht so lang wie sein Leib."

Ein anderer, der heilige Azepsimus, „der im ganzen Orient berühmt war, schloss sich in einem kleinen Haus ein, ohne je einen Menschen zu sehen oder zu sprechen. Was man ihm zum Leben brachte, nahm er durch ein kleines Loch entgegen, das aber nicht ganz gerade, sondern schief durchgebrochen war, damit man durch es hindurch nicht die Stelle sehen konnte, an der er sich befand. Seine ganze Nahrung bestand aus aufgeweichten Linsen, die man ihm einmal in der Woche brachte. Was das Wasser angeht, so ging er in der Nacht zu einer nahen Quelle und holte, so viel er brauchte."

Diese Reklusion geht offensichtlich Hand in Hand mit einem absoluten Schweigen. Der Rekluse lebt in der Dunkelheit, sieht niemanden, spricht mit niemandem. Das ist die Askese in beschränkter Umwelt schlechthin, eine Askese des vollständigen Sich-über-sich-selber-Beugens. Noch deutlicher spricht der Fall des von Theodoret erwähnten heiligen Salaman, der „sich in einem Dorf an den Ufern des Euphrats in einem Häuschen einschloss, dessen Fenster und Türen er alle zumauerte und wo er durch ein Loch, das er unter der Erde machte, einmal im Jahr das entgegennahm, was ihm zur Nahrung diente, ohne jemals mit irgendeinem Menschen zu reden". Hier handelt es sich – mit dem Vergraben der Nahrung und dem Winterschlaf – schon fast um einen Rückfall auf die Ebene des Tieres!

Andere ziehen es vor, sich in einen hohlen Baum einzuschließen. Manche Bäume wie die Zedern und Platanen haben einen so dicken Stamm, dass ein Mensch darin stehen, sitzen oder hocken kann, und geben somit einen idealen Ort für die Reklusion ab. Etwa die zwei von Johannes Moschos erwähnten Asketen David und Adolas, die beide in der Nähe eines Dorfes an den Ufern des Euphrats leben, jeder „eingeschlossen in die Höhlung einer Platane", in die Adolas, „ein kleines Fenster brechen ließ, durch das er mit jenen verkehrte, die zu ihm kamen".

So auch der heilige Maron, der „elf Jahre in einem hohlen Baum verbrachte"; und später, im 9. Jahrhundert, in Kleinasien in der Nähe des Berges Olymp, ein gewisser Lukas, der sich „im Stamm eines hohlen Baumes" niedergelassen hatte.

Daneben gab es auch Reklusen, die in Gräbern lebten, wie jener von Theodoret aufgeführte heilige Jakobus, der mehrere Jahre in einem Grab verbrachte, ehe er Steher wurde, oder jener heilige Sisinnus, der sich drei Jahre in einem Grab aufhielt, „ohne sich zu setzen, ohne sich hinzulegen oder auch nur einen einzigen Schritt zu tun".

Und wieder andere, von Evagrios dem Scholastiker in seiner Kirchengeschichte aus dem 6. Jahrhundert erwähnt, „schließen sich allein in Zellen ein, die so niedrig und so eng sind, dass sie darin weder bequem stehen noch liegen können. So ziehen sie sich in die Hohlräume und Höhlen der Erde zurück oder verbringen ihr Leben in Löchern mit den Tieren."

Aber der seltsamste unter allen Reklusen Syriens war doch sicher jener heilige Thaleles, den Theodoret, als er ihn besuchte, auf einem Hügel voller Oliven- und Feigenbäume beim Lesen des Evangeliums antraf, und zwar in einer Art Käfig aus „zwei Rädern von je zwei Ellen Durchmesser, die er mit Nägeln und Bolzen an ziemlich weit auseinander stehenden Brettern befestigt und an drei großen Stangen aufgehängt hatte. Und hier fand ich ihn sitzend, in diesem Raume, der nur zwei Ellen hoch und eine breit ist, in dem er schon volle zehn Jahre verbracht hat, obwohl er dort den Kopf nicht heben kann, den er auf seine Knie legen muss."

Das Leben zusammengekrümmt in einem Baum oder einem Käfig zu verbringen, mit gesenktem Kopf und gebeugtem Rumpf, schien manchen Asketen für ihr Heil noch nicht auszureichen. Sie fügten noch „Verfeinerungen" hinzu! Lassen wir das Fasten beiseite, das offensichtlich äußerst streng war und manchmal schon in Masochismus umschlug, wie zum Beispiel bei jenem heiligen Sabinus, der, nicht zufrieden damit, unbeweglich in seiner Hütte zu leben, „seinen Leib durch außerordentliche Bußübungen kasteite. Denn er aß weder Brot noch sonst etwas, was zu Brot gegessen wird, sondern lebte ausschließlich von Körnern, die er zum Aufweichen in Wasser legte und einen Monat lang darin liegen ließ, damit sie einen schlechten Geruch und einen Modergeschmack annähmen."

Eine der beliebtesten Verfeinerungen bestand darin, Eisenketten zu tragen, die manchmal sehr schwer waren und das Stehen sehr mühsam machten. Der heilige Azepsimus etwa war mit so viel Eisen beladen, dass er, wenn er hinausging, um zu trinken, gezwungen war, auf allen vieren zu gehen! Sodass ihn eines Abends ein Hirte für einen Wolf hielt und beinahe mit einem Stein nach ihm geworfen hätte. Als er den Heiligen am nächsten Morgen aufsuchte, um ihn um Verzeihung zu bitten, „wusste er, dass ihm Vergebung geworden war, nicht weil der Heilige etwas gesagt hätte, sondern weil er ihn im Schatten seiner Hütte die Hände schütteln hörte".

Ein anderer, der heilige Eusebius, trug gewöhnlich „20 Pfund Eisenketten und fügte ihnen die 50, die der göttliche Agapitus trug, und die 80, die der große Marcianus trug, noch hinzu und verbrachte mit seinen Ketten drei Jahre in einem ausgetrockneten See".

Selbst die Anachoretinnen (in Syrien gab es weitaus mehr als in Ägypten) zögerten nicht, Ketten zu tragen. Die heilige Marana und die heilige Cyra zum Beispiel waren so mit Eisen beladen, dass sie immer gebückt gehen mussten. „Ich habe", schreibt Theodoret, „diese Kettenmengen, die die stärksten Männer nicht hätten tragen können, mit eigenen Augen gesehen. Nach vielen Bitten vermochte ich sie schließlich zu überreden, sie abzulegen, aber kaum war ich gegangen, als sie sie auch schon wieder aufnahmen und sich als Halsband um den Hals, als Gürtel um die Lenden legten, zu jenen hinzu, die sie um Hände und Füße trugen. So haben sie, ich sage nicht 5, 10 oder 15 Jahre, sondern 42 Jahre verbracht."

Aber diese Ketten haben einen Nachteil: Sie springen in die Augen und machen beim Gehen ein weithin hörbares Geräusch. Für jene, die wie der heilige Polycron „aus ihrem Herzen jedes Verlangen, von den Menschen geehrt zu werden, völlig verbannt haben", ist eine solche Askese zweifelhaft, oder um es genau zu sagen, etwas zu Aufsehen erregend. Deshalb lässt sich der heilige Polycron „eine sehr große Eichenwurzel (bringen) unter dem Vorwande, sie zu einem anderen Zwecke zu brauchen, und legte sie sich des Nachts auf die Schultern, um so zu Gott zu beten, und auch des Tags, wenn er allein war. Aber sobald er einen kommen hörte, versteckte er sie."

Ebenfalls sehr still – wenn auch ostentativ – war die unglaubliche Askese des heiligen Maron, der sich in einem Baum niedergelassen hatte, dessen Wände mit riesigen Dornen gespickt waren, um ihn daran zu hindern, sich zu bewegen; ja er versagte sich selbst die Bewegung des Kopfes mithilfe eines komplizierten Steingehänges, das ihm um die Stirn hing. Gegen eine solche Askese könnte man einwenden, dass der Anachoret, wenn er tatsächlich Wert darauf legt, sich nicht zu bewegen, keineswegs zu solch oberflächlichen Hilfsmitteln zu greifen brauchte. Hier zeigen sich die unvermeidlichen Grenzen und Verirrungen dieser Versuche: einfachen Gegenständen – Nägeln, Dornen oder Ketten – eine Rolle und eine Kraft zuzuschreiben, die der Asket eigentlich aus seinem eigenen Mut oder seinem eigenen Willen schöpfen sollte.

Weidende und Steher

Der Begriff des „Weidenden" (griechisch: *boskos*) geht auf Johannes Moschos zurück, der ihn in seiner *Geistlichen Wiese* wiederholt zur Bezeichnung von Asketen gebrauchte, die sich gleich auf dem Boden von Kräutern und Wurzeln nähren. Ursprünglich bezeichnete der Begriff lediglich die Asketen, die sich wie die Tiere von getrockneten Kräutern nähren. Man kann ihn aber ruhig auf all jene ausdehnen, die sich von den Erzeugnissen der Erde nähren, denn letztlich ist der Sinn dieser Askese: wie die Tiere von den freizügigen Gaben Gottes auf der Erde zu leben.

Das älteste Zeugnis über die Weidenden stammt vom heiligen Ephraim, dem großen altsyrischen Dichter, der den Beinamen „die Kithara des Heiligen Geistes" erhielt. Er wurde um 306 in Nisibis geboren; 338 wurde er zum Priester geweiht, sonst weiß man nichts von seinem Leben. Ob er sich tatsächlich in der Wüste aufgehalten hat – das Eremitentum war damals in Syrien noch wenig entwickelt –, steht nicht fest, aber die Tradition machte schon früh einen Anachoreten aus ihm, und so bildete sich um seinen Wüstenaufenthalt ein Zyklus von Geschichten und Bildern. Dieser Zyklus erfuhr mit dem Aufschwung der byzantinischen Kunst und Literatur starkes Interesse und stellte den Ausgangspunkt für zahllose Grablegungen des heiligen Ephraim dar. Aufbau und dargestellte Begebenheiten dieser Grablegungen sind in der byzantinischen Kunst für alle Heiligen dieselben, ob es sich nun um die Grablegung des heiligen Athanasios (im Kloster der Großen Lawra auf dem Berge Athos) oder um die Grablegung des heiligen Onuphrios (im byzantinischen Museum von Athen) handelt.

Diese Fresken oder Ikonen sind immer nach demselben Bildschema aufgebaut, das sicher von den ersten Grablegungen der heiligen Jungfrau abgenommen ist: unten in der Mitte der tote Heilige, über den sich eine Person beugt, die ihr Gesicht gegen das des Toten presst, eine Haltung, die Hingabe und Verehrung zum Ausdruck bringt, aber auch die Angst vor dem letzten Augenblick, eine Art stummer Frage angesichts des Geheimnisses der Heiligkeit und des Todes, stumm und vergeblich, denn der Heilige wird diesem ängstlichen Blick des Adoranten niemals mehr antworten. Um diese düstere Gruppe sind die einzelnen Etappen aus dem Leben des Heiligen in einer unverrückbaren Ordnung dargestellt: Aufenthalt in der Wüste, Meditation in den Höhlen der Erde, Herstellung von Körben aus Binsen, Lektüre der Schrift, dann das Leben als Stylit auf einer Säule (obwohl der heilige Ephraim niemals Stylit war), zu Füßen der Säule ein Schüler, der einen Korb füllt, und schließlich das Wunder: der Heilige auf dem Rücken eines wilden Tieres.

Sicher hat der heilige Ephraim dieses Leben in der Wüste nicht gekannt, aber letztlich kommt es auch gar nicht weiter darauf an. Denn worin besteht das Leben eines Heiligen in der Wüste? Um welchen Heiligen es sich auch handelt, es ist immer dieselbe Abfolge gleicher Episoden. Der heilige Ephraim, der heilige Athanasios und der heilige Onuphrios können in Frieden ruhen: Ihre Tage in der Wüste waren einander wunderbar ähnlich und nichts, absolut nichts unterscheidet sie im Leben wie im Tod voneinander. Deshalb konnten die byzantinischen Künstler auch so viele Grablegungen malen, wie sie wollten, sie mussten lediglich ganz oben im Bild den Namen des Entschlafenen ändern. So haben sie, ohne sich dessen bewusst zu sein, durch die Konvention der Darstellung den tieferen Sinn des Versuchs der Askese zum Ausdruck gebracht: das Erlöschen der individuellen Persönlichkeit.

Auch wenn der heilige Ephraim nicht selber in der Wüste lebte, so hat er doch viel über sie geschrieben und auf Altsyrisch ein *Lob der Einsiedler Mesopotamiens* verfasst, aus dem hervorgeht, dass seit der Mitte des 4. Jahrhunderts in den Wüsten Ostsyriens Weidende und Anachoreten unter den extremsten Bedingungen lebten.

> *„Kommt, lasst uns diese Stätten schauen,*
> *in denen sie hausen wie die Toten im Grab,*
> *Kommt, lasst uns ihren Leib schauen und bedenkt,*
> *dass sie ihn nur mit ihrem Haar bekleidet und geschmückt haben.*
> *Seht ihr Getränk, das immer mit ihren Tränen vermischt ist,*
> *Seht ihren Tisch, immer mit wilden Kräutern gedeckt,*
> *Betrachtet die Steine, die sie sich unter den Kopf legen.*
> *Wenn ein Dieb ihrer ansichtig wird,*
> *wirft er sich zu Boden, um sie zu ehren,*
> *Wenn wilde Tiere ihr Bußkleid sehen,*
> *fliehen sie alsogleich wie vor etwas Unbegreiflichem und Wunderbarem.*
> *Sie treten alle Arten von Schlangen mit Füßen.*
> *Sie wohnen in den Höhlen und Höhlungen der Felsen*
> *wie in schönen Zimmern.*
> *Sie schließen sich in Gebirge und Berge ein*
> *wie zwischen Mauern und unzugänglichen Wällen.*
> *Die Erde ist ihr Tisch. Die wilden Kräuter,*
> *die sie hervorbringt, sind ihre gewöhnliche Nahrung.“*

Theodoret beschreibt ebenfalls das Leben der Weidenden in Syrien, allerdings mit weniger Emphase. So zum Beispiel das Leben des Jakobus, des späteren Bischofs von Nisibis, der „den Frühling, den Sommer und Herbst in den Wäldern zubrachte, einzig vom Himmel bedeckt, und der sich, wenn der Winter gekommen war, in eine Höhle zurückzog, um dort ein bisschen Schutz zu finden. Er nährte sich nur von dem, was die Erde,

*Kleine Pforte
im Kloster
Deir El-Baramus
im Wadi Natrun.*

ohne Saat empfangen zu haben oder kultiviert zu sein, von sich aus hervorbringt, sammelte die Früchte einiger wilder Bäume und Kräuter, die ein bisschen unseren Gemüsen gleichen, und aß davon nur eben so viel, als sein Leib zur Erhaltung des Lebens brauchte."

Noch später erwähnt Evagrios der Scholastiker in seiner Kirchengeschichte neben anderen Asketen Menschen, „die sich eine der Glut der Sonne ausgesetzte Wüste ausgesucht haben, um dort zu leben. Da gibt es Männer und Frauen, die allen Jahreszeiten trotzen, der strengen Kälte wie

173

der übermäßigen Hitze. Sie verachten es, dieselbe Nahrung zu sich zu nehmen wie die anderen Menschen, und begnügen sich damit, wie die Tiere zu weiden. Selbst in ihrer äußeren Art haben sie viel von den Tieren, denn sobald sie einen Menschen sehen, fliehen sie, und wenn man sie verfolgt, entkommen sie mit unglaublicher Schnelligkeit und verbergen sich an unzugänglichen Orten."

Und Johannes Moschos, der im 6. Jahrhundert schreibt, im „goldenen Zeitalter" der Weidenden, wo es als etwas ganz Natürliches erscheint, sein Leben damit zuzubringen, sich von Gras zu nähren, begnügt sich damit, die Weidenden zu erwähnen, so wie man heute von Vegetariern sprechen würde!

Manchen Passagen der *Geistlichen Wiese* nach scheinen die Weidenden am Toten Meer besonders zahlreich gewesen zu sein: in den Wüsten von Juda, Kedron und Kalamon. „Wir waren unser drei Weidende", erzählt ihm ein Anachoret, den er unterwegs trifft, „über dem Toten Meer, bei Bessimon in der Nähe; wir wandelten auf dem Berg und sieh da, unter uns, am Meeresstrand, wandelte auch ein Weidender."

Etwas später erwähnt er einen gewissen „Abbas Sophronias, Weidenden, der siebzig Jahre lang gänzlich nackt am Toten Meer lebte und sich nur von Kräutern nährte". Eine gängige Askese also, in dieser Gegend so eingeführt, dass ein Anachoret sich an Moschos wenden und einfach zu ihm sagen kann, als hielte er ihm eine Visitenkarte hin:

„Ich bin Petrus, Weidender am heiligen Jordan." Diese Form der Askese war weit verbreitet. Es gibt Berichte von äthiopischen Eremiten, die das Gras so sauber abgeweidet hätten, dass für das Weidevieh nichts mehr übrig geblieben sei. Daraufhin jagten die erzürnten Bauern die Eremiten in ihre Grotten zurück, wo sie hungers starben.

Wenn manche Asketen ihr Leben damit zubrachten, in den Wüsten am Toten Meer umherzuirren, manchmal sogar auf allen vieren, um zu weiden, so haben andere in ihrer Askese eine mindestens dem Anschein nach menschlichere Haltung eingenommen, nämlich die Steher, jene, die die *stasis* übten und stunden-, ja sogar tagelang unbeweglich aufrecht stehen blieben. Das Aufrechtstehen gehört zu den Vorrechten des Homo sapiens, aber die Art und Weise, wie die Anachoreten in Syrien es handhabten, nahm ihm bald alles Menschliche. Denn tagelang unbeweglich aufrecht stehen, die Arme gekreuzt oder zum Himmel erhoben, dem Wind, dem

Regen oder der sengenden Sonne ausgesetzt, macht aus dem Steher eine Art menschlich aussehenden Automaten, dessen Leib nur noch eine in der Gebärde ständigen Gebetes oder ständiger Anbetung erstarrte Statue ist.

Hier zeigt sich deutlich, welch zentraler Unterschied zwischen dem Steher und dem Reklusen besteht. Zwar bewegt sich auch dieser nicht, aber er lebt auf beschränktem Raum, in Bäumen, in verschlossenen Hütten oder in Höhlen, in einem zugleich künstlichen und gesicherten Universum. Der Steher dagegen lebt unter freiem Himmel, allen Unbilden der Witterung ausgesetzt, in einer natürlichen und ungesicherten Welt. So „stand der heilige Adolas vom Abend bis zum Morgengrauen auf dem Berg der Olivenbäume, ohne etwas zu sich zu nehmen, und sang und betete dort, und weder Regen noch Hagel vermochten ihn je zu vertreiben. Manchmal war er so durchnässt, dass seine Kleider, die man ihm abnahm, um ihm trockene dafür zu geben, trieften, als hätte man sie in den Fluss getaucht."

Der heilige Marotius „ging (38 Jahre lang) immer nur barfüßig". Und als genüge es ihm nicht, Tag und Nacht zu stehen, „hielt er sich den Winter über im Schatten, im Sommer aber suchte er die pralle Sonne, deren heißeste Strahlen für ihn wie ein lieblicher Wind waren". Dazu „gürtet er sich die Lenden mit einer schweren Eisenkette, setzt sich kaum und bringt den größten Teil des Tages und der Nacht im Gebet zu. Man hat nie gesehen, dass er sich hingelegt hätte."

Und Jakobus, der spätere Bischof von Nisibis, „hat nur den Himmel zu seiner Bedeckung, bald ist er vom Regen ganz durchnässt, bald ganz erstarrt vor Schnee und Kälte, bald ganz verbrannt und geröstet von den Strahlen der Sonne".

Gerade aber weil der Steher allen Schwankungen seiner Umgebung ausgesetzt ist, muss er sich ihnen gegenüber leiblich wie geistig unempfindlich zeigen, es wie Jakobus von Nisibis machen, der, „zwar mit dem Gewicht des Leibes beladen, sich doch bemühte, so zu leben, als hätte er keinen". Was ihm tatsächlich auch vollkommen gelingt, denn als er eines Tages im Winter im Stehen betet, lässt er sich völlig vom Schnee begraben, ohne es auch nur zu merken!

Aber der Steher ist nicht nur den Schwankungen der Witterung ausgesetzt, sondern auch den Menschen, Besuchern, Pilgern und Gaffern, die kommen, um seine Ausdauer zu bewundern, um seiner *stasis* beizuwohnen. Diese Asketen wie Moysius, Antiochus, Zabinas, Baradates oder jener

Johannes von Sardes, der den ganzen Tag über unbeweglich aufrecht stehen blieb und des Nachts beim Schlafen durch ein unter den Achselhöhlen durchgeführtes Seil weiter aufrecht gehalten wurde, leben unter dem ständigen Blick der Welt und der Menschen. Eine spektakuläre und theatralische Askese, aber dennoch ein zweischneidiges Schwert, gleichsam eine zusätzliche Prüfung, die sich der Anachoret auferlegt, denn er sucht die Einsamkeit und strebt nach der Stille des Herzens und der Gedanken inmitten des Lärmens und Treibens der Welt. Die heilige Domnina zum Beispiel, eine von Theodoret beschriebene Steherin, „ist den Augen aller Welt, der Männer wie der Frauen, ausgesetzt, ohne dass sie doch deshalb einem ins Gesicht schaute oder das ihre sehen ließe, denn es ist gänzlich von ihrem Kleid verhüllt. Ihre Stimme ist sehr schwach und wenig deutlich, und sie spricht nie, ohne Tränen zu vergießen, was ich aus Erfahrung weiß, denn oft nahm sie meine Hand und führte sie an ihre Augen und benetzte sie so, dass sie ganz nass wurde."

Kurz, der tiefere Sinn der *stasis* ist also, die Zahl der möglichen Versuchungen zu erhöhen, um sie besser überwinden zu können, sich inmitten der Welt niederzulassen, um ihr besser entsagen zu können und die Augen des Leibes und der Seele vor der vor ihnen ausgebreiteten Herrlichkeit der Erde zu verschließen. So wandte sich der heilige Elpidas, ein berühmter Steher in Palästina, der bei Jericho auf dem Berge Luca lebte, „nie nach Westen, obwohl der Eingang seiner Höhle auf dem Gipfel des Berges lag, und ebenso wenig betrachtete er je die Sonne oder die Sterne, die nach Sonnenuntergang aufgehen; 20 Jahre lang schaute er nicht zu ihnen auf."

Die geringste Zerstreuung, ein kurzer Blick auf die so greifbar nahe und anziehende Welt wird unbarmherzig bestraft: Eines Tages, als der heilige Eusebius, der Gründer des berühmten Klosters von Teleda bei Aleppo, mit Ammianus auf einem Felsen saß, damit beschäftigt, das Evangelium zu lesen und auszulegen, ließ er sich einen kurzen Augenblick lang „von Bauern (ablenken), die in der Ebene unter ihnen die Erde pflügten", sodass er auf eine Frage des Ammianus nicht antworten konnte. Von diesem Tag an und nur wegen dieser unschuldigen Ablenkung „verbot er seinen Augen, jemals wieder das Land zu betrachten oder sich an der Schönheit des Himmels und der Sterne zu erfreuen, und wenn er sich zu seiner Betkapelle begab, gestattete er ihnen nicht, über die kurze Spanne Wegs hinauszuschauen. So lebte er über 40 Jahre lang." Und um ganz sicherzugehen, dass er niemals wieder den Himmel betrachten würde, „gürtete er sich die Lenden mit einem Gürtel aus Eisen, legte ein schweres Halsband um den Hals und verband es mittels eines anderen Eisenstückes mit dieser Kette, um sich auf diese Weise zu zwingen, immer auf die Erde zu schauen und sich dafür zu bestrafen, dass er einst die Pflüger betrachtet hatte!"

Mittwegs zwischen Erde und Himmel

Trotz seinen Stehern, seinen Reklusen und seinen Weidenden hätte Syrien in der Geschichte des Christentums doch nie seine einzigartige Rolle gespielt, hätte es nicht eine noch erstaunlichere Form der Askese hervorgebracht: das Stylitentum.

Die Styliten (vom griechischen *stylos*: Säule) waren Asketen, die auf hohen Säulen lebten und dort ganze Jahre in Unbeweglichkeit verbrachten. Hier haben wir die Synthese – in ihrer extremsten Form – aller anderen Arten der Askese: Der Stylit ist ein Steher (denn er verharrt unbeweglich auf seiner Säule), aber auch ein Rekluse (denn er erlegt sich jahrelang eine Beschränkung auf engsten Raum auf). Außerdem lebt er gleichzeitig fern von den Menschen (hoch oben auf seiner Säule), aber doch auch unter den Menschen (denn jeder Stylit wird zum Gegenstand einer fanatischen Verehrung). Der symbolische Sinn dieser Askese liegt auf der Hand; die zeitgenössischen Autoren erfassten ihn auch ganz richtig: Indem sich der Stylit auf einer Säule niederlässt und sich von der Erde und den Menschen entfernt, erlangt er eine höhere spirituelle Vollkommenheit, lebt er mittwegs zwischen Erde und Himmel, von wo aus er mit Gott reden kann.

Diese Erklärung mag manchem naiv erscheinen, aber für die Autoren und die Christen der damaligen Zeit war sie durchaus einleuchtend: Ganze Jahre auf einer Säule zu verbringen war in ihren Augen ein konkreter Beweis für die spirituelle Erhebung des Asketen.

Die Ehre, als Erster auf einer Säule zu leben, gebührt dem heiligen Simeon. Sein Leben ist uns aus einer Anzahl von Zeugnissen bekannt, die alle den Vorzug besitzen, in etwa aus der Zeit des Heiligen zu stammen: Zunächst ist da das Zeugnis Theodorets von Kyrrhos, der den Heiligen aufsuchte, sich wiederholt mit ihm unterhielt und noch zu Simeons Lebzeiten sein *Leben des heiligen Simeon Stylites* verfasste, das er in seine Religionsgeschichte mit aufnahm; dann das eines gewissen Antonios, eines Schülers des Simeon, der ebenfalls ein – allerdings leider sehr fantastisches und daher mit Vorsicht zu gebrauchendes – „Leben" des Heiligen schrieb; und schließlich ein syrisches Leben, das *Leben des Mar Sema'an auf der Säule* (*Mar* heißt im Altsyrischen Heiliger), um 473, rund 15 Jahre nach dem Tode des Heiligen, verfasst, das historisch gesehen das vertrauenswürdigste von den dreien sein dürfte.

Die Quellenfrage ist im Zusammenhang mit dem Stylitentum insofern bedeutsam, als diese Form der Askese den Historikern des Christentums so außergewöhnlich vorkam, dass manche seine Existenz radikal bestritten. Selbst Theodoret – den doch in Dingen der Askese so leicht nichts erstaunen konnte – war von einer so ausgefallenen Lebensweise beeindruckt und wollte der Ungläubigkeit seiner künftigen Leser vorbauen. „Alle, die der Herrschaft des Imperiums der Römer unterstehen", schreibt er zu Beginn seines *Lebens des heiligen Simeon Stylites*, „kennen den hochberühmten Simeon, den man zu Recht das große Wunder nennen kann, über das alle Welt staunt. Auch die Perser, die Meder und die Äthiopier haben von ihm gehört, ja der Ruf seiner zahllosen Werke und seiner nahezu göttlichen Kräfte ist selbst bis zu den Skythen und den Nomaden gedrungen. Aber wenngleich er fast ebenso viele Menschen, wie die Erde trägt, zu Zeugen seiner außerordentlichen Kämpfe hatte, wage ich doch kaum, sie niederzuschreiben, aus Angst, die Wahrheit könnte, da sie so unglaublich ist, für eine Fabel gelten."

Aber weder die Geschichte noch das Leben des Simeon Stylites sind ein Märchen. Er kommt 389 in Sisan, einem Dorf in der Umgebung von Nikopolis an der Grenze zwischen Syrien und Kilikien, zur Welt und entschließt sich, nachdem er eine Zeit lang die Herden gehütet hat, sich Gott zu weihen. Er tritt nun als Novize ins Kloster von Teleda ein, eines der bedeutendsten Klöster des christlichen Syriens, 40 Kilometer nordwestlich von Aleppo gelegen, und begibt sich unter die spirituelle Leitung eines Alten namens Heliodorus, „eines bewunderungswürdigen Mannes, der von den 65 Jahren seines Lebens 62 in diesem Kloster verbracht hatte, wo er im Alter von drei Jahren aufgenommen worden war", und der, gewiss doch, „von den Dingen der Welt keinerlei Kenntnis hatte, was ihn veranlasste, zu sagen, er wisse nicht einmal, wie ein Hahn oder ein Schwein aussehe"!

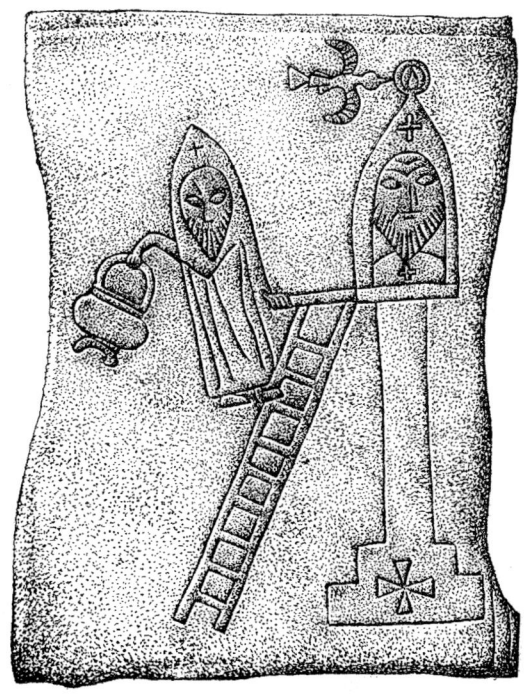

*Eine Reliefdarstellung
Simeon des Säulenstehers.*

Dort zeichnet sich Simeon sehr schnell durch so unglaubliche Bußübungen vor den anderen Mönchen aus, dass man ihn höflich, aber entschieden bittet, das Kloster zu verlassen. Er fügt sich sofort und „fand an der verlassensten Stelle des Berges, an die er sich begeben hatte, einen ausgetrockneten Brunnen, der nicht sehr tief war, und in den stieg er hinab, um dort das Lob Gottes zu singen“. In diesem Brunnen bleibt er allerdings nicht lange, höchstens fünf Tage, denn die Mönche von Teleda, von Reue erfasst, machen sich auf, ihn zu suchen, entdecken ihn auf dem Grunde des Brunnens, „aus dem sie ihn mit großer Mühe wieder herausholten, da man nämlich leichter hinein- als wieder herauskam“. Von diesem Tage an wendet Simeon dem zönobitischen Leben für immer den Rücken zu, um als Anachoret zu leben und sich ungestört einem schrecklichen Fasten und drastischen Kasteiungen hingeben zu können. Zu diesem Zweck lässt er sich zunächst am Fuße eines Berges bei Tellnessin nieder, einem Dorf nordöstlich von Antiochia, wo er sich für die Fastenzeit in eine Hütte einmauern lässt; 40 Tage lang rührt er die Brote, die man ihm gebracht hat, nicht an, sodass man, als man nach Verlauf der 40 Tage die Türe einbricht, „den Heiligen auf der Erde liegend vorfand, keines Wortes und keiner Bewegung mächtig, wie leblos“. Drei Jahre später lässt er sich auf dem Gipfel desselben Berges nieder, an einem Ort, der heute Qala'at Sema'an (das Schloss des Simeon) heißt, wo er eine Umfriedung aus lauter Steinen baute und „sich eine Eisenkette von 20 Ellen machen ließ, deren eines Ende er an seinem rechten Fuß befestigte, das andere aber machte er an einem großen Stein fest, damit er, selbst wenn er es wollte, sich nicht über diese Grenze hinausbewegen könnte". Und hier beschäftigt er sich unablässig damit, mit den Augen des Glaubens und des Geistes die Dinge, die oben im Himmel sind, zu betrachten, ohne dass die Kette, an die er gefesselt war, seine Gedanken hätte hindern können. Was ihm einen solchen Ruf der Vollkommenheit einträgt, dass sich schon um diese Einfriedung Pilger und Bewunderer in Scharen einfinden, begierig, den gefesselten Heiligen zu schauen. Aber bald wendet er sich von dieser Aufsehen erregenden Askese ab, denn der Patriarch von Antiochia – Meletius – hatte ihn darauf hingewiesen, dass man es sehr gut auch ohne Mauern und Ketten allein aus dem Willen vermag, sich nicht zu bewegen.

Simeon fasst die Gebote der Askese, die offensichtlich nur im übertragenen Sinne gemeint sind, buchstäblich auf: Weil man ihn gelehrt hat, es gelte den Leib in die Bande des Willens und der Askese zu schlagen, fessel Simeon den seinen und mauert sich in eine Hütte oder eine Umfriedung ein. Und als er sich einige Zeit später zu einer noch größeren spirituellen Vollkommenheit erheben will, steigt er selbstverständlich auf eine Säule, um dem Himmel näher zu sein. Seine Askese wie sein Tun sind zugleich konkret und symbolisch. Es dürfte völlig unnütz, ja sogar irrig sein, um jeden Preis Vorläufer für das Stylitentum finden zu wollen und beispielsweise seine Ursprünge in dieser oder jener heidnischen Zeremonie des syrischen Altertums zu suchen, wie es manche Historiker getan haben. An einer Stelle seines Werkes *Die syrische Göttin* erwähnt der Schriftsteller Lukian von Samosata allerdings tatsächlich einen zu seiner Zeit in Syrien in Hierapolis gefeierten Ritus zu Ehren der Göttin Atargatis, in dessen Verlauf einer der Zelebranten auf einen ungeheuerlichen, 52 Meter hohen, steinernen Phallus steigen musste, um eine volle Woche oben zu bleiben. Das Einzige aber, was dieser Ritus und das Stylitentum gemein haben, ist die Bedeutung, die die syrische Menge diesem Aufenthalt auf dem Phallus beilegte. „Die Menge", schreibt Lukian von Samosata, „ist überzeugt, dass dieser Mensch von seinem erhöhten Ort aus mit den Göttern spricht, sie für ganz Syrien um Fruchtbarkeit bittet, und dass die Götter sein Gebet aus größerer Nähe hören." Fast derselben Worte bedienen sich Theodoret von Kyrrhos und Evagrios der Scholastiker, um den Sinn der Askese des heiligen Simeon deutlich zu machen. Darüber hinaus zeigt uns der Text Lukians aber auch, dass der Glaube an den Wert und die Kraft der leiblichen Erhebung schon heidni-

*Angebliche Überreste der Säule des hl. Simeon
im Simeonskloster nördlich von Aleppo in Syrien.*

schen Ursprungs ist, und warum dem Stylitentum in Syrien ein solcher Erfolg beschieden war. Es spricht das weit verbreitete Gefühl an, dass ein Mensch umso besser mit den Göttern sprechen kann, je höher er steht.

Als sich Simeon nach seinem Aufenthalt in der Umfriedung auf einer Säule niederlässt, um der Zudringlichkeit der Besucher zu entgehen, die sich bereits um seine Kleidungsstücke streiten, ist er in den Augen ganz Syriens ein Mensch, „der mit Gott spricht". Seine erste Säule jedoch bringt ihn dem Himmel noch nicht besonders nah: Sie ist nur fünf Meter hoch. Später allerdings lässt er sich auf Säulen von sechs, dann elf Meter nieder, und die letzte Säule – auf der er 459 im Alter von 70 Jahren stirbt – in Qala'at Sema'an ist rund 25 Meter hoch, „denn das Verlangen, das er trug, sich zum Himmel zu erheben, bewirkte, dass er sich immer weiter von der Erde entfernte".

Der Fuß dieser Säule ist heute noch in Syrien zu sehen, an der Stelle, an der der Heilige starb, in der Nähe der riesigen Basilika, die zu seinem Gedächtnis errichtet wurde und von der heute noch bedeutende Überreste erhalten sind. Die Säule lief in eine rechteckige, vier Quadratmeter breite Plattform aus, die dem Heiligen gerade genug Raum bot, sich hinzulegen. Aber er verbrachte seine Tage unbeweglich stehend im Gebet oder damit, Andachten zu verrichten, und schlief im Sitzen, gegen die kleine Balustrade gelehnt, die er um die ganze Plattform hatte ziehen lassen, um im Schwindel nicht hinunterzufallen. Manchmal kam es ihm sogar in den Sinn, seine Tage auf nur einem Bein stehend zuzubringen. All das führte schließlich dahin, dass sich seine versteiften Glieder mit Wunden und Geschwüren bedeckten, die, da Simeon Tag und Nacht allen Unbilden der Witterung ausgesetzt war, sehr schnell in einen Zustand der Fäulnis übergingen. In einem Winter verfaulte sein einer Schenkel so sehr, „dass eine Anzahl Würmer herauskroch, die von seinem Leib auf seine Füße fielen, von seinen Füßen auf die Säule und von der Säule auf die Erde, wo ein junger Mensch namens Antonios, der ihm diente und all dies gesehen und aufgeschrieben hat, auf seinen Befehl die heruntergefallenen Würmer wieder auflas und sie ihm nach oben zurückgab, wo Simeon sie wieder auf seine Wunde setzte und sagte: ‚Esst doch, was Gott euch gegeben hat.'"

Wenn Simeon seine Zeit gerade einmal nicht damit verbrachte, die Würmer wieder auf seine Wunden zu setzen, „war er den ganzen Tag aller Augen ausgesetzt und für alle ein so wunderbares Schauspiel, dass sich ihr Geist mit Erstaunen füllte. Bald neigte er sich, um Gott anzubeten, bald blieb er stehen, solange er konnte. Die Zahl seiner Anbetungen war so groß, dass viele sich darin gefielen, sie zu zählen. Einer von denen, die mich begleiteten, zählte eines Tages bis zu 1244, woraufhin er es müde ward, mitzuzählen." Und Theodoret fügt hinzu, dass Simeon bei seinen Andachten „mit der Stirn die Zehen berührt, denn, da er nur einmal in der Woche isst, ist sein Bauch so flach, dass es ihm keinerlei Mühe macht, sich zu bücken!"

Auch seine Nächte verbrachte Simeon keineswegs mit Schlafen, sondern mit Beten, „die Hände zum Himmel erhoben, vom Sonnenuntergang bis zum Sonnenaufgang am nächsten Tag, ohne auch nur jemals die Lider zu schließen und die mindeste Ruhe zu suchen".

Begreiflicherweise lockte ein solches Leben eine beträchtliche Anzahl Besucher und Pilger an. Man kommt, um den Heiligen zu sehen, zu bewundern, um in den Korb, der ständig am Säulenfuß hängt, sein Scherflein zu werfen oder Nahrung zu legen, von der der Heilige lebt, denn er lebt nur von Almosen. Und man kommt, um von ihm ein Wort, einen Rat, seinen Segen zu erhalten. Nach Theodoret strömen die Pilger aus allen vier Windrichtungen herbei, sodass am Fuße der Säule „eine solche Menge versammelt war, dass man von einem menschlichen Ozean hätte sprechen können, der von verschiedenen Wegen – wie von ebenso vielen Flüssen – gespeist wurde mit dieser unendlichen Zahl von Menschen, die aus allen Ecken und Enden kamen: Juden, Perser, Armenier, Iberer, Äthiopier und von anderen noch ferner wohnenden Völkern aus dem Okzident".

Ja, auf dem Hügel von Tellnessin herrscht manchmal ein solches Volksgedränge, dass Theodoret eines Tages von der Menge der Simeonbewunderer fast erdrückt wird. Die meisten von ihnen bleiben stundenlang, um den Heiligen zu betrachten, der Schüler des Styliten hat die größte Mühe, sie zu zerstreuen und dazu zu bewegen, bei Einbruch der Nacht nach Hause zu gehen. Beim Tode Simeons (etwa 459) musste eine solche Verehrung natürlich zu schweren Unruhen an seiner Säule führen: 600 Soldaten von Antiochia mussten eingreifen, um den Leichnam des Heiligen gegen die Sarazenen zu verteidigen, die gekommen waren, um sich seiner zu bemächtigen.

Schon zu seinen Lebzeiten fand der heilige Simeon Nachahmer. Ohne eine regelrechte Einrichtung zu werden, breitet sich das Stylitentum doch in Syrien und im Nahen Osten von Byzanz bis Mesopotamien aus. Es ist leicht einzusehen, dass allein schon der Anblick eines unbeweglich auf seiner Säule stehenden, von einer Schar von Bewunderern umringten Styliten größtes Aufsehen erregte und zahlreiche Berufungen auslöste. So verlässt eines Tages ein junger Mönch namens Daniel, der zusammen mit anderen Mönchen nach Antiochia gekommen ist, seine Gefährten, als er den heiligen Simeon oben auf seiner Säule sieht, und verbringt zwei Wochen zu seinen Füßen, um ihm zu dienen. Nach dem Tode des Heiligen lässt sich Daniel als Stylit in der Nähe von Byzanz nieder, wo ihn die höchsten Würdenträger des Reiches, ja selbst Kaiser Leo I. und die Kaiserin Eudoxia, aufsuchen, um ihn um seinen Rat und seinen Segen zu bitten. Titus, ein Offizier des kaiserlichen Palastes, gibt sogar die Armee auf, als er den Heiligen auf seiner Säule sieht, und lässt sich in seiner Nähe nieder und erfindet eine neue Form der Askese: Er lässt sich mittels Stricken, die unter seinen Achseln durchgeführt werden, in die Luft hängen, sodass seine Füße den Boden nicht berühren. Beim Schlafen dient ihm ein einfaches, in Brusthöhe angebrachtes Brett als Stütze!

Im 7. Jahrhundert findet Simeon der Ältere zwei berühmte Nachfolger, den heiligen Simeon den Jüngeren und den heiligen Alypius. Der Erste lässt sich bei Seleukia, dem Hafen Antiochias, auf einem Berg nieder, der das Meer beherrscht und seit dem Aufenthalt des heiligen Simeon der Berg „Bewundernswert" heißt. Sein „Leben" trägt – im Gegensatz zu dem Simeons des Älteren, dessen Ton oft durchaus lebenswahr ist – so märchenhafte Züge, dass man es eher für eine Sammlung orientalischer Märchen halten möchte. So fängt der sehr junge Simeon zum Beispiel im Alter von zwei Jahren, kaum ist er getauft, zu sprechen an und wiederholt sieben Tage lang: „Ich habe einen Vater und doch keinen. Ich habe eine Mutter und doch keine." Im Alter von sieben Jahren zieht er sich auf einen Berg bei Antiochia zurück zu den wilden Tieren, wo die Gaben des künftigen Heiligen bereits Wunder wirken: Er spielt mit den Leoparden, als wären es harmlose Katzen. Als er zum ersten Mal auf eine Säule steigt, ist er „noch so jung, dass ihm die Milchzähne ausfielen, nachdem er hinaufgestiegen war". Falls das zuträfe, wäre er das einzig bekannte Beispiel für einen Kinderstyliten. Selbst die Syrer verblüfft ein so frühreifes Asketentum; sie strömen bald in Scharen herbei, um den „neuen Simeon" zu bewundern, wie er bereits genannt wird. Von seiner Säule herunter spricht er zu den Pilgern; er gibt sich solchen Kasteiungen hin, dass der Superior eines nahe gelegenen Klosters eines Tages zu ihm sagt: „Dir bleibt nichts mehr zu tun, als ein Schwert zu nehmen und dich zu töten."

Die Menge wird sogar zudringlich und so zahlreich, dass Simeon der Jüngere zu fliehen beschließt. Aber wie das bewerkstelligen, wenn man Stylit ist? Wo immer er sich auch niederlassen mochte, seine fanatischen Bewunderer hätten ihn doch bald wieder gefunden. Er muss also eine Zeit lang dem Stylitentum entsagen, sich in Vergessenheit bringen. Zehn Jahre lang zieht er sich in die unzugänglichsten Einöden des Berges „Bewundernswert" zurück. Hernach, im Alter von 30 Jahren, kehrt er wieder unter die Menschen zurück und lässt sich eine 20 Meter hohe Säule errichten, auf der er den Rest seiner Tage verbringt, bis er im Alter von 75 Jahren stirbt.

Der zweite Stylit, der heilige Alypius, ein Zeitgenosse des heiligen Simeon des Jüngeren, lässt sich bei Hadrianopolis in Pontus nieder, wo er 29 Jahre auf einer Säule bleibt. Obwohl sein Leben weitaus weniger wunderbare Züge trägt als das der beiden Simeons, erlangt er doch große Berühmtheit und gehört zu denen, die am häufigsten auf den Ikonen, den Fresken und den byzantinischen Miniaturen abgebildet sind.

Es ist schwierig, die Gesamtzahl der seit dem 4. Jahrhundert im Nahen Osten lebenden Styliten auch nur annähernd zu schätzen. Das Phänomen hält sich bis ins 12. Jahrhundert, ja darüber hinaus, denn zu dieser Zeit gibt es Styliten in Georgien, in Armenien, in Kleinasien (bei Ephesus) und in Griechenland auf dem Berg Athos (wo man noch im 16. Jahrhundert auf Styliten stößt). Der Berg Athos scheint die äußerste Grenze der Ausbreitung des Stylitentums im Westen zu sein, im Osten dagegen dehnt es sich bis nach Edessa und Ktesiphon aus. Aber wir müssen bedenken, dass sich die Vielzahl der Dokumente über das Stylitentum (Leben der Styliten, Zeugnisse, Hinweise in zahlreichen Kirchengeschichten) eher aus dem Aufsehen erregenden Charakter dieser Askese erklären dürfte als aus der zahlenmäßigen Bedeutung ihrer Anhänger. Ein einziger Stylit in einer Gegend genügt, damit alsobald die Menschen herbeiströmen, die Zeugnisse sich häufen und irgendein Autor – gewöhnlich der Schüler des Styliten oder der Bischof des Bezirks – seine Vita schreibt. Alles in allem scheint es im Orient nur ein paar hundert Styliten gegeben zu haben.

Im Übrigen hört das Stylitentum zu dem Zeitpunkt, wo es sich ausbreitet, auf, als außerordentliche Askese betrachtet zu werden. Der Stylit gilt nicht mehr ipso facto als Heiliger. So erwähnt ein Text aus dem 6. Jahrhundert das Beispiel einen gewissen Theodulus, eine Legende, die Nikolai Leskow zu seiner eindringlichen Novelle *Der Gaukler Pamphalon* inspiriert hat: Theodulus, ein ehemaliger Präfekt von Byzanz, flieht die Welt und lebt 48 Jahre lang auf einer Säule bei Edessa. Eines Tages fragt Theodulus einen Engel, welche Belohnung ihn im Himmel wohl erwarte. „Du wirst", antwortet ihm der Engel, „dieselbe Belohnung erhalten wie ein gewisser Komödiant aus Damaskus." Theodulus steigt von seiner Säule herunter und begibt sich auf der Suche nach dem fraglichen Komödianten nach Damaskus, wo er ihn zu seinem Schrecken im Hippodrom bei den Spielen in den Armen einer Kurtisane findet! Aber früher hat dieser Komödiant einer adligen Dame, die ins Elend geraten war, sein ganzes Vermögen gegeben. Die Lebensform des Säulenstehers alleine bringt also keine exorbitanten Verdienste mehr mit sich, es zählt die innere Einstellung. Johannes Moschos erwähnt sogar Fälle von häretischen Styliten und beschreibt einen seltsamen Disput zwischen zwei Säulenstehern – einem orthodoxen und einem monophysitischen –, die sich nicht weit voneinander niedergelassen haben und sich oben auf ihren Säulen Beschimpfungen zurufen. Stylitengruppen sind selten; ein Beispiel findet sich in einem dem Mönch Epiphanius zugeschriebenen Dokument aus dem 10. Jahrhundert: In Palästina hat sich eine seltsame Kolonie von 100 Styliten, ein regelrechter Säulenwald, um einen Superior geschart! Normalerweise jedoch lassen sich die Styliten an einem einsamen Ort nieder, auf dem Gipfel eines Hügels oder eines Berges, allerdings immer in der Nähe einer Stadt oder eines Dorfes. Abgesehen von den üblichen Besuchern und durchziehenden Pilgern, dient dem Styliten ein oft sehr junger Schüler, der am Fuße der Säule bleibt, um für seine Nahrung zu sorgen. Aber wenn es das Unglück will, dass der Schüler weggeht und kein Reisender des Weges kommt, kann sich der Stylit nur noch dem Himmel empfehlen. So wäre der heilige Paulos von Latres – dessen Schüler einen ganzen Monat ausblieb, um die Ernte einzubringen – beinahe hungers gestorben, hätte ihn nicht ein vorüberkommender Reisender in extremis noch gerettet!

All das hindert jedoch nicht, dass die Styliten meistens ein hohes Alter erreichen; so starb der heilige Simeon der Ältere – der Legende zufolge – mit 70 Jahren, der heilige Daniel mit 84 Jahren, der heilige Alypius mit 99 und der heilige Lukas (ein Stylit bei Ephesus aus dem 9. Jahrhundert) mit 100 Jahren, nachdem sie Jahrzehnte auf ihrer Säule verbracht hatten! Gewöhnlich starben sie eines natürlichen Todes (das heißt, falls man nach einem so unnatürlichen Leben von einem natürlichen Tod sprechen kann), wenn sie nicht vom Blitz getroffen wurden, wie jener vom altsyrischen Chronisten Thomas von Marga erwähnte Stylit aus Mesopotamien auf seiner Gipssäule, oder von Räubern umgebracht wurden, wie jener heilige Nicetus, der auf seiner Säule stehend ein Büßerhemd aus Eisen mit so leuchtenden Ringen trug, dass es in der Sonne wie Silber glänzte.

Weisen wir zum Abschluss dieser Nomenklatur des altsyrischen Asketentums noch auf eine Form der Askese hin, die sich vom Stylitentum herleitet: das allerdings weitaus seltenere Dendritentum, wie man es bezeichnen könnte. Das Dendritentum (griechisch *dendros*: Baum) bestand darin, unbeweglich auf einem Baum zu leben, was gewisse „Vorteile" bot: Einmal war man vor den Unbilden der Witterung geschützt (erst ziemlich spät lassen sich manche Styliten eine Hütte oder ein Dach auf dem Gipfel ihrer Säule anbringen), und zum anderen konnte man leichter zu den Schülern oder Besuchern sprechen: Die Säulen der Styliten erreichten nicht selten eine Höhe von 20 Metern und mehr, sodass jeder – Besucher wie Stylit – sich die Lunge aus dem Leib schreien musste, um sich verständlich zu machen, denn nicht jeder wagte sich auf die schwankende Leiter, die den Styliten mit der Erde verband!

Genau genommen gibt es über das Dendritentum nur sehr wenige Dokumente: eine alte Ikone des Katharinenklosters auf dem Berg Sinai, die einen der berühmtesten Dendriten, David von Thessalonike, darstellt, der im 6. Jahrhundert lebte und drei Jahre auf einem Mandelbaum im Hofe eines Klosters in der Umgebung von Thessalonike zubrachte, und zwei spätere Texte. Der erste stammt aus dem 8. Jahrhundert, es ist ein Gedicht über die Mönche, das einem gewissen Bischof Georgius zugeschrieben wird; hier heißt es, dass manche Mönche

> *„ihre Zuflucht suchten in einem Baum mit schattigem Laub,*
> *der sie mit seinen Früchten und Blättern nährt.*
> *Mehrere sind hinaufgestiegen,*
> *um dort alle Tage ihres Lebens zu verbringen,*
> *und sie werden hin und her geworfen*
> *durch die Heftigkeit der Winde."*

Im zweiten Text, einer altsyrischen Chronik aus dem Kloster von Mar Maron bei Apamea, heißt es:

„Im Landbezirk der Metropole von Apamea gibt es ein Dorf namens Ir'enin. In diesem Dorf befand sich eine große Zypresse, auf der ein Mann Gottes lebte. Der Teufel, der die guten Werke immer hasst, ließ nicht davon ab, heimlich und offen gegen ihn zu kämpfen, und stürzte ihn oft vom Baum herunter. Endlich sicherte sich der Heilige dagegen, indem er sich eine Kette aus Eisen besorgte, um sich den Fuß am Baum festzubinden, und wenn ihn nun sein Feind Satan zu Boden stürzte, blieb er, gehalten von der Kette, am Baume hängen, und die Einwohner des Dorfes kamen und hoben ihn wieder auf seinen Platz hinauf. Schließlich sagt er: ‚Möchte mir Gott, um dessen Namen willen ich hier bin, doch die Gnade gewähren, dass ich nicht mehr der Hand der Menschen bedarf, sondern dass er mir, wenn es ihm wohlgefällig ist, dass ich an diesem Platz ausharre, seine göttliche Kraft schickt und mich auf meinen Platz zurückstellt.‘ Und so geschah es. Jedes Mal wenn der Widersacher ihn hinunterstürzte, stieg ein Engel vom Himmel hernieder und hob ihn auf seinen Platz zurück.“

Auch hier wieder wird das Gelübde, niemals mehr den Boden zu berühren, buchstäblich genommen und auf die absurdeste Weise erfüllt. Man könnte darin eine Erklärung des Dendritentums sehen und sich damit begnügen. Aber eine solche Hartnäckigkeit in dem Bestreben, den Boden nicht mehr zu berühren, lässt auf irgendein dunkles Verbot im Bewusstsein des Dendriten schließen, zu dessen Verständnis der weiter oben angeführte Text Lukians von Samosata beitragen kann. Lukian schreibt anlässlich der Phalluszeremonie: „Andere glauben, dass dieser Ritus zum Gedächtnis Deukalions geübt wird, damit die Erinnerung an dieses schreckliche Ereignis erhalten bleibe, das die Menschen zwang, auf die Berge zu fliehen und auf die Bäume zu steigen, um sich vor der Flut zu retten.“ So könnte die tiefere Bedeutung dieser Askese letztes Endes in der Rückbesinnung auf das Geschehen der Sintflut und dem Bund Gottes mit Noah liegen. Ohne Berührung mit der Welt führt der Asket in den Zweigen und im Wind das unbeschwerte Leben eines Vogels, der trunken ist vom Himmel und von Gott.

DER WELT STERBEN

8. Die Entdeckung des Teufels

Wenn Menschen in die Hölle kommen, fangen sie an zu schreien: ‚Weh über mich, der ich den Gott nicht kannte, der mich schuf‘, dann aber verstummen sie, denn wegen der Hitze und der großen Dunkelheit des Ortes können sie nicht mehr reden. Sie erkennen einer den andern nicht mehr wegen der Finsternis und der Angst, die sie erfasst.

Beschreibung der Hölle, koptischer Text

Eines der Paradoxe des Lebens in der Wüste besteht hierin: Dort, wo sich der Asket von den Illusionen der Welt reinigen soll, begegnet er ihr gerade. Die Wüste ist ein abstrakter, eintöniger Ort, eine Prüfung, aber darüber hinaus noch weitaus mehr: ein jungfräulicher, unermesslicher Hintergrund für die Schauspiele und Kämpfe des Himmels – zwischen den Engeln und den Dämonen –, die sich bis auf die Erde fortsetzen. Der Asket muss hier mit den Werten, den Gefühlen, aber auch den Formen der profanen Welt reinen Tisch machen. Und tatsächlich sind alle Formen, die in der Wüste auftauchen – die menschlich anmutenden Wesen, die den Asketen streifen; die Visionen, die sich vor seinen Augen entfalten; die Ungeheuer, die ihn verwirren wollen –, durchaus neue Formen, die mit denen der Welt nichts zu tun haben. Deshalb hat auch ein Thema wie das der Versuchung des heiligen Antonios die Fantasie der Maler jahrhundertelang beschäftigt: Es bot ihnen eine Gelegenheit, neue Formen zu erfinden; die seltsamen Wesen und Geschöpfe, die Antonios in der Finsternis überfallen, nicht mehr in der Umwelt zu suchen, sondern ausschließlich in sich selbst. Antonios hat also, indem er sich in das Grab von Kome einschloss, nicht nur eine bestimmte Form der Askese eingeführt: er ist dadurch auch zum

Erforscher eines ungeahnten Universums geworden, hat als Erster unbewusste geistige Kräfte entdeckt und freigesetzt, über deren Vorhandensein sich nun, nach ihm, keiner mehr hinwegsetzen kann.

Aber wenn der Asket in der Wüste auf so viele seltsame Formen und Wesen stößt, so in erster Linie, weil er sie in sich trägt. Durch ihre Nacktheit bietet ihm die Wüste ein zweideutiges Bild: Eine Änderung des Einfallwinkels (denn im Grunde handelt es sich um ein Phänomen der geistigen Optik) genügt, damit dieselbe Wüste zur Hölle oder zum Paradies wird. Diese Doppeldeutigkeit der Wüste haben die Anachoreten auch wahrgenommen und auf ihre Weise zum Ausdruck gebracht, denn die übernatürlichen Geschöpfe der Wüste nehmen das Aussehen von Engeln oder von Dämonen an. Die Wüste ist der Ort der optischen Täuschungen schlechthin, sie lehrt, dass man zunächst in sich selber klar sehen muss, um nach außen klar zu sehen.

Aber wer Illusionen, Schatten- und Formentheater sagt, sagt auch Illusionist und Schattenspieler. Denn wer handhabt und dirigiert diese Wesen und Formen insgeheim? Wer ist der Regisseur dieser Schauspiele, die unaufhörlich vor den Augen des Asketen entstehen und vergehen? Für den ägyptischen Anachoreten lag die Antwort auf der Hand: Gott selbst oder der Teufel. Das aber heißt: Wollen wir die Bilanz des Wüstenaufenthalts eines Asketen ziehen und seine geheimsten Gedanken verstehen, dann müssen wir vorher das betrachten, was in der Hauptsache seine Gedanken beschäftigt, was sein ganzes Verhalten bestimmt, das Gewicht, das Hölle und Paradies in seiner Seele und seinem Herzen zukommt.

Höllenqualen

Es ist eine altbekannte Tatsache, dass die meisten religiösen Schriften eine gewisse Dürftigkeit aufweisen, wo es um die Beschreibung des Paradieses geht, eine überquellende Fantasie aber, sobald es sich um die Beschreibung der Hölle und ihrer Qualen handelt.

Das Paradies scheint die Menschen schon immer vor ein Dilemma gestellt zu haben: Entweder ist es nur eine Fortsetzung und Verschönerung des irdischen Lebens (so liefern uns zum Beispiel die Paradiesesdarstellungen auf den altägyptischen Gräbern die genauesten und wertvollsten Dokumente über das alltägliche Leben zur Zeit der Pharaonen), oder es ist etwas ganz anderes, und dann bewahrt man das Geheimnis sorgfältig.

Die Hölle dagegen hat keinerlei Anlass zu einem Dilemma dieser Art gegeben, als wären sich alle spontan einig gewesen über das, was den Menschen in der Hölle erwartet. Sollten wir tatsächlich ein so deutliches und allgemein gültiges Schuldbewusstsein besitzen? Wie dem auch sei, die Aufzählung der Höllenqualen, die Beschreibung ihrer vielfältigen Einzelheiten gehörte jedenfalls zu den vornehmsten Beschäftigungen, ja man möchte sagen, zu den größten Vergnügen des menschlichen Geistes.

Es wäre also falsch zu glauben, die Hölle und das Paradies stellten zwei gleichbedeutende Pole dar, was den Platz angeht, den sie in den Werken der menschlichen Vorstellungskraft eingenommen haben. In den koptischen Schriften jedenfalls ist die Hölle keineswegs nur das Negativ des Paradieses, sondern eine dem Menschen greifbare Wirklichkeit, an die er mit erstaunlicher Kraft und Naivität glaubt. Im Übrigen verschmilzt die Hölle zu dieser Zeit mit der Welt oder vielmehr mit der Vorstellung, die man sich von der Welt macht; der Kampf des Mönchs oder Anachoreten in der Wüste gegen die Welt ist ein Kampf gegen die Hölle selbst. Auf diesen Kampf verwenden sie ihre besten Kräfte, daher die Notwendigkeit, die jenseitige Welt zu kennen – ihre Schliche, ihre Qualen und ihre Bewohner – um ihren Fallstricken und Listen besser entgehen zu können. Vermutlich stellt sich der Kopte vor, dass, wenn er den dem Teufel zustehenden Tribut – in der Vorstellung – schon in dieser Welt zahlt, er in der Wirklichkeit der anderen Welt davon befreit wird. Jedenfalls zieht die Hölle den Kopten so sehr an, dass er sie gelegentlich schon im Diesseits ausprobiert: Das ist die symbolische Bedeutung der in Ägypten so häufig vorkommenden Feuerproben, bei denen ein Mönch sich (gewöhnlich mit dem Evangelium) in die Flammen wirft, um zu bezeugen, dass er weder ein Häretiker noch ein künftig Verdammter ist. Mit anderen Worten: Er macht sich gegen das ewige Feuer immun.

Das schreckliche Gewicht, mit dem die Hölle auf der Seele des christlichen Ägypters lastet, ist nicht verwunderlich bei einem Volk, das seit Jahrhunderten in dem beständigen, fast fixen Gedanken an den Tod und das Jenseits lebte. Für den Kopten wie für seine heidnischen Vorfahren ist das Leben im Jenseits das einzig wirkliche Leben, dem alles geopfert werden muss. So weist die koptische Höllengeografie viele Gemeinsamkeiten mit der des alten Ägyptens auf – wenn mittlerweile natürlich auch die Vorstellungen der Bibel hinzugekommen sind.

Was geschieht nun, wenn ein Kopte im Stand der Todsünde stirbt und in die Hölle kommt? In dem schwierigen Augenblick, in dem „er niemand mehr erkennt, kommen zwei unerbittliche Engel, um seine Seele zu holen. Der eine Engel stellt sich zu seinen Häupten auf, der andere zu seinen Füßen, und nun heben sie an, ihn auszupeitschen, bis seine erbärmliche Seele so weit ist, aufzusteigen. Dann führen sie einen in der Art eines Angelhakens gebogenen Gegenstand in seinen Mund ein und ziehen die unglückliche Seele aus seinem Leib: Diese ist schwarz und finster. Darauf binden sie sie an den Schwanz eines Pferdegeistes."

Schon die Art und Weise, wie die Seele aus dem Leibe gezogen wird, ist bemerkenswert: mithilfe eines in den Mund eingeführten Angelhakens, für einen Kopten sicher dem Haken ähnlich, den die alten Einbalsamierer benutzten, um das Gehirn des Toten durch die Nase herauszuziehen. Die Seele verlässt also den Leib nicht von selbst, sie muss herausgezogen werden. Aber noch bemerkenswerter ist die Vorstellung, die aus einer anderen Stelle des koptischen *Lebens des Theodorus* (dem auch der vorige Auszug entnommen ist) hervorgeht, nämlich, dass jeder, der auf dieser Erde nicht gelitten hat, dazu verdammt ist, im Jenseits zu leiden, dass aber jedes in dieser Welt erduldete Leiden die Seele des Menschen im selben Maße reinigt. Aber die Buchführung von Leiden und Reinigung ist nicht immer so klar und nicht alle Leiden sind gleichwertig. Was geschieht also mit jenen, die nur ein bisschen gelitten und deshalb nicht sofort ein Anrecht auf das Paradies haben? Die unerbittlichen Engel fügen ihnen auf ihrem Sterbelager vor ihrem Tode Leiden zu, damit die Rechnung aufgeht und sie geradewegs in den Himmel kommen können, denn die Seele dieser Menschen „ist wie gebratenes Fleisch, das noch ein wenig gebraten werden muss, ehe man es isst". Die Anspielung ist deutlich: Will man das ewige Gebratenwerden in der Hölle vermeiden, so muss man auf dieser Erde „braten".

Aber manche langten auf der Schwelle des Todes in einem solchen Zustand der „Frische" an, dass ihr Fall nicht wieder gutzumachen war und „sie geradenwegs in die Qualen der tiefsten Hölle kamen".

Welche Qualen? Man kann sie sich leicht vorstellen: ein ewiges Feuer, eine so unerträgliche Hitze, dass es den Verdammten, von Entsetzen und Grausen gepackt, Atem und Stimme verschlägt. Natürlich variieren die

Strafen je nach den Sünden der Schuldigen; bei der Beschreibung der verschiedenen Höllenstrafen legen die Kopten eine beachtliche Fantasie an den Tag, wie der folgende Auszug aus dem koptischen *Leben des Pachomios* zeigt:

„Es geschah, dass unser Vater Pachomios auf Geheiß des Herrn entrückt wurde, damit er die Strafen und Qualen betrachte, die die Menschenkinder zu erdulden haben. Wurde er im Leib entrückt? Oder ohne den Leib? Gott jedenfalls weiß, dass er entrückt wurde.

Er wurde vom Paradiese der Freuden aus nach Norden geführt, fern von dieser Welt und vom Firmament, und er sah Flüsse, Kanäle, Gräben voller Feuer, in denen die Seelen der Sünder waren. Und als Abbas Pachomios mit dem Engel dahinging, sah er, dass manche Sünder Folterengel von schrecklichem Aussehen überantwortet waren, die feurige Peitschen in der Hand hielten. Wenn die Seelen, die sie folterten, den Kopf über das Feuer heraushoben, schlugen sie sie heftig und tauchten sie nur desto tiefer ins Feuer. Sie seufzten sehr, ohne doch Schreie ausstoßen zu können aufgrund ihrer Schwäche. Der Seelen, die Qualen duldeten, waren unzählige, auf jeden Fall aber waren es sehr viele."

Dieses Thema von Verdammten, die ihre Stimme verlieren, kehrt häufig wieder. In den meisten Höllenbeschreibungen anderer Völker schreien und heulen die Verdammten aus Leibeskräften, knirschen mit den Zähnen, jammern und stampfen. In der koptischen Hölle dagegen herrscht eine eindrucksvolle Stille: Die Hitze, die Angst und die Finsternis nehmen den Verdammten Atem und Stimme. Wenn man aber bedenkt, welche Bedeutung und welche Macht dem Wort und der Stimme im Glauben des alten Ägyptens zukommt, versteht man, dass der Verlust der Stimme für einen Kopten die schlimmste Strafe bedeuten muss. Es heißt so viel wie seine Kraft auf immer verlieren.

„Außerdem sah er Brunnen und Zisternen voller Feuer, deren Glut noch mächtiger war. Pachomios tauchte mit dem Blick hinab und sah, dass in jeder Zisterne nur eine einzige Seele war. Die Füße dieser Seele – die das Ansehen des Fleisches hatte, das sie in der Welt trug – befanden sich zu beiden Seiten der Zisterne: Eines nach dem anderen verzehrte das Feuer die Glieder, durch die sie sich in der Welt beschmutzt hatte. Pachomios richtete seine Aufmerksamkeit auf eine der Zisternen und erkannte einen der Verdammten· einen jener, die in den Städten gebrandmarkt und in der

Schrift ,Knabenschänder' genannt werden." (Hier handelt es sich zweifellos um eine Bezugnahme auf den heiligen Paulus, 1 Kor 6,10, wo er die „Knabenschänder", das heißt die Päderasten, verurteilt.)

Nun dürfen wir aber nicht glauben, die Engel, die die Verdammten quälen, empfänden ob ihres Tuns irgendwelche Gewissensbisse. Im Gegenteil, die Folterengel „waren ganz von Freude und Jubel erfüllt, wie ein Aufseher sich beim Anblick gedeihlichen Reichtums seines Herrn freut, denn der Herr hat sie unerbittlich erschaffen. Und wenn die Seelen, die sie quälen, sie anflehen, sich ihrer zu erbarmen, erfasst diese Zorn, und sie strafen sie nur desto härter. Werden ihnen Seelen zugeführt und überantwortet, jauchzen sie auf vor Freude."

War es schon schrecklich genug, der Stimme beraubt zu sein, was muss man da erst von der Strafe halten, die sich die unbekannten Verfasser der koptischen *Apophthegmata von Makarios dem Jüngeren* ausdachten?

„Es wird berichtet, dass Abbas Makarios, als er eines Tages auf den Berg ging, einen Totenkopf auf der Erde liegen sah. Makarios bewegte ihn und der Schädel antwortete ihm.

Makarios: Wer bist du, der du zu mir sprichst?

Der Schädel: Ich bin ein Grieche aus der Zeit der Heiden. Mir ist erlaubt, mit dir zu sprechen.

Makarios: Und ich, wer bin ich?

Der Schädel: Du bist Abbas Makarios, der Pneumatophore.

Makarios: Bist du in der Seligkeit oder im Leiden?

Der Schädel: Ich bin im Leiden.

Makarios: Welcher Art sind deine Leiden?

Der Schädel: Da ist ein Feuerfluss, der über unseren Köpfen brodelt – so hoch wie der Himmel –, und ein anderer unter uns. Wir sind dazwischen, aber ohne dass einer des anderen Gesicht sehen könnte, denn mit dem Rücken sind wir vereint. Für den Augenblick, in dem ein inbrünstiges Gebet für uns verrichtet wird, ist uns ein wenig Ruhe vergönnt.

Makarios: Was ist das für eine Ruhe?

Der Schädel: Einen Augenblick lang sehen wir einer des anderen Gesicht."

Hat sich die Fantasie je so weit, so entsetzlich weit in die *wirkliche* Hölle vorgewagt?

Das Gesicht Satans

Eine Hölle ohne Dämonen ist nicht denkbar ohne den Teufel. Im Leben der Anachoreten Ägyptens und Syriens haben die Dämonen und der Teufel eine so bedeutende Rolle gespielt, dass wir nicht umhinkönnen, hier einiges über dieses Thema zu sagen. Womit wir übrigens lediglich das zunächst zugunsten des Zeitlichen und der Geschichte verschobene Gleichgewicht zugunsten des Unsichtbaren und des Zeitlosen wiederherstellen. Haben wir doch bis jetzt das Phänomen des Anachoreten- und Mönchtums nur im Hinblick auf das betrachtet, was abgelehnt wird, nämlich im Hinblick auf Geschichte und Gesellschaft. Aber kein menschliches, insbesondere kein kollektives Phänomen kann auf seine rein negativen Aspekte reduziert werden. Wenn die Anachoreten die Geschichte und das Soziale ablehnen, so eben, weil sie dem etwas entgegenzusetzen haben: das Heil ihrer Seele, die ewige Seligkeit, das Paradies. Kurz, die Anachoreten stoßen sich weniger an der Geschichte selbst als am Vergänglichen, Ephemeren: Sie möchten in einer zeitlosen Welt leben, in der der Mensch nicht mehr im Werden begriffen ist, in einer Welt der Wesenheiten, wie man sie vielleicht nennen könnte. Diese Welt ist aber dieselbe, in der die Engel und die Dämonen leben, und so ist es unumgänglich, dass sie auf sie stoßen, sobald sie ausziehen, diese unsichtbare Welt zu suchen, die mit ihren Engeln und Dämonen für sie unendlich gewichtiger ist als die wirkliche Welt. Die Haltung und die Worte der Asketen Ägyptens bleiben unverständlich, solange man nicht weiß, dass sie sich weitaus mehr nach dem Urteil der Engel und Dämonen richten als nach dem der Menschen. Zum Beweis dafür folgende anonyme Erzählung aus den *Apophthegmata der Wüstenväter:* „Ein Alter, der in der Wüste lebte und nur zwölf Meilen von seiner Zelle entfernt Wasser hatte, fühlte sich eines Tages, als er welches holen ging, so erschöpft, dass er zu sich selber sagte: ‚Warum mir so große Mühe machen? Täte ich nicht besser daran, mich näher bei diesem Wasser niederzulassen?' Als er diese Worte gesprochen hatte, nahm er hinter sich einen jungen Mann wahr, der ihm folgte und seine Schritte auf dem Sande zählte. ‚Wer bist du?', fragte der Alte. ‚Ich bin ein Engel des Herrn und der Herr hat mich gesandt, deine Schritte zu zählen, damit dir deine Belohnung danach bemessen werde.' Bei diesen Worten schöpfte der Alte wieder Mut, verdoppelte seinen Eifer und ließ sich in einer Zelle nieder, die vom Wasser noch weiter entfernt war als die erste."

Auch hier müssen wir uns also hüten, das Verhalten der Anachoreten nach menschlichen und weltlichen Kriterien zu beurteilen: Wenn ein Asket mit schweren Steinen beladen durch die Wüste zieht oder sich so weit wie möglich von einem Brunnen entfernt niederlässt, so deshalb, weil die Engel und die Dämonen ihn seines Bedünkens Tag und Nacht beobachten, seine Mühen und sein Erlahmen aufs Genaueste vermerken, mit einem Wort ständig über die geringsten Taten seines Lebens Bilanz führen. Ein Schritt mehr oder weniger auf dem Sand ist ein Sieg mehr oder weniger für Gott oder für den Teufel. Die vielen verwirrenden Aspekte des Wüstenlebens brauchen uns also nicht zu verwundern, ebenso wenig die Leichtgläubigkeit des Anachoreten, der jedes Wunder und jede Versuchung als etwas Natürliches hinnimmt. Gewöhnlich vermeidet man es, sich über dieses Phänomen zu verbreiten, als wäre all das Wunderbare, der Teufelsspuk, die Erscheinungen von Engeln und Erzengeln, nur literarischer Plunder, den man besser mit Schweigen übergeht. Aber damit schneidet man diesem Abenteuer seinen bedeutsamsten und wertvollsten Teil ab: die tägliche Erfahrung des Unsichtbaren, des Bösen und der Schatten. Man kann nicht einfach außer Acht lassen, welch ungeheure Rolle der Teufel in der geistigen Welt der Asketen im 4. Jahrhundert spielt, ohne dass ihr ganzes Verhalten unverständlich wird, wie man sich ja auch zum Beispiel bei der Betrachtung der vorigen Jahrhunderte nicht über ein Phänomen wie den Glauben an das unmittelbar bevorstehende Ende der Welt hinwegsetzen kann. Die Evolution der Menschen und Ideen im Christentum hat viele Aspekte des christlichen Denkens der ersten Jahrhunderte (wie auch der Apokalypse) zunichte gemacht und deshalb neigt man in unserer Zeit dazu, sie zu bagatellisieren. Aber man kann nicht einfach Elemente, die zu einer anderen Zeit im Geiste der Christen ein Ganzes bildeten, auseinander reißen. Schon der Name Christi war damals mit der Erwartung seiner Wiederkunft verknüpft, wie zunächst auch das Neue an der christlichen Botschaft ihr ganzer Inhalt war: die Abschaffung der Weltgeschichte und die Ankunft einer neuen Stadt und eines neuen Menschen zu verkündigen. In dieser Perspektive der Erwartung des neuen Menschen muss die ganze Geschichte des Anachoretentums gesehen werden; von diesem Blickpunkt aus versteht man auch die Schwierigkeiten und das offensichtliche Unbehagen der kämpfenden Kirche, als plötzlich offenbar wird, dass das Ende der Welt auf unbestimmte Zeit aufgeschoben ist und man sich an diese Welt gewöhnen muss. Denn im 4. Jahr-

*Ein Schlangenmotiv aus einer Wandmalerei im Grab des Sennodjem
in der Nekropole Deir el-Medina, Theben-West.*

hundert empfängt die Kirche anstelle der himmlischen Stadt die irdische
Stadt als Aufgabe und damit die Verantwortung für die Geschichte und das
Zeitliche. So kann man Louis Bouyer nur zustimmen, wenn er schreibt,
dass „sich der Übergang vom Heidentum zum Christentum im ganzen Römischen Reich nicht ohne ein gewisses kollektives Trauma vollziehen konnte, dessen Niederschlag die Apokalypse und der Teufel sind. Diese stellen
das Produkt einer ganzen Auflösung von Komplexen dar."

Wenn die Anachoreten vom Teufel sprechen, sprechen sie von ihm wie
von einer erlebten Erfahrung und nicht im Tone einer theologischen Spe-
kulation – eine umso wertvollere Erfahrung, als sie die erste dieser Art ist.
Denn, so seltsam das auch erscheinen mag, im Alten Testament findet sich
nirgends eine genaue, überkommene Vorstellung vom Teufel oder eine
diesbezügliche Erfahrung. Nicht einmal dem Begriff nach (vom griechischen *diabolos*) kommt er in der Bibel vor, und der Begriff des Satans dient
erst im Neuen Testament, als Jesus von einer Person namens Satan in der
Wüste versucht wird, zur Bezeichnung eines individuellen Wesens, das die
Macht des Bösen verkörpert.

Im Alten Testament ist das Wort *satan* nur ein juridischer Begriff; er bezeichnet den Ankläger in einem Prozess (zum Beispiel in Psalm 109) oder den, der behindert. An einer einzigen Stelle der Bibel (Ijob 1, 6) wird der Satan ausdrücklich als ein persönliches Wesen im Sinne von Widersacher benannt. Gott hat seine Engel versammelt, Satan tritt hervor und bietet sich an, den Glauben Ijobs auf die Probe zu stellen. Jahwe fragt ihn: „Woher kommst du?", und Satan antwortet: „Ich komme her von einem Streifzug auf der Erde, von einer Wanderung auf ihr." Dieser Satz genügte, um in der Folge aus Satan den Fürsten dieser Welt zu machen oder den „Gott dieser Welt", wie ihn der heilige Paulus nennt.

Wir müssen also festhalten, dass die Geburt des Teufels in unserer heutigen Bedeutung historisch gesehen mit der christlichen Verkündigung zusammenfällt, und dass die Idee eines persönlichen Wesens, eines Gottesfeindes, der das Heil des Menschen und das Werden der Schöpfung zu behindern sucht, eher eine griechische (und auch ägyptische) Idee ist als eine hebräische. Sie war vor allem das Werk der Verfasser des Neuen Testaments, insbesondere des Autors der Apokalypse, der als Erster die bis dahin verschiedenen Personen Satan, Luzifer, Schlange und Drache zu einem einzigen Wesen zusammengefasst hat. Der Teufel wurde im Lauf der ersten Jahrhunderte des Christentums „geboren", er ist beinahe ein Zeitgenosse der ersten Wüstenanachoreten. Das ist auch der Grund, warum ihre Zeugnisse über ihn für uns so wertvoll sind und warum sich ihre Vision letztlich bis heute gehalten hat. Der Teufel wurde tatsächlich in den Wüsten Ägyptens geboren.

Ein vielschichtiger Teufel offenbar, ist er doch eine Zusammensetzung aus hebräischen Vorstellungen (Satan, Luzifer, der Schlange als Versucher), die ihrerseits der babylonischen Mythologie verpflichtet sind, aus griechischen (*daimon* und *diabolos*) und ägyptischen Vorstellungen (den *n'ter*, bösen Geistern, Phantomen, Erscheinungen, die niemand anderes sind als die alten heidnischen Gottheiten Ägyptens). Und so erscheint er dem Asketen, um ihn zu versuchen: als ein *daimon*, der die unteren Zonen der Luft um die Erde bewohnt, als ein *satan*, ein Widersacher, in dem alle Kräfte der Auflehnung gegen die Macht Gottes vereint sind, schließlich als ein *n'ter*, ein schreckliches und quälendes Phantom. Dämon, Widersacher und Phantom, diese Vielfalt der Naturen erklärt die Vielfalt seiner Funktionen: Der Teufel ist Verführer und Versucher, der die ganze Anziehungskraft der

Welt und der weltlichen Schönheit darstellt, aber auch ein Ungeheuer – das den Mönch erschreckt und überfällt – ein Teufel-Schreckgespenst, das Abscheu und Widerwillen einflößt. Zwischen diesen beiden Darstellungen der teuflischen Macht, dem Entsetzen und der Schönheit, schwanken alle Versuchungen und Kämpfe der Wüstenväter unablässig hin und her.

Im ersten Fall gibt sich der Verführer und Versucher als menschliche, ja sogar übermenschliche Gestalt: als eine Frau von wunderbarer Schönheit oder als ein Engel des Lichtes. Im zweiten Fall dagegen erscheint er in besonders unmenschlichen, ja sogar untermenschlichen Formen: als Tier (Schlange, Wolf, Drache) oder als ein hybrides und monströses Geschöpf. Engel oder Tier, was ist Satans wahres Gesicht?

Die Stimme der Jahrhunderte

Wir können uns heute kaum mehr vorstellen, wie aufrichtig die Anachoreten Ägyptens an den Teufel und an die Dämonen glaubten. In einer Zeit, die dazu neigt, den Glauben zu rationalisieren und in der Ordnung des Universums nur ein Spiel oder einen Austausch unpersönlicher Kräfte zu sehen, gehört der Glaube an das Böse als an eine personalisierte Macht, als an ein identifizierbares und kenntliches, mit einem Namen, mit Geist und manchmal sogar mit einem Leib versehenes Wesen zum Aberglauben der Vergangenheit. Und dennoch hat dieser irrationale Glaube jahrhundertelang die Gemüter beherrscht und einen bestimmenden Einfluss auf das Schicksal ganzer Generationen von Christen ausgeübt, vergleichbar der Rolle, die die Orakel im heidnischen Altertum spielten. Deren Bedeutung bei einem so rationalen Volk wie den alten Griechen erscheint ebenfalls überraschend.

Aber in Wirklichkeit liegt hier keinerlei Widerspruch vor. Von dem Augenblick an, da das Irrationale in das Leben eines Menschen oder eines Volkes einbezogen ist, da es als ständiges und nicht nur zufälliges Element zu seinem Schicksal gehört, geht es ganz natürlich in die allgemeine Ordnung ein: Das Unvorhersehbare wird schließlich Teil des Vorhersehbaren und deshalb dürften die delphischen Orakel die Stabilität und die Kohärenz des politischen Lebens in Athen auch nicht über Gebühr gestört haben.

Dasselbe gilt im Hinblick auf das Leben der christlichen Gemeinschaften in der Wüste. Sobald die Existenz unsichtbarer Kräfte und Wesen, Engel oder Teufel genannt, als etwas Natürliches betrachtet wird, richtet sich das tägliche Leben gänzlich nach diesen Kräften aus und folgt einer Logik, die sich wohl völlig von der der profanen Welt unterscheidet, aber doch ebenfalls ihre Schärfe und ihre Gesetze hat. Das Übernatürliche wird als Teil der Gesamtheit der natürlichen Phänomene aufgefasst; deshalb ist es für einen Anachoreten auch nicht erstaunlich, dass die unsichtbare Welt so häufig sichtbar wird. Man kann sogar noch weiter gehen und behaupten, dass die Existenz der Engel und Dämonen für die Christen der ersten Jahrhunderte nicht nur Gegenstand des Glaubens, sondern auch ein Studienobjekt war: Die Bewohner der übernatürlichen Welt wurden beschrieben, in einem Inventar erfasst, man bestimmte ihre Natur, ihre Kräfte und die verschiedenen Rollen, die sie in der Schöpfung spielten. Dergestalt erfasst, klassifiziert und analysiert, gewann die übernatürliche Fauna für den Gläubigen noch an Realität. Die Genauigkeit der Dämonologie ist geradezu verblüffend; offensichtlich handelte es sich bei dieser Materie für ihre damaligen Erforscher um eine beinahe exakte Wissenschaft mit dem dazugehörigen Vokabular, den Gesetzen, ja selbst einer experimentellen Bestätigung. An Engel und Dämonen glauben bedeutete, nicht nur einen Akt des Glaubens zu setzen, sondern an einer Wissenschaft, einer zwar menschlichen, aber doch auf der Vernunft und der Erfahrung aufbauenden Wissenschaft teilzunehmen. Die Väter sprechen von den Dämonen wie wir heute von der Evolution: wie von einer Wahrheit oder, wenn man lieber will, wie von einer Hypothese, die einem kultivierten Geist ohne weiteres einleuchtet.

Wie stellten sich nun die Anachoreten im Großen und Ganzen die Dämonen und Engel vor? Nicht als reine Geister, sondern eher als körperliche Wesen aus einem allerdings wesentlich feineren Stoff als der Mensch, aber immerhin von materieller Natur. Die Dämonen sind nur gefallene Engel, vom Himmel herabgestürzt; sie sind verurteilt, in den die Erde umgebenden schweren Zonen der Atmosphäre, ja vornehmlich sogar in dem durch den Erdschatten in den Raum geworfenen finsteren Kegel zu leben. Der Beweis dafür, dass sie stofflicher Natur sind: Sie müssen sich ernähren. „Um in dieser schweren Atmosphäre, die die Erde umgibt, zu bleiben", schrieb schon Origenes in seiner *Ermahnung zum Martyrium*, „bedürfen die Dämonen der Nahrung, die der Rauch liefert, und so schauen sie aus, wo Rauch, Blut, Weihrauch sind." Sie nähren sich wie die alten Götter des Heidentums von Weihrauch. Ja wohnen denn die Dämonen nicht sogar in ebendiesen Göttern, geben sie den Götzen nicht dieses Scheinleben, das die Heiden zu täuschen vermag? An einer aufschlussreichen Stelle seiner Abhandlung *Über die Nichtigkeit der Götzen* schreibt der heilige Cyprian:

„Die Dämonen verbergen sich in den gekrönten Statuen und Bildern. Sie geben ihnen die Weissagungen ein, lassen die Eingeweide der Tiere sich bewegen, bestimmen den Flug der Vögel, lenken das Schicksal, mischen verwirrende Lügen in die Orakel. Sie trüben das Leben, stören unseren Schlaf und unsere Ruhe. Sie schleichen sich selbst in den Leib, bilden Krankheiten, erschrecken die Seele und krümmen die Glieder, um uns zu zwingen, sie anzubeten."

Eine durchaus logische Gleichstellung, deren historische Begründung auf der Hand liegt: Von dem Augenblick an, da die Verfolgungen aufhören, da die Christen die Welt nicht länger als Märtyrer in der Arena bekämpfen müssen, sondern in sich selbst, in ihren Gedanken und Begierden, folgt das Heidentum seinem christlichen Gegner auf dessen eigenen Boden: Es vergeistigt sich und seine riesigen Statuen, seine Stein- und Marmorgötzen werden zu den Schatten, den aggressiven Phantomen, den Dämonen der neuen Religion. Bedenkt man nun, dass die fraglichen Statuen und Götzen in Ägypten vornehmlich zoomorphe Gottheiten waren, so versteht man, dass die vergeistigten, phantomhaften Bilder eines Anubis (Schakal-Gott), einer Sekhmet (Löwen-Göttin) oder eines Sobek (Krokodil-Gott) nichts Einnehmendes haben. Eben hierin liegt vor allem der Ursprung dieser Vision des Teufels als Tier und Ungeheuer in der Wüstenliteratur, einer Vision, der in der Folge ein solcher Erfolg beschieden sein sollte: Das göttliche Bestiarium des alten Ägyptens erwacht in den Christen in Form von Dämonen zu neuem Bewusstsein.

Von allen Bildern des Teufels kehrt eines immer wieder: das der Schlange. Das scheint einleuchtend, aber wir dürfen nicht glauben, dass es sich hierbei um einen rein biblischen Einfluss handle. Die dämonische Schlange – so wie sie in der Wüstenliteratur erscheint – ist fast immer ein Drache, eine Schlange mit Pfoten (manchmal sogar mit menschlichen Beinen), und gleicht darin aufs Genaueste den Abbildungen auf den Basreliefs und den Grabpapyri des alten Ägyptens. Man denkt dabei unwillkürlich an die großen Saurier der Vorzeit.

Eine regelrechte Schlangentradition – die Schlange als alter Dinosaurier – Herr der Vergangenheit – oder als Drache: Sie könnte die Anziehungskraft der Vergangenheit darstellen, das Hängen an einer siegreichen Zwischenetappe der Evolution. Kurz, die Versuchung wäre eine Kristallisierung der Gegenwart, ein Phänomen geistiger Unbeweglichkeit. Im Gegensatz zur traditionellen Vorstellung wäre sie eine Stimme, die zum Asketen sagt: Du bist auf dem rechten Wege, bleib, wo du bist. Das ist die Stimme der Dinosaurier, einer früher erfolgreichen, aber überholten Welt, die weiterhin in der menschlichen Fantasie herumspukt und als Drache oder Schlange mit Pfoten sich der notwendigen Evolution des Menschen, dieses – biologisch und geistig neuen – Menschen, der der Asket werden möchte, entgegenstellt. Eine Stimme, die aus der Tiefe der Zeiten kommt und somit aus der Tiefe Ägyptens: Denn ist Ägypten nicht schlechthin das Land, wo die Zeit stehen bleibt, wo die Götter mit den Tierköpfen für unwandelbar galten, für zugleich mit der Welt geboren? Der Dinosaurier ist die Stimme der Jahrhunderte, das heißt des alten Ägyptens, einer verhassten, aber unveräußerlichen Vergangenheit, die man nur schwer hinnehmen, aber noch schwerer loswerden kann: In Ägypten konnte der Teufel nur die Züge der alten Götter annehmen, die eigensinnig nicht sterben wollten.

Die Masken des Teufels

Diese Gleichstellung von Dämonen und alten Göttern hat für den Asketen jedoch einen Vorteil: Die Dämonen besitzen nur eine Scheinmacht. Wie die Götzen nach einem Ausspruch des hl. Klemens von Alexandria nur ein Zerrbild der Gottheit waren, sind die Dämonen ihrerseits nur ein Zerrbild der Engel. Im Grunde haben sie keinerlei wirkliche Macht über den Asketen. Dass sie beständig ihre Erscheinungsform wechseln, um ihn zu erschrecken, ist nur der Beweis für ihre unbeständige Natur, und sie erscheinen auch selten allein, denn „wenn sie irgendeine Macht hätten", sagt Antonios zu seinen Schülern, „kämen sie nicht zuhauf. Sie würden uns keine Phantome vorsetzen und nicht ihre Gestalt ändern, um uns zu täuschen.

Denn die, denen es nicht an Macht gebricht, haben nicht Not, sich der Täuschungen oder Geräusche zu bedienen, um uns zu erschrecken." Vor allem aber kann der Dämon nicht das Gewissen des Asketen durchdringen, seine ganze Macht beschränkt sich darauf, Gesten und Verhaltensweisen auszulösen, die er dann gegen den Asketen ausspielen kann. Wir haben schon mancherlei Beispiele kennen gelernt: Wie der Dämon versucht, den Asketen zu veranlassen, beim Wasserholen einen Schritt weniger zu machen; ihn dadurch zum Lachen zu bringen, dass mehrere sich bemühen, von einem Baum ein einziges Blatt abzureißen; ihn dazu zu bringen, eine Olive mehr oder weniger zu essen; wie er unter seinen Füßen ein Loch gräbt, damit er sich nicht niederknien kann. Alles charakteristische Züge, die der mittelalterlichen Dämonologie zu Grunde liegen, wie zum Beispiel der Notwendigkeit, den Pakt mit Blut zu besiegeln, damit die Verschreibung fasslich und beweiskräftig ist: Eine lediglich innerliche Einwilligung ist für den Teufel unwirksam. Daraus erklärt sich auch die Natur der gegen ihn angewandten Waffen: Die lediglich innerliche Ablehnung des Asketen genügt nicht. Um den Dämon zu besiegen und zu zeigen, dass er nicht auf seine List hereinfällt, muss der Anachoret bestimmte Gesten ausführen – zum Beispiel das Zeichen des Kreuzes schlagen – oder gewisse Worte aus dem Evangelium hersagen. Nur so begreift, sieht, hört der Dämon, dass der Asket sich nicht versuchen lässt.

Manchmal aber erscheint der Teufel unter einer völlig anderen Gestalt: als Verführer, von einer Aureole der Glorie und des Lichtes umgeben, als der schönste aller Engel. Diese Dualität des Teufels, diese ständigen Übergänge vom Entsetzlichen zum Schönen sind dem Anachoreten durchaus geläufig. Dass diese zweite – der menschlichen Erfahrung unendlich näher stehende – Vision im Leben in der Wüste eine bedeutende Rolle gespielt hat, leuchtet ein. In diesem Fall nimmt der Teufel ein vertrautes Gesicht an, so vertraut, dass er gelegentlich mit den verdrängten – aber immer gegenwärtigen – Begierden des Asketen verschmilzt. Wie oft ist dieser nicht versucht aufzugeben oder nachzulassen in dem beständigen Kampf, den er gegen Hunger, Durst, Schlaf und alle Forderungen des Fleisches führt? In dieser ständigen Spannung zwischen dem Asketen und seinen Begierden kann alles – das leiseste Zögern, das geringste Ermatten, schon ein Seufzer oder ein Blick auf die Welt und die Dinge – dem Satan zum Vorwand dienen, sich in Geist und Herz des Menschen einzuschleichen. Überall streicht er in der Wüste umher, mit den Zügen einer verirrten Frau, die für die Nacht um Aufnahme in der Zelle des Mönches oder des Asketen bittet, selbst in dessen Herzen ist er, indem er ihm lästige Begierden, schweifende Gedanken, unbestimmtes Bedauern – und Gleichgültigkeit eingibt. Ja, manchmal kommt der Teufel sogar aus einer ferneren Zeit, nicht aus der Gegenwart, wie in der erstaunlichen Versuchung des heiligen Pachon, wo er als in der Kindheit flüchtig gesehenes Bild erscheint, als Augenblick der Vergangenheit, die man vergessen glaubte und die nun Jahre später in der Einsamkeit der Wüste plötzlich aus dem Unbewussten wieder auftaucht.

„Obwohl ich im Alter schon sehr fortgeschritten bin und 40 Jahre meines Lebens ausschließlich im Gedanken an mein Heil in dieser Zelle verbracht habe", sagt Pachon einmal zu Palladius, „werde ich doch immer noch versucht. Seit mehr als zwölf Jahren ist kein einziger Tag, keine einzige Nacht vergangen, da ich nicht vom Dämon gequält oder verfolgt worden wäre. Eines Tages, als er sich in ein junges äthiopisches Mädchen verwandelt hatte, das ich in meiner Jugend einmal im Sommer hatte Kornähren lesen sehen, schien mir, als setze sie sich mir auf die Knie. Sie erregte in mir eine solche Begierde, mit ihr Gott zu beleidigen, dass ich vor Schmerz außer mich geriet und ihr eine Ohrfeige gab, worauf sie verschwand. Noch mehr als zwei Jahre später roch meine Hand so schlecht, dass ich den Gestank nicht ertragen konnte."

Dieser Gestank, den der Dämon hinterlässt, ist kennzeichnend: Gewöhnlich ist es ein Geruch nach Schwefel oder Verbranntem, der sich wochen- oder monatelang hält. Überhaupt spielt der Geruch im Leben der Asketen eine große Rolle, denn er ist das Symbol bestimmter innerer Zustände: Ein Mensch, der schlecht riecht, ist ein schlechter Mensch im Stande der Sünde. Pachomios, der selbst „im Geruche der Heiligkeit" starb, besaß die Gabe, die Sünde, ja selbst den Irrglauben nach dem besonderen Geruch der Besucher, die er empfing, schon auf die Entfernung zu riechen! Ja, die Seele hat ihren Geruch wie der Leib, aber nicht jeder ist gleich geeignet, ihn wahrzunehmen, wie aus folgender Stelle der *Apophthegmata der Wüstenväter* hervorgeht: „Ein heiliger Greis erzählte, dass er eines Tages, als er durch die Wüste ging, zwei Engel gewahrte, die ihm folgten. Nach einer Weile stießen sie auf einen Kadaver. Der Alte stopfte sich wegen des Gestankes die Nase zu und die Engel taten ein Gleiches. ‚So habt ihr also auch diesen Gestank wahrgenommen?', fragte er sie. ‚Nein', antworteten die Engel. ‚Den Geruch des Leibes riechen wir nicht, aber wir können den Gestank der Seele wahrnehmen.'"

Aber zurück zum Teufel-Verführer; die Versuchung des heiligen Pachon ist nicht die einzige dieser Art. Sehr häufig erscheint der Teufel in Gestalt einer verirrten Frau von wunderbarer Schönheit, die einen Einsiedler um Gastfreundschaft bittet. So zum Beispiel in der für dieses Genre geradezu vorbildlichen Versuchung des Johannes von Ägypten: Nach und nach verfällt der Asket dem Zauber der verirrten Frau – mit einer Leichtigkeit, die bei einem gestählten Reklusen, der seit mehr als 30 Jahren in einer Höhle lebt, überrascht:

„Eines Tages gegen Abend nahm der Verführer der Menschen die Gestalt einer sehr schönen Frau an, die wie verirrt in dieser Wüste und von einer unerträglichen Mühe ermüdet sich der Höhle des Johannes von Ägypten näherte, unter dem Vorwande der Erschöpfung eintrat, sich ihm zu Füßen warf und ihn anflehte, sich ihrer zu erbarmen: ‚Die Nacht hat mich in dieser Wüste überrascht, in die ich gekommen war, mich zu verstecken: Erlaubt mir, in einer Ecke eurer Zelle ein bisschen zu ruhen, damit mich die wilden Tiere nicht zerreißen.' Johannes von Ägypten, von Mitleid ergriffen, führte sie in seine Höhle und fragte sie, welche Gründe sie zwängen, so in der Wüste umherzuirren. Sie gab ihm falsche, aber klug erfundene Gründe an und entfaltete in der Fortführung des Gespräches das ganze Gift ihrer Reize, das ganze Gift ihrer Schmeicheleien, denn bald sagte sie ihm, dass sie eine Elende, bald, dass sie seiner Hilfe nicht unwürdig sei. Auf diese Weise rührte sie den Geist des Einsiedlers mit der gefälligen Süße ihrer Worte. Auf die ersten Gespräche folgten noch süßere, Lachen und Liebkosungen mischten sich hinein, und da war diese Frau dreist genug, ihre Hände zum Bart und zum Kinn des Einsiedlers zu erheben; schließlich ging sie gar so weit, seinen Kopf und Hals mit einiger Vertraulichkeit zu umfangen.

Was soll ich noch sagen? Sie triumphierte über diesen Soldaten Jesu Christi und machte ihn zu ihrem Sklaven. Denn alsbald fühlte er eine große Unruhe in sich aufsteigen, ungestüme Regungen erfassten ihn, eine zügellose Leidenschaft, ohne dass ihn der Gedanke an seine vergangenen Werke und Mühen hätte zurückhalten können. Aber als er sich unkeuschen Umarmungen hingeben wollte, verging ihm dieser in die Gestalt einer Frau gekleidete Dämon, dessen angeblicher Leib doch nur ein Luftgebilde war, mit einem entsetzlichen Geheul unter den Händen, und als der Unglückselige ihn in schmählicher Weise verfolgte, ließ er ihn voller Verwirrung zurück und fügte noch einen grausamen Spott hinzu. Eine große Vielzahl von Dämonen versammelte sich, um diesem Schauspiel beizuwohnen, die alle laute Schreie ausstießen und in Lachen ausbrachen."

Aber gelegentlich sind die Versuchungen weniger spektakulär. Der Verführer wird nicht immer sichtbar, er ist oft nur eine Stimme, sogar nur ein Gedanke, ein lästiger, hinterhältiger Gedanke, der auf die Welt hinlenkt und einen an sich selber zweifeln lässt. So gibt es im Verlaufe langer in der Einsamkeit verbrachter Stunden Augenblicke plötzlicher Ermattung und Angst und Abscheu bemächtigen sich des Asketen. Diese Betäubung stellt sich vorwiegend gegen Mittag ein, wenn die Wüste eine unerträgliche Hitze ausstrahlt, wenn die Zeit endlos und das Leben plötzlich sinnlos erscheinen. Dieses Gefühl bezeichneten die Wüstenväter mit dem griechischen Wort *acedia*, das Gleichgültigkeit, Überdruss, Apathie des Herzens und der Seele bedeutet. „Vor allem gegen die Mitte des Tages quält es den Mönch", schreibt Cassianus in *Die Einrichtungen der Mönche Ägyptens*, „so zum Beispiel als regelrechtes Fieber, dessen Anfälle periodisch wiederkehren. Deshalb haben viele Alte es auch den Dämon des Mittags genannt, nach dem Ausdruck, der sich im 90. Psalm findet." Es beginnt damit, dass der Anachoret „Grausen vor dem Ort empfindet, an dem er lebt, Abscheu vor seiner Zelle, Verachtung für seine Brüder. Er fühlt sich unfähig, heimzukehren, zu arbeiten, zu beten." Im Laufe der Stunden, „wenn die Mitte des Tages naht, werden Müdigkeit und Hunger drückender. Der Anachoret fühlt sich ebenso erschöpft wie nach einem langen Gang durch die Wüste oder wie nach tagelangem Fasten. Unablässig schaut er den Horizont ab, um einen Besucher zu entdecken. Er verlässt seine Zelle, kehrt zurück, erhebt alle Augenblicke die Augen zum Himmel, zur Sonne, deren Bahn kein Ende zu nehmen scheint!"

Die *acedia* ist das Leiden der Einsamkeit, das Leiden des asketischen Lebens in der Wüste, das Leiden des Wesens, das den Kampf und die Suche nach dem neuen Menschen aufgibt. Wie weit kann dieses Leiden gehen? Hat es seinen Ursprung in den Wurzeln des Wesens, in den tiefsten Schichten der Person, so ist es von dieser nicht zu trennen, verschmilzt vielleicht mit dem Asketen oder zumindest mit dem, was er an Unbeweglichkeit, Dunkelheit in sich trägt. Deshalb haben manche Schriften dieses Leiden auch buchstäblich als Krankheit aufgefasst, die mithilfe von Heilmitteln, das heißt Beten und Fasten, aus dem Leib und der Seele des Asketen ausgetrieben werden kann. So zum Beispiel die seltsame Episode aus dem koptischen *Leben des Schenute*, die erzählt, wie der Dämon plötzlich den von Fieber geschüttelten Asketen verlässt. „Es widerfuhr mir", erzählt einmal ein Asket dem Abt Schenute, „abends, als die Stunde des Lichtes vergangen war, dass mein Leib auf üble Weise zu zittern begann. Da sagte ich zu mir: Alle Gelenke springen mir aus dem Leib, ich werde bald sterben. Aber da, plötzlich, verließ etwas meinen Leib, etwas, das ebenso heftig stank wie der Eiter der Toten, und es stieg auf über der Nacktheit des Steines wie das Glühen einer Rauchwolke, flog davon und verschwand."

Wenn aber „dieser Eiter der Toten", den die Asketen in sich tragen, sie nicht verlässt, wenn sie trotz allem Fasten und Kämpfen dazu bestimmt sind, ihr Leben lang von Anubis – von der Schlange, der Frau, der *acedia* – verfolgt zu werden, welchen Namen muss man dann eigentlich diesem Dämon geben, der in ihnen wohnt, der sie immer ein bisschen auf dieser Erde festhält – welches Gesicht kann er annehmen? Man errät die Antwort und einige – wenige, aber zuverlässige – Schriften bestätigen sie. Eine verblüffende Antwort – wenn auch nicht unerwartet (liegt doch eben darin die größte List des Bösen): Gelegentlich entdeckt ein Asket beim Näherkommen eines Besuchers, den er schon von ferne gesehen und für den Teufel gehalten hat, dass dieser kein anderer ist als er selbst, sein Doppelgänger, der aus der Tiefe des Horizonts zu einer Begegnung gekommen ist.

9. Engel und Dämonen

Bei Gefahr, in Wahnsinn zu verfallen, begehre nicht die himm-
lischen Mächte noch Christus, noch die Engel mit den Augen des
Leibes zu schauen.

Evagrios Pontikos, Über das Gebet

Ist das Leben, wie die Kopten es auffassen, nur eine laufende Buchführung von Gutem und Bösem, so muss wohl eines Tages die Bilanz gezogen, dem Menschen von den höheren Mächten die Rechnung präsentiert
werden. Gewöhnlich geschieht das im Augenblick des Todes. Ist der
Mensch Schuldner, so muss er nun zahlen, und worin diese Zahlung besteht, haben wir schon gesehen. Ist er dagegen ein Gläubiger, so wird er
jetzt belohnt, er kommt ins Paradies. Nicht immer jedoch kommt er geradenwegs dorthin, denn auch hier variieren die Stufen und die Belohnun-
gen je nach der Reinheit des Einzelnen. „Wenn der Mensch, der stirbt,
dank seiner Übungen auf einer sehr hohen Stufe stand, kommen drei Engel von hohem Rang, um ihn zu holen und zu Gott zu führen. Wenn er in
seiner Tugend mittelmäßig war, werden niedere Engel ausgesandt, um ihn
zu holen. Gott will das so, aus Furcht, dass, schickte er Engel höheren Ran-
ges, um einen aufgrund seiner Übungen auf einer niedereren Stufe stehenden Menschen zu holen, diese ihn nach der Art behandeln könnten,
die bei den weltlichen Autoritäten im Schwange ist." Eine Hierarchie, die
sich auch bei den Engeln wieder findet, denn „von den drei zum Sterbenden gesandten Engeln stehen die einen im Range höher als die anderen,
und jeder gehorcht jeweils dem über ihm Stehenden."

Um die Seele eines tugendhaften Menschen herauszuziehen, bedarf es
weder eines Angelhakens noch eines Pferdegeistes, um sie fortzuziehen. In
dem Augenblick, da „der Mensch seinen Geist aufgibt, steht einer der Engel an seinem Haupt und ein anderer zu seinen Füßen in einer Haltung, als
rieben sie ihn mit ihren Händen mit Öl ein, bis die Seele den Leib verlässt,
während der Dritte ein großes geistiges Tuch ausbreitet, um die Seele darin ehrenvoll zu empfangen. Die Seele des heiligen Mannes ist schön von
Ansehen und weiß wie Schnee." Und nun folgt in den Räumen des Lichts

im Jenseits der feierliche Gang zum Herrn. Wenn die Seele den Leib verlassen hat, „ergreift einer der Engel die beiden Enden des Tuches hinten, der andere nimmt sie vorne nach Art der Menschen auf Erden, wenn sie einen Leichnam aufheben. Währenddessen singt der dritte Engel vor der Seele in einer Sprache, die keiner kennt. Nicht einmal unser Vater Pachomios hat ihren Gesang verstanden" (dieser Auszug stammt wie der über die Hölle im vorigen Kapitel aus dem *Leben des Pachomios*), „er verstand nur manchmal das Wort: alleluja. Und so erhoben sich die Engel mit der Seele in die Lüfte gegen Sonnenaufgang zu; sie schritten nicht wie Menschen, die zu Fuß gehen, sondern glitten beim Gehen wie Wasser, das fließt, denn sie sind Geister. Sie erhoben sich mit ihr in die Höhe, damit sie die Grenzen der Erde von einem Ende zum anderen sähe, damit sie die ganze Schöpfung überschaute und Gott, der sie gemacht hat, rühmte. Darauf zeigen sie ihr ihre Ruhestätte nach dem Geheiß des Herrn." Im Himmel wird sie von allen Heiligen empfangen (man denkt an den altägyptischen Totenglauben, nach dem der Tote bei seiner Reise zu Osiris im Himmel ebenfalls von allen Göttern empfangen wird). „Sie gehen dem Verstorbenen je nach seinen Verdiensten entgegen. Manchen Verstorbenen kommen die Heiligen bis zur Pforte des Lebens entgegen, um sie zu umarmen. Anderen kommen sie je nach ihren Verdiensten entgegen. Wieder andere lassen sie erst zu sich herantreten, ehe sie sich erheben und sie umarmen. Und wieder andere haben überhaupt nicht verdient, dass die Heiligen sich ihretwegen erheben und sie umarmen."

Die Handwerker des Lichts

Aber manchmal kann das Paradies auch auf die Erde herabkommen. Das Leben, das die Anachoreten in der Wüste führen, ist schon eine Vorwegnahme des himmlischen Lebens. So ist es ganz natürlich, dass diese Vorwegnahme sich durch bestimmte Zeichen offenbart. In dieser Welt der beständigen Illusionen, wo selbst der Dämon das Aussehen eines Engels annimmt, um die Einsiedler besser täuschen zu können, sind genaue, zuverlässige Zeichen, die dem Asketen sagen, dass er auf dem rechten Weg ist, besonders wichtig. Denn hier gibt es nicht nur eine Versuchung durch die Dämonen, sondern auch eine Versuchung durch die Engel. Zahlreiche

Texte sprechen von den Verdrießlichkeiten dieses oder jenes Anachoreten, der zu früh geglaubt hat, die *hesychia* erlangt zu haben, und sich voreilig für einen Engel hielt:

„Eines Tages sagte der Abbas Johannes zu seinem älteren Bruder, dass er gerne wie die Engel wäre, die nicht arbeiten und Gott nur lobsingen; darauf zog er sein Ordenskleid aus und ging fort in die Wüste. Nachdem er dort eine Woche verbracht hatte, kam er zu seinem Bruder zurück und klopfte an dessen Tür. ‚Wer da?‘, fragte der Bruder. ‚Ich bin's, Johannes‘, antwortete er. ‚Johannes ist ein Engel geworden‘, antwortete der, ‚er weilt nicht mehr unter den Menschen.‘ Und obgleich der andere fortfuhr zu klopfen und zu schreien, dass er es sei, ließ er ihn die ganze Nacht vor der Türe, ohne ihm zu öffnen. Schließlich, als der Tag gekommen war, öffnete er die Tür und sagte zu ihm: ‚Wenn du ein Engel bist, was hast du es da nötig, dass man dir die Tür öffne, um einzutreten? Bist du aber ein Mensch, warum arbeitest du dann nicht wie die anderen?‘“

Die Engel sind in der Wüste ständig gegenwärtig. Sie greifen fortwährend in das Leben des Asketen ein: um über seine Fortschritte und Rückschläge Buch zu führen, um ihn vor den Dämonen zu beschützen, um ihm die Botschaften und Anweisungen des Herrn zu überbringen. Schutz-Engel, Buchführungs-Engel, Soldaten-Engel, Boten-Engel, Seelengeleit-Engel – die Vielfalt und Auffächerung der engelhaften Funktionen darf nicht wundernehmen, denn für die Wüstenväter ist die unsichtbare Welt ebenso wirklich – und folglich ebenso strukturiert – wie die sichtbare. Für sie gibt es unzählige Engel- und Dämonenscharen, so unzählig viele, dass sie das Licht der Sonne verfinstern würden, hätte Gott sie nicht zum Glück für die menschlichen Augen unsichtbar gemacht.

Die Christen der ersten Jahrhunderte legten großen Nachdruck auf die Unzählbarkeit *(anarithmetos)* der Engelscharen. Viele Väter schätzten das Verhältnis der Engel zur Gesamtheit aller Menschen der Vergangenheit, Gegenwart und Zukunft auf 99 : 1 (man wandte auf dieses Problem das biblische Gleichnis vom verlorenen Schaf an, wobei der Mensch als das verlorene Schaf betrachtet wurde). Damit führen die Wüstenväter lediglich eine Überzeugung fort, die schon bei den Kirchenvätern und den frühen christlichen Autoren weit verbreitet war. In deren Augen hat jedes Lebewesen – Mensch, Tier oder Pflanze – einen Engel. Nach Origenes lenken die Engel die Elemente, das Feuer, die Geburt der Tiere, das Wachstum der

*Ein Cherub, dargestellt in der Makarios-Kirche
des gleichnamigen Klosters im Wadi Natrun.*

Pflanzen. Nach dem heiligen Johannes Chrysostomos verwalten sie das
Universum, die Völker (die Geschichte würde also nicht von den Menschen, sondern von den Engeln gemacht), die leblosen Dinge der Schöpfung, die Sonne, den Mond, das Meer, die Erde. Und Klemens von Alexandria und die kappadokischen Autoren – der heilige Gregor von Nyssa und
der heilige Gregor von Nazianz – sprechen sogar von „Engeln der Städte".
Nach der Überzeugung der Zeit wird den Engeln eine ganze Reihe ursäch-
licher Zusammenhänge und Naturphänomene zugeschrieben, wie zum
Beispiel die Bewegung der Planeten, das Wachstum der Pflanzen und Lebewesen, ja selbst der Gang der Geschichte. Ein Glaube, der durch die mo-
derne Wissenschaft offensichtlich überholt wurde, obgleich die Frage tatsächlich nicht so einfach ist. Denn den Sonnenaufgang oder den Assimila-
tionsprozess durch das Eingreifen eines Engels zu erklären, kam in diesen
Jahrhunderten nicht so sehr einem Bedürfnis nach Irrationalem als vielmehr einem Bedürfnis nach Logik entgegen. Und es ist gar nicht so sicher,
ob ein so hervorragender Geist wie Origenes, würde er plötzlich in unsere
Zeit versetzt, seinen Engelsglauben mit den Gegebenheiten der modernen

Wissenschaft für unvereinbar hielte. Vielleicht würde er den Engel, der die außerordentliche Güte hat, in jedem Augenblick die Erde im Raum zu bewegen, Gravitation und jenen, der die Rotation der Partikel der Materie um den Atomkern gewährleistet, Elektron nennen?

Aber es geht uns hier weniger um die Spekulationen der Autoren als um den wesentlich gröberen und naiveren Engelsglauben der Anachoreten und ihre Vorstellung von der Rolle der Engel im täglichen Leben der Wüste. Jeder Engel hat seine Mission, eine genau umrissene Funktion, die zugleich seine Eigenschaften und sein Aussehen bestimmen. Nennen wir, um mit der Sprache unserer Zeit zu sprechen, die Wüstenengel und -dämonen ruhig funktionelle Wesen. Funktionen in ihrer Erscheinung und selbst in ihrer Natur, denn manche Engel – so zum Beispiel die beschriebenen Folterengel – sind von Gott, der sie dem Erbarmen unzugänglich macht, allein für die Erfüllung einer einzigen Aufgabe geschaffen. Deshalb kommt den Engeln in der Vision des Asketen ein bestimmtes Aussehen zu, das genau ihrer Funktion entspricht. So sieht Theodor, der Schüler des Pachomios, zum Beispiel, als er eines Nachts betet, einen Engel, der über alle Brüder des Klosters wacht. Dieser Engel aber „glich in seiner Gestalt einem Soldaten des Königs: Er hielt ein weithin glänzendes feuriges Schwert in der Hand und war in ein Sticharion (Priestergewand) gekleidet, denn in diesem Augenblick trug er seine Chlamys (Offiziersmantel) nicht. Große Medaillons zierten das glänzende und schöne Sticharion. Sein Gürtel war eine Spanne hoch. Er war rot und blitzte."

Ein roter, bewaffneter Engel, da mit einer militärischen Aufgabe betraut: Überwachung oder Kampf gegen die Dämonen. Im Gegensatz dazu der Botenengel Gottes: Überbringer des göttlichen Wortes, ein weißer, blendender Engel, dessen Licht manchmal den Schein der Sonne übertrifft.

Wenn er für niedere Arbeiten vorgesehen ist – wie für die Überwachung der Gesten oder der Worte eines Asketen –, verliert der Engel seine Flügel, sein Schwert, sein Licht. Er nimmt menschliche Gestalt an, wie jener oben erwähnte junge Mann, der die Schritte des Anachoreten im Sand zählt. Gelegentlich nimmt er sogar die Züge des Asketen selbst an, wird sein Engelsdoppel, wie der Dämon sein Teufelsdoppel werden kann. So sieht der heilige Antonios eines Tages, als er Gott um Rat über die Verwendung seiner Zeit gebeten hat, vor sich in der Wüste einen Mann sitzen, der ihm aufs Haar gleicht und der sich damit beschäftigt, Körbe zu flechten.

Das sind also die Erscheinungsweisen und Funktionen der Engel in der Wüste: mit einem Schwert bewaffnete Soldaten; blendende, geflügelte Boten; schweigsame junge Leute, die durch die Wüste gehen; Doppelgänger, die dem Anachoreten den Weg zeigen. Sie greifen in das Leben des Asketen ein, wie sie in das Leben des Universums eingreifen, sie lenken, ja gestalten das Schicksal der Wesen und Dinge, sie sind, nach dem schönen Ausdruck Tertullians, „Handwerker der Flamme".

Aber das Leben in der Wüste ist dank der vertrauten Gegenwart der Engel nicht nur eine Vorwegnahme des zukünftigen Paradieses, es ist auch eine Erinnerung, ein Wiederaufleuchten des verlorenen Paradieses. Der Anachoret lebt zugleich vor und nach der Geschichte. Aber was besagt Geschichte für einen Kopten? Für einen Kopten ist Geschichte die Zeit der Welt und der Sünde. Die Geschichte – und das geschichtliche Bewusstsein – sind für den Christen mit dem Sündenfall und dem Bewusstsein der Sünde entstanden, sodass der Albtraum der Geschichte für ihn nur ein Aspekt des furchtbaren Albtraums der Erbsünde ist. In dem Maße, wie der Anachoret der Geschichte entkommen will, muss er also vor und nach der Sünde leben oder doch wenigstens sich darum bemühen, denn natürlich hätte keiner bei Strafe schwerer Häresie zu behaupten gewagt, das Fasten und das Leben in der Wüste könnten die Folgen der Befleckung durch die Erbsünde tilgen. Aber die Reinigungsübungen, denen er sich in der Wüste unterzieht, mildern doch wenigstens die Auswirkungen. Sie ermöglichen es dem Asketen, während kurzer Augenblicke wie „vordem" zu leben, das Leben Adams im Paradies zu führen. Mehr noch. Sie ermöglichen es ihm, ein neuer Adam zu sein. „Kraft des Geistes und der geistigen Erneuerung", sagt Makarios der Ältere in einer seiner *Geistlichen Homilien*, „steigt der Mensch zur Würde des ersten Adam auf, denn ein solcher Mensch ist vergöttlicht." Diese kurzen Augenblicke aber, in denen das Ewige in die Gegenwart einbricht, in denen der Mensch vergöttlicht ist und ein neuer Adam wird, sind die Zeit der Wunder.

Ehe wir uns jedoch der Untersuchung der Wunder zuwenden, wollen wir noch eines klarstellen: Es geht uns hier nur um die Wunder in der Wüste. Übrigens wäre es ein grober Irrtum, wollte man die Wunder von ihrem kulturellen Hintergrund ablösen, um sie sozusagen im luftleeren Raum zu behandeln. Denn wie die Versuchungen sind sie historische Phänomene, das heißt Phänomene, die auf etwas bezogen sind, die ursprünglich den Bedürfnissen eines bestimmten Milieus entsprechen und von selbst verschwinden, sobald dieses Milieu oder diese Bedürfnisse zu existieren aufgehört haben. Vor allem aber hat das Wunder an sich nie einen Sinn. Es ist in erster Linie Zeugnis, Beweis der Wahrheit und der Macht des Glaubens. Es soll weniger erstaunen als bezeugen und beweisen. Deshalb finden wir in den verschiedenen Kulturen zur Bezeugung der Wahrheit Gottes auch nie dieselben Wunder, ja in manchen sogar überhaupt keine. Könnte man heute denn einen Atheisten dadurch bekehren, dass man Drachen vom Blitz zerschmettern ließe? So hat jede Epoche ihre Wunder gehabt als Antworten auf ihre Fragen; aus diesem Grunde muss man sie im Rahmen ihrer Zeit und ihres kulturellen Umfeldes betrachten, um ihre Rolle und ihre Bedeutung für die psychische Struktur der Menschen ermessen zu können. Wie die Engel und die Dämonen kann man die Wunder als funktionelle Phänomene bezeichnen.

Diese kurzen Bemerkungen schließen sich übrigens an jene aus den ersten Kapiteln dieses Buches über die Aretalogie an. Begriff und Gattung der erbaulichen und idealen Rede entsprechen der modernen Vorstellung von funktioneller Rede oder Gattung. Die Wunder, von denen die Wüstenliteratur nur so überfließt, sollen nicht nur die dem Heiligen innewohnende Kraft bezeugen, sondern vor allem seine Kraft über die Dinge: Sie sollen erstaunen, doch um zu erbauen. Wen erbauen? Die christlichen Leser der Heiligenviten, um sie in ihrem Glauben zu festigen, aber auch die heidnischen Leser, um sie zu überzeugen und zu bekehren (tatsächlich berichten zahlreiche Texte von Aufsehen erregenden Konversionen nach einem Wunder, was den Gedanken nahe legt, dass das Wunder a posteriori erfunden worden sein könnte, um eine historisch schwer erklärbare Konversion zu rechtfertigen). Zweifelsohne haben manche Wunder einen aretalogischen – somit literarischen – Ursprung, so jene in den Heiligenleben, die jene Heldentaten wiederholen, die schon von älteren heidnischen Weisen oder Priestern vollbracht worden waren: auf dem Wasser gehen, wilde Tiere zähmen, Schlangen und Drachen mit dem Blitz niederschmettern, den Dingen befehlen – all diese Wunder gehören zu einem alten, magisch angehauchten aretalogischen Bestand, der ursprünglich nichts mit dem Christentum zu tun hat, den die Heiligenleben wohl lediglich aus den älteren heidnischen Schriften übernommen haben.

Das Bestiarium der Wüste

Es gibt eine Logik der Wunder. Wenn manche Anachoreten tatsächlich die Zeit vor dem Sündenfall wieder finden, so heißt das, dass das Leben in der Wüste das Leben Adams im Paradies „reproduziert". Ständig von der Vorsehung gestellte Nahrung, Stand der Unschuld, der nichts von Scham und Nacktheit weiß, brüderlicher Umgang mit den Tieren – all diese Vorrechte der ersten Menschen finden sich von neuem in der Wüste vereint.

Das Thema der von der Vorsehung gelieferten Nahrung taucht in der Wüstenliteratur sehr häufig auf. Wir haben dafür schon mehrere Beispiele gesehen: den Anachoreten, der täglich auf seinem Tisch ein ganz weißes Brot vorfindet; die heilige Maria von Ägypten, die 17 Jahre lang von zwei kleinen Broten lebt; die Reihe ließe sich beliebig fortsetzen. Halten wir hier lediglich fest, dass dieses Wunder mehr für den internen Gebrauch gedacht ist, es soll die Anachoreten selbst erbauen, denn es geschieht nur bei besonders tugendhaften Asketen, die das Fasten und die Kasteiungen sehr weit getrieben haben.

Das zweite Thema, das Thema von der wieder gefundenen Unschuld, ist eigentlich gar kein Wunder. Es handelt sich hier eher um die logische Konsequenz eines Zustandes innerer Entblößung, der sich in eine physische „Entblößung", eine Nacktheit übersetzt, deren sich der Asket nicht im Mindesten bewusst wird. Übrigens brachten es die Bedingungen des Wüstenlebens mit sich, dass manche Anachoreten tatsächlich im „Adamskostüm" leben mussten; so führt Johannes Moschos mehrere Fälle von Nudismus an: jenen schon weiter oben erwähnten Sophronias, den Weidenden, der „70 Jahre lang gänzlich nackt am Toten Meer lebte", oder jenen Abbas Georgius, Anachoret, der „35 Jahre lang gänzlich nackt durch die Wüste streifte". Eine Nacktheit, die offensichtlich schon sehr bald eine symbolische Bedeutung annahm, als Gunst Gottes aufgefasst wurde, als besondere Gnade, die nur einer sehr kleinen Zahl von Asketen vorbehalten ist und außerdem Hand in Hand geht mit anderen Privilegien. „Als ich vor Jahren in Raithu war", erzählt ein Mönch dem Johannes Moschos, „begab ich mich eines Tages, an einem Gründonnerstag, in die Kirche. Alle Väter waren versammelt. Da gewahrte ich zwei Anachoreten, die die Kirche betraten. Sie waren nackt, aber außer mir bemerkte keiner der Väter, dass sie nackt waren. Als sie kommuniziert hatten, verließen sie die Kirche und gingen fort." Der

Mönch fleht sie an, ihn mit sich zu nehmen, aber sie antworten ihm: „Du kannst nicht mit uns leben. Bleib, wo du bist, das ist der rechte Ort für dich."– „Sie verrichteten ein Gebet für mich, und vor meinen Augen gingen sie auf dem Wasser des Roten Meeres und gingen zu Fuß darüber."

Aber das am häufigsten wiederkehrende Wunder ist das der „folgsamen Tiere", mit denen der Anachoret in vollkommenem Einvernehmen lebt. Sicher liegt auch diesem Thema ein Stück Wahrheit zu Grunde. Es mag sein, dass dieser oder jener Eremit in einem gewissen Einvernehmen mit einem wilden Tier von friedfertigem Charakter lebte. Oder auch, dass es in der Wüste ein Büffel- oder Schakal-Kind gegeben hat, wie wir es weiter oben bei Onuphrios und Aphu dem Büffel sahen, deren Leben den Anstoß zur Entstehung dieses Themas gegeben haben mag. Aber darauf kommt es im Grunde gar nicht so sehr an, denn das wiederholte Aufgreifen dieses Themas entspricht einem anderen Bedürfnis: Es soll zeigen, wie die Tiere Adam im Paradies vor dem Sündenfall untertan waren.

Ein aretalogisches Bestiarium also, das den Leser oder Hörer erbauen soll. Die Hauptrolle darin fällt dem Löwen zu, dessen symbolische Bedeutung unschwer zu erkennen ist: Verneigt sich der König der Tiere vor dem Anachoreten, so zollt durch ihn hindurch die ganze Tierwelt dem Eremiten die ihm gebührende Verehrung.

Welcher Art sind nun die Beziehungen zwischen Löwen und Menschen in der Wüste? Die besten, die freundschaftlichsten: Der Löwe ist der Freund des Menschen, er versteht ihn, gehorcht ihm, kommt ihm notfalls zur Hilfe. So erzählt Moschos von einem Löwen, der eines Tages in der Gegend, in der Julian Stylites lebte, erschienen war und viele Leute übel zugerichtet hatte; da „rief dieser seinen Schüler und sagte zu ihm: ‚Geh zwei Meilen von hier nach Süden. Dort wirst du einen Löwen liegend finden. Sprich zu ihm: Der demütige Julian lässt dir sagen, du sollst dieses Land verlassen.' Der Schüler ging hin, fand den Löwen, richtete ihm den Auftrag aus, und alsobald ging der Löwe fort."

Und Simeon der Ältere (nicht der Säulensteher, sondern der von Theodoret Erwähnte, den wir auf dem Sinaiweg getroffen haben) hat es sich zur Gewohnheit gemacht, die verirrten Besucher von „zwei Löwen, die sich zu seiner Verfügung hielten", zum nächsten Dorf begleiten zu lassen, zwei Löwen, „die statt wilde Blicke zu werfen, den Heiligen mit den Augen liebkosten, als anerkannten sie ihn als ihren Herrn".

Die Anhänglichkeit des Löwen an seinen Herrn kann sogar noch weiter gehen, wie die rührende Geschichte vom Löwen des heiligen Gerasimus zeigt, die Johannes Moschos erzählt. Gerasimus, ein Anachoret, lebte in einer Laura am Jordan. Zu seinen Diensten hatte er einen sehr getreuen Löwen, den er früher einmal von einer Verletzung geheilt hatte und der ihn seitdem nicht mehr verließ. Die vornehmste Aufgabe dieses Löwen war es, den Esel der Laura zu bewachen und zu beschützen, wenn dieser an die Tränke zum Jordan ging. Aber eines Tages gelang es Kameltreibern, sich des Esels zu bemächtigen. Der Löwe kam, da er den Esel verloren hatte, ganz traurig und gesenkten Hauptes zum Abbas Gerasimus zurück. Dieser glaubte, der Löwe habe den Esel gefressen, und sagte zu ihm: „Wo ist der Esel?" Der andere, ganz wie ein Mensch, blieb still und neigte nur den Kopf. Der Mönch sagte zu ihm: „Hast du ihn gefressen? Beim hochgelobten Gott, von jetzt an sollst du tun, was der Esel tat." Und seit der Zeit, da Gerasimus es ihm geheißen, trug der Löwe das Traggestell mit den vier Wasserbehältern.

Fünf Jahre lang geht der Löwe täglich zum Fluss, um Wasser zu schöpfen, und so nennt man ihn schließlich Jordan. Nach fünf Jahren aber starb der Abbas Gerasimus und „ging fort zum Herrn. An diesem Tag war der Löwe auf eine Anordnung Gottes hin nicht in der Laura. Einige Zeit danach kam er zurück und suchte den Mönch. Da der Schüler des Mönchs ihn sah, sagte er zu ihm: „Jordan, unser Mönch hat uns als Waisen zurückgelassen. Er ist zum Herrn gegangen. Aber komm und friss." Aber der Löwe wollte nicht fressen. Er hörte nicht auf, die Augen nach allen Seiten zu rollen, um Gerasimus zu suchen, wobei er tiefe Seufzer ausstieß. Als das die anderen Väter sahen, strichen sie ihm über den Rücken und sagten zu ihm: „Gerasimus ist zum Herrn gegangen, er hat uns verlassen." Aber Jordan verdoppelte sein Gebrüll und sein Wehklagen und brachte durch seine Stimme, seine Miene, seine Augen den Kummer zum Ausdruck, den er darüber empfand. Schließlich führte ihn der Schüler des Gerasimus zu dem Ort, wo man den Mönch begraben hatte. Er lag eine halbe Meile von der Kirche entfernt. Der Schüler kniete auf dem Grabe nieder und sagte zum Löwen: „Da ist unser Mönch." Da schlug Jordan heftig den Kopf gegen die Erde, und alsbald starb er unter einem großen Heulen auf dem Grabe des Mönches.

Unter den Löwen der Wüste scheinen die vom Jordan die freundlichsten und höflichsten zu sein. So legte sich einer auf einem schmalen Pfad längs des Flusses freiwillig ins Dornengestrüpp, um einem Anachoreten Platz zu machen. Ein anderer, der zum Flusse ging, um zu trinken, trifft dabei auf einen quer über seinem gewohnten Weg liegenden Mönch. Offenbar handelt es sich um einen Mönch, dem zur Sühnung einer Sünde nichts Besseres eingefallen war, als sich von einem Löwen zerreißen zu lassen. Der Löwe richtete sich auf seinen Hinterpfoten auf und schritt wie ein Mensch über ihn hinweg, ohne ihn auch auch nur zu berühren. Vielleicht ist das aber weniger eine Frage des Ortes als der Zeit? Denn je bekannter die Geschichten von folgsamen Löwen – deren älteste bis ins 4. Jahrhundert zurückreichen – in den Lauren, Einsiedeleien und Klöstern werden, desto reicher werden sie an pittoresken Einzelheiten, die schließlich den Löwen fast zu einer menschlichen Person machen. Die byzantinischen Maler stellen ihn schließlich als Tier mit menschlichem Gesicht dar, das seine natürliche Wildheit vergessen hat, um unter Asketen zu leben und auf seine Weise aus dem Worte Gottes Nutzen zu ziehen, mit intelligenten und sanften Augen.

Neben Geschichten, die auf biblische Einflüsse zurückgehen, hat das Bestiarium der Wüste noch andere wunderbare Geschichten heidnischer, häufig auch ägyptischer Inspiration aufzuweisen: Wunder, in denen meistens Krokodile und Drachen vorkommen.

Das Krokodil ist ein typisch ägyptisches Tier. Das Thema vom folgsamen Krokodil wurde denn auch aus den magischen Erzählungen des alten Ägyptens übernommen. Solche Erzählungen finden sich bei Lukian von Samosata im *Philopseudes*, der die Abenteuer eines jungen Mannes beschreibt, der von seinem Vater zwecks Unterrichtung in den Wissenschaften nach Ägypten geschickt wird, wo er auf einem Schiff nilaufwärts einen ägyptischen Weisen namens Pankrates trifft. Dieser erfahrene Mann nun verrichtet jedes Mal, wenn das Boot in einem Hafen anlegte, viel Wunderbares: Er schwimmt inmitten der wildesten Tiere, die ihn verschonen und ihm zuliebe mit dem Schwanze wedeln, reitet auf Krokodilen, kurz, dieser Mann entpuppt sich als Liebling der Götter.

Ein „Wunder", das sich fast genauso in der christlichen Wüstenliteratur wieder findet, und zwar in einer amüsanten Episode aus dem Leben des heiligen Helenos:

„Als der heilige Helenos eines Sonntags in ein Kloster kam, merkte er, dass man dort die Feier des Tages nicht beging. Man antwortete ihm: ‚Das kommt daher, dass der Priester auf der anderen Seite des Flusses lebt; er hat nicht herüberzukommen gewagt wegen eines Krokodiles, das ihm Angst macht.' Der Heilige ging zum Fluss hinab, rief den Namen Gottes an, und alsbald kam das Krokodil zu ihm. Es bot dem Heiligen seine Dienste an und trug ihn auf seinem Rücken zum anderen Ufer des Flusses hinüber. Der Heilige suchte den Priester auf und beschwor ihn, zu den Einsiedlern zu kommen. Er rief laut, das Krokodil erschien und bot demütig seinen Rücken an, um sie zu tragen. Der heilige Helenos stieg hinauf und forderte den Priester auf, ein Gleiches zu tun. Dieser aber hatte solche Angst, dass er hintenüberfiel und floh. So überquerte der heilige Helenos den Fluss auf seinem Krokodil wieder allein."

Ebenfalls ägyptisch das Thema von der folgsamen Schlange und dem braven Drachen. Ein nicht sehr häufig auftauchendes Thema, da der Drache schon bald zu einem dämonischen Tier wurde, das man lieber zerschmetterte als zähmte. Dennoch berichtet Rufinus in seiner *Geschichte der Mönche* den Fall des heiligen Ammon, dem die Diebe immer, wenn er aus seiner Zelle fort war, das Brot stahlen, das seine ganze Nahrung war. Eines Tages nun „ging er in die Wüste, und nachdem er zwei Drachen befohlen hatte, ihm zu folgen, trug diesen auf, den Eingang zu seiner Zelle zu bewachen". Als die Diebe kamen, wurden sie von einer solchen Angst erfasst, dass sie bewusstlos zu Boden fielen. Die Diebe bekehren sich und machen in der Tugend solche Fortschritte, dass sie bald dieselben Wunder vollbringen wie der heilige Ammon!

Den Drachen befehlen oder sie niederschmettern ist eines der beliebtesten und leichtesten Wunder der Wüste. Wer immer einige Zeit gefastet und gebetet hat, erwirbt anscheinend schnell die Macht, diese schrecklichen Tiere in Asche zu verwandeln. Sicher bedeutet diese Leichtigkeit, dass der Drache eine der gröbsten Inkarnationen des Teufels ist, die somit auch am leichtesten entlarvt und bekämpft werden kann. Dennoch erscheint der Drache in den Schriften häufig als durchaus echtes Tier, das Feuer und Gift speit, als ungeheuerlicher Dinosaurier, vor dem alle Asketen erschrecken. Was also tun, wenn man unglücklicherweise mitten in der Wüste einem Drachen begegnet? Nur keine Angst zeigen; warten, bis er ganz nahe herangekommen ist; dann das Zeichen des Kreuzes schlagen und das Tier anhauchen. Das jedenfalls machte der heilige Marcian in der Syrischen Wüste und „die Luft, die aus dem Munde des Heiligen kam, war wie eine Flamme, die den Drachen in Brand setzte, sodass er in Stücke zerfiel wie vom Feuer ausgeglühtes Schilf".

Der spektakuläre Charakter dieser Wunder birgt für den Asketen jedoch offensichtlich eine Gefahr in sich: Er kam in ihm ein Gefühl der Eitelkeit wachrufen. Deshalb verschwinden manche Anachoreten, wie jener in den *Apophthegmata der Väter* erwähnte Abbas Nisteron, auch eilends, sobald sie einen Drachen gewahren, nicht „aus Angst vor dem Tiere, sondern im Gegenteil, um den Dämon der Eitelkeit und die Versuchung zu fliehen, es zu zerschmettern". Andere dagegen sind nicht von solchen Skrupeln geplagt. Nicht nur, dass sie ganze Tage hindurch Drachen zerschmettern – sie tun es mit Vorliebe unter den Augen Fremder. So wurde Rufinus, als er mit anderen Pilgern durch die Wüste Ägyptens reiste, gegen seinen Willen und zu seinem Entsetzen Zeuge eines solchen Erlebnisses. Als der Mönch, der sie führte, im Sand Spuren eines riesigen Drachens entdeckte, beschloss er, „ganz erfüllt von Ungeduld und Freude bei dem Gedanken an diese Begegnung und um uns die Macht des Glaubens zu beweisen", den Spuren zu folgen, um das Tier ausfindig zu machen. Rufinus und seine Gefährten versichern ihm vergeblich, dass sie ihm aufs Wort glauben, der Mönch will nicht ablassen, und „nachdem er sich am Eingang der Höhle des Tieres aufgestellt hatte, wartete er, bis wir gekommen waren, um das Tier nur ja unter unseren Augen zu töten, und weigerte sich, wegzugehen, ehe er dieses Vorhaben ausgeführt hatte".

Zeitgenosse Christi sein

Verraten die Wunder von den folgsamen Löwen und den zerschmetterten Drachen den Einfluss der biblischen Symbole oder der Wundertaten Ägyptens auf die koptische Seele, so gibt es daneben noch andere Wunder, deren Ursprung rein christlicher Natur ist. Der Anachoret bemüht sich im Laufe seines Lebens in der Wüste, nicht nur die verlorene Unschuld wieder zu finden, er lebt auch in der ständigen Gegenwart Christi. Geburt, Leben, Kreuzigung, Auferstehung, Himmelfahrt Christi sind für ihn immer gegenwärtige Begebenheiten, die in jeder Liturgie und in jedem Fest neu erstehen. So stoßen wir in der Wüstenliteratur naturgemäß auf eine Anzahl von Wundern, die jene wiederholen, die Christus im Laufe seines irdischen Lebens vollbracht hat: Heilungen von Gelähmten, Blinden und Besessenen, Vermehrung der Brote, in Wein verwandeltes Wasser, Auferweckung von Toten – all diese Wunder haben ihren Platz in der Wüste. Aber hier gewinnen sie eine besondere Bedeutung, denn sie sollen weniger das Volk erstaunen oder die Heiden bekehren, als vielmehr die immer gegenwärtige Macht Gottes beweisen. Jedes Wunder, das in der Wüste vollbracht wird, macht das ursprüngliche Wunder Christi wieder gegenwärtig und bewirkt dadurch eine Art Rückkehr in die Zeit Christi. Diesen Charakter der Wunder kann man gar nicht überbetonen, diese zeitlose Funktion, die die weltliche Zeit abschafft und es dem Asketen ermöglicht, in einer Welt zu leben, wo er unaufhörlich Zeitgenosse Christi ist. Da Christus Versuchungen kannte und Wunder vollbrachte, kann keiner in der Wüste ein Heiliger werden, der nicht ebenfalls Versuchungen kennt und ähnliche Wunder vollbringt. Das Leben in der Wüste ist eine symbolische Wiederholung des Lebens Christi bis zur, ja gerade in der Kreuzigung, wie das Thema des gekreuzigten Mönchs beweist, das in der asketischen und mystischen Literatur der Wüste so häufig wiederkehrt. Denn die Solidarität in den Wundern impliziert eine ebensolche Solidarität in den Leiden.

So viel zum Grundsätzlichen. Im Einzelnen jedoch unterscheiden sich die von den Heiligen vollbrachten Wunder manchmal ziemlich von ihren biblischen Vorbildern. Das kommt daher, dass sich in der Zwischenzeit ein kultureller Wandel vollzogen hat, dass die Kopten des 4. Jahrhunderts nicht die Juden der Zeitenwende sind. In diesem Sinne ist jedes Wunder ein „historischer" Tatbestand, denn mag das Wundergeschehen ruhig dasselbe bleiben, Sinn und Tragweite desselben verschieben sich. Ein Beispiel: die Auferweckung Toter. In den Evangelien sind die Auferweckung des Töchterleins des Jairus und die des Lazarus „reine" Wunder in dem Sinne, als sie von vornherein als solche dargestellt werden, dem jüdischen Volk zum Beweis der großen Herrlichkeit Gottes. In der Wüstenliteratur dagegen werden die Totenauferweckungen niemals um ihrer selbst willen vollzogen, sondern immer sekundärer und praktischer Gründe wegen: um einen Leichnam zum Sprechen zu bringen, damit er einen Verbrecher anzeigt oder einen wertvollen Hinweis gibt, der einen Lebenden retten könnte. Die Auferweckung selbst wird zu einem Epiphänomen, einer Art Notbehelf, dessen der Heilige sich bedient, um ein gewünschtes Ziel zu erreichen. Sodass er den „Auferweckten", hat er den Hinweis einmal erhalten, häufig wieder in den Tod hinübergleiten lässt und sich nicht weiter um ihn kümmert!

So lässt Makarios der Ältere einen Leichnam vom Tode erstehen, um einen Häretiker zu beschämen, der die Auferstehung der Toten bestreitet. Ein andermal rettet er einem, der zu Unrecht wegen Mordes angeklagt ist, das Leben, indem er den Ermordeten fragt, der ihm aus der Tiefe des Grabes antwortet und den Beschuldigten für unschuldig erklärt. Aber als die Menge, zugleich verblüfft und wütend, Makarios anfleht, den Toten zu fragen, wer denn der wahre Schuldige sei, antwortet der Heilige: ‚Davor hüte ich mich wohl. Mir genügt es, einen Unschuldigen befreit zu haben; um den Schuldigen ans Licht zu bringen, mische ich mich nicht hinein'! Die eigentliche Auferweckung wird zum sekundären Phänomen: Die Idee, Nutzen daraus zu ziehen und den Auferweckten am Leben zu lassen, kommt Makarios überhaupt nicht! Die Geschichte dient vorrangig dazu, die hervorragende Stellung des Anachoreten zu betonen. Im *Leben des heiligen Mucius* erweckt dieser einen Toten, nur um ihn zu fragen, ob ihm sein Totenhemd auch gefalle. Im *Leben des heiligen Sisoes* erweckt dieser ein Kind sogar „aus Versehen", denn er hatte es nur für krank gehalten.

Ein anderes beliebtes Motiv ist die Erhaltung des Leibes des Heiligen. Darin zeigt sich vielleicht das eindrücklichste Bild für die Überwindung der Welt und ihrer Vergänglichkeit durch die Asketen. Ein Beispiel haben wir schon im Leben des Onuphrios gesehen: den Leichnam des Anachoreten, der zu Staub zerfällt. Aber zur Zeit des Johannes Moschos gehört dieser Legendenkreis bereits zur Tradition; er ist mittlerweile beträchtlich ausgebaut worden. „Einmal", so erzählt ein Mönch dem Johannes Moschos, „als ich in eine Grotte eintrete, finde ich einen Anachoreten auf den Knien, die Hände zum Himmel erhoben, das Haar bis zur Erde reichend. Ich werfe mich vor ihm nieder und sage zu ihm: ‚Bete für mich, Vater.' Er antwortet nicht. Darauf trete ich näher, um ihn zu umarmen, aber als ich ihn mit der Hand berührte, merkte ich, dass er tot war, und ging fort.

Ein bisschen weiter sah ich eine andere Grotte. Ich trete ein. Ich sehe einen Mönch. Der sagt zu mir: ‚Bist du in der anderen Grotte gewesen?' – ‚Ja.' – ‚Nun ja, der Mönch ist seit fünfzehn Jahren tot.' Aber er hatte sich erhalten, als wäre er vor einer Stunde entschlafen. Ich ging weiter und pries Gott."

Innenraum der El-Adra-Kirche im Kloster Deir es-Suryan im Wadi Natrun.

Kinematische Wunder

Was der Asket verliert, indem er in die Wüste zieht, nämlich den Kontakt mit den Menschen seiner Zeit und seiner Gesellschaft, gewinnt er wiederum durch eine universale Brüderschaft über Tod und Zeit hinweg, die ihn mit allen Menschen der Vergangenheit bis hin zu Adam verbindet. Der Anachoret ist in der Wüste niemals allein: Da sind zunächst die Engel und die Dämonen, dann die Toten, mit denen er häufig spricht: Märtyrer und Heilige aus den ersten Jahrhunderten, aber auch Tote aus einer weiter zurückliegenden Vergangenheit: Griechen, Römer, Ägypter, die im Dunkel der Gräber flüstern – all diese Wesen, die ihn umgeben, bilden als tausende von unsichtbaren Gefährten die wirkliche Gesellschaft des Asketen, bis hin zu den Menschen der Zukunft, die erst noch geboren werden.

Es gibt in der Wüste aber auch Wunder, die nichts mit der Abschaffung der Zeit oder einer Rückkehr in die Zeit Christi zu tun haben. Diese appellieren an bestimmte Kräfte des Asketen und betreffen die Beziehungen des Heiligen zur physischen Welt, die ihn umgibt: sich in einem Augenblick von einem Ort zum anderen versetzen, sich in die Luft zu erheben, durch undurchsichtige Körper hindurchzuschauen, einen Menschen oder einen Gegenstand in der Ferne festbannen. Diese Wunder wollen wir der Einfachheit halber unter dem Begriff der kinematischen Wunder zusammenfassen.

Die erste Gattung der kinematischen Wunder – die Erhebungen und die Fernbewegung – kommt in der Wüstenliteratur nur sehr selten vor. Es werden lediglich drei Fälle von Erhebungen erwähnt (ein Phänomen, das darin besteht, sich einige Zentimeter oder auch mehrere Meter in die Luft zu erheben), und zwar im Leben des heiligen Ammon, in dem der Maria von Ägypten und in dem des Schenute. Als der heilige Ammon einmal den Nil, der über seine Ufer getreten war, durchqueren wollte, „bat er Theodor, seinen Schüler, sich zu entfernen, damit er ihn beim Durchschreiten des Flusses nicht nackt sähe. Theodor entfernte sich und da Ammon sich bei dem Gedanken, seine eigene Nacktheit zu sehen, ganz beschämt fühlte, wurde er plötzlich auf die andere Seite des Flusses versetzt."

Zeuge der Erhebung Marias von Ägypten war der Mönch Zosimus. Er erzählt, dass die Heilige gegen Ende ihrer ersten Begegnung schwebend in der Luft betet. Das Geschehen weckt bei Zosimus Furcht, ja geradezu Panik.

Die Erhebung Schenutes fällt in die letzten Jahre seines Lebens, als seine zahlreichen „Expeditionen" gegen die heidnischen Tempel ihm eine Vorladung vor das Gericht von Antinoë eingetragen hatten. Nachdem ihm der Richter den Anklageakt verlesen hatte, wurde Schenute, in dem Augenblick, als er zu seiner Verteidigung ansetzte, „nach dem Zeugnis aus seinem eigenen Munde, der keine Lüge kennt, alsbald ergriffen und über das Gericht erhoben, in eine Höhe, von der aus man einen Menschen, der spricht, auf der Erde noch verstehen kann". Und während die Menge zu seinen Füßen schreit und zu ihm hinaufruft, „schwebte unser heiliger Vater in der Luft; nach einiger Zeit wurde er langsam wieder herabgesenkt, bis er den Boden erreicht hatte. Alsogleich ergriff ihn die Menge und führte ihn zur Kirche."

Ein der Erhebung – die wegen ihrer Seltenheit, der offensichtlichen Verlegenheit und Verschwiegenheit, mit der die Schriften von ihr handeln (was recht seltsam ist, wenn man bedenkt, mit welcher Gier die Autoren dieser Zeit sonst das kleinste Wunder „aufspießten"), vielleicht zu den einzig wirklich beunruhigenden Phänomenen der Wüste gehört – recht nahe stehendes Phänomen ist die Telekinese oder Fernbewegung. Unter Telekinese versteht man sowohl die Fernbewegung eines Objekts wie auch die des Subjekts selbst. In den Heiligenleben ist öfters von Asketen die Rede, die sich in einer einzigen Nacht von Ägypten nach Rom oder von Ägypten nach Byzanz versetzen; so zum Beispiel Johannes von Ägypten, der Rekluse der Grotte von Lykopolis, der sich auf diese Weise zum Kaiser Theodosios begibt, und zwar in dem Augenblick, da der Kaiser einen Eunuchen zu ihm zu entsenden gedenkt, um seinen Rat einzuholen! Noch seltsamer jedoch sind die umgekehrten kinematischen Wunder, die einen Menschen oder einen Gegenstand festbannen. Die *Geschichte der Mönche* des Rufinus erwähnt zwei solcher Fälle, den des heiligen Theon, der „aus der Ferne die Diebe band, die gekommen waren, ihn auszuplündern, und die eine ganze Nacht und einen ganzen Tag an seiner Türe festgebunden blieben, ohne sich rühren zu können", und den viel berühmteren des heiligen Apollonius, der eine ganze Schar von Heiden bei der Kultbegehung erstarren ließ. Abgesehen von der Verbindung mit dem Sonnenmythos, handelt es sich hier eindeutig um ein aretalogisches Wunder, das (im wahren Sinne des Wortes) verblüffen und zur Heidenbekehrung dienen soll.

Theodoret führt in seiner *Religionsgeschichte* ebenfalls zwei Fälle von Fernlähmung an: den des heiligen Azepsimus, eines Reklusen, der über und über mit Ketten bedeckt in einem Baumstamm lebte und von einem Hirten mit einem Wolf verwechselt wurde. Der Hirte wollte einen Stein nach ihm werfen, aber er konnte die ganze Nacht seinen Arm nicht bewegen. Der zweite Fall kommt im *Leben des heiligen Maysimus* vor, der den Wagen eines reichen Heiden aus Antiochia anhielt, als er seine Bauern misshandeln wollte.

Auch Johannes Moschos erwähnt mehrere Fälle von Fernlähmung. So lähmte zum Beispiel der heilige Adolas, ein Rekluse, der in Mesopotamien in einer hohlen Platane lebte, einen Barbaren, der sich anschickte, ihn zu schlagen. Oder, wie ein Sarazene nüchtern und schlicht erzählt: „Ich war auf den Berg des Abbas Antonios gegangen, um zu jagen. Unterwegs gewahrte ich einen Mönch, der auf dem Berg saß und las. Ich nähere mich ihm, um ihn auzurauben, vielleicht auch zu töten. Ich bin schon nahe bei ihm angekommen. Da streckt er die rechte Hand gegen mich aus und sagt: ‚Bleib stehen.‘ Zwei Tage und zwei Nächte blieb ich in dieser Haltung, ohne mich rühren zu können. Nach Ablauf dieser Zeit sage ich zu ihm: ‚Im Namen deines Gottes, lass mich frei.‘ Er antwortete mir: ‚Zieh in Frieden.‘ Und ich ging."

Daneben stößt man in der Wüste schließlich noch auf eine ganze Reihe weniger spektakulärer Wunder, die man heute als parapsychologische Phänomene bezeichnen würde: Telepathie, Warnträume, unfehlbar eintretende Prophezeiungen usw. All diese Phänomene sind in der Wüste offensichtlich etwas ganz Alltägliches, so alltäglich, dass sie kaum noch als Wunder aufgefasst und sehr häufig nur beiläufig oder zufällig erwähnt werden.

Die dem Heiligen von Gott aus Gunst verliehenen Kräfte sind eine Vorwegnahme des im Evangelium angekündigten „neuen Menschen". In diesen Wundern ist der Leib des Heiligen verklärt, ein Leib, der nicht mehr den irdischen Gesetzen, der Dauer, der Schwerkraft, unterworfen ist. Wenn sich die Heiligen mit solcher Leichtigkeit von Ägypten bis nach Rom versetzen und sich in die Lüfte erheben, so nehmen sie bereits an der Existenz der Engel teil. Und gerade eine solche Wandlung ihres Fleisches, gerade den „vergöttlichten" Menschen, das heißt einen biologisch neuen Menschen, streben die hellsichtigsten und vollkommensten Wüstenanachoreten an. Die Askese, das Fasten, die Kasteiungen führen auf einer ersten Stufe zur Veränderung des Fleisches, sie machen es unempfindlich gegenüber der Kälte, der Hitze, dem Schmerz, aber auch geeigneter, der Versuchung in all ihren Formen, den Verführungen der dämonischen Welt zu widerstehen. „Ganz wie der an der Sonne ausgetrocknete und hart gewordene Schlamm nicht mehr von den Schweinen beschmutzt werden kann", schreibt Johannes Klimakus, einer der bedeutendsten asketischen Autoren, in seiner *Himmelsleiter*, „so kann unser durch Kasteiungen ausgetrocknetes und hart gewordenes Fleisch nicht mehr den Gewaltsamkeiten der Dämonen ausgesetzt sein." Und das Echo dazu in den *Geistlichen Homilien* des Pseudo-Makarios: „Wenn der Apostel sagt: ‚Leget nun von euch ab den alten Menschen', so meint er damit den ganzen Menschen, er meint: andere Augen haben als die eignen, einen anderen Kopf als den eignen, Ohren, Hände und Füße, die nicht mehr die eignen sind." Hier handelt es sich im Grunde nicht mehr um eigentliche Wunder, da diese allmähliche Transformation des Fleisches und des Leibes auf die Askese des Menschen zurückgeht, auf ständiges Fasten und Sich-Kasteien. Aber das neue physische Sein, das er auf diese Weise erwirbt, dieser vergöttlichte Leib, der teilweise schon den Gesetzen der Welt entzogen ist, kommt der Seinsweise im Wunder sehr nahe.

Warum Askese?, so haben wir uns ganz zu Beginn dieses Buches gefragt. Hier nun können wir eine neue Antwort geben: nicht nur, weil die Askese eine Ablehnung der materiellen Welt ist, eine Ablehnung der Seinsweise des „alten Menschen", sondern auch, weil sie zu einem neuen Menschen führt, der fähig ist, den Raum zu überwinden, sich über das Leiden hinwegzusetzen, Jahrhunderte zu überbrücken. Die Askese befähigt den Menschen zu einem neuen Sein nach dem Vorbild der Engel.

10. Das große Schweigen

Man kann einen Menschen nicht für einen Heiligen halten,
solange er den Ton seines Leibes nicht ganz rein gemacht hat.
Pseudo-Makarios

Eines Tages kam ein Schüler zu Makarios dem Älteren. „Makarios, was muss ich tun, um meine Seele zu retten?" Makarios antwortete: „Geh und beleidige die Toten." Der Schüler ging auf den Friedhof, er beleidigte die Toten, kam zu Makarios zurück. „Was haben die Toten gesagt?", fragte Makarios. „Sie haben nichts gesagt", antwortete der Schüler. Makarios sagte zu ihm: „Kehr auf den Friedhof zurück und segne die Toten." Der Schüler ging auf den Friedhof zurück, er segnete die Toten und kam zu Makarios zurück. „Was haben die Toten gesagt?", fragte Makarios. „Sie haben nichts gesagt", antwortete der Schüler. „Sei wie die Toten", sagte Makarios. „Richte niemanden und lerne schweigen."

Darauf – oder doch fast darauf – läuft das hinaus, was man die Lehre der Wüste nennen könnte. Die großen Anachoreten schrieben nicht und sprachen wenig. Sie haben uns praktisch nichts hinterlassen. Dieses Schweigen liegt aber nicht nur an den Zufällen der Geschichte. Denn die Weigerung zu lehren weist schon darauf hin, dass fast alles, was uns unter dem Namen des Antonios oder des Makarios überliefert wurde, apokryph ist. Dem Heiligen in der Wüste kommt es zu, das, was er entdeckt hat, zu verschweigen. Und dieses Schweigen, in das er sich freiwillig hüllt, ist die einzig authentische Lehre des Anachoreten.

Das bedeutet, dass es nicht einfach ist, die Bilanz dieses Versuches zu ziehen. Was haben die großen Anachoreten auf dem Grunde ihres Wesens gefühlt, erfahren, gewusst? Wie weit sind sie auf ihrer Suche nach dem neuen Menschen gekommen? Was bleibt von all den vielen Kräften, die ihnen in den Wundern zugeschrieben werden, an Wahrscheinlichem oder Möglichem? Eines jedenfalls steht fest: Im 4. Jahrhundert ist in den Wüsten Ägyptens eine neue Weise zu leben und zu denken entstanden, die tausende von Menschen in die Wüste lockte, von der heute jedoch nichts mehr geblieben ist.

Denn das, worum es uns hier geht, können uns weder Ausgrabungen noch irgendwelche Überreste sagen. Der Versuch der Wüstenväter spielt offensichtlich auf zwei Ebenen: auf einer sozialen, deren Realität und Bedeutung Geschichte und Archäologie bezeugen, und auf einer individuellen, die man nur aus Schriften oder Sentenzen kennen lernen kann, deren Echtheit außer Zweifel steht.

Wir haben gesehen, dass dieser Versuch nicht nur ein spirituelles Ziel verfolgte, sondern von manchen Asketen zu einem biologischen Versuch ausgeweitet wurde, der durch Fasten den vom Evangelium verkündigten leiblich und geistig neuen Menschen bilden sollte, den Menschen, der der alten Welt gestorben ist. Diesen „Tod" finden wir in allen Sentenzen bekräftigt. Antonios, Makarios, Pachomios, Poimen, Ammon und viele andere mehr waren der Welt und der Gesellschaft wirklich „gestorben". Aber waren sie anderswo wieder geboren? Und wie ist das Land ihrer Wiedergeburt beschaffen, wie erreichbar? Die einzige überzeugende Möglichkeit, diese Frage zu beantworten, erfordert eine erneute Befragung der Schriften, aber nicht der Schriften über die Wüstenväter, die wir bis jetzt angeführt haben, sondern der Schriften der Heiligen selbst. Nun gibt es aber kaum solche Texte. Vom heiligen Antonios, der seinen Schülern zahlreiche Briefe auf Koptisch diktiert haben soll, besitzen wir höchstens einen, der authentisch ist, den Brief *Über die wahre Reue*; von Pachomios nur seine Regel (in der lateinischen Übersetzung des heiligen Hieronymus) und einige Briefe, darunter zwei in der „Sprache der Engel", also unentziffert. Von Makarios schließlich, dem großen Erleuchteten und Pneumatophoren, existiert wohl ein umfangreiches Werk, mehr als fünfzig *Geistliche Homilien*, aber unglücklicherweise alle apokryph, von einem syrischen Autor aus dem 5. Jahrhundert, dem so genannten Pseudo-Makarios, zusammengestellt. Das einzig sichere Zeugnis, das wir über die Lehre des Makarios des Älteren besitzen, sind einige wenige Worte oder Apophthegmata.

Aber dieses Schweigen hat noch einen anderen Grund: Die großen Anachoreten, jene, die auf Koptisch die „Alten in der Askese", auf Griechisch die *gerontes* und später auf Russisch die *Starzen* genannt wurden, lehrten weitaus lieber durch das Beispiel als durch das Wort. Aber schließlich konnte zu dieser Zeit auch fast keiner der Mönche und Eremiten in der Wüste lesen; deshalb erfolgte die Unterweisung beinahe ausschließlich mündlich, ja manchmal sogar ausschließlich visuell. Hunderte von Anekdoten bezeugen, dass die wahre Lehre der Wüste nicht durch Reden, sondern eher durch Zeigen und Vormachen übermittelt wurde. So nimmt ein Anachoret namens Zenon einen Schüler auf und lebt zwei Jahre mit ihm in derselben Zelle, ohne ihn auch nur nach seinem Namen zu fragen oder danach, woher er kommt. Um ihn zu lehren, wie man Körbe flicht, verliert er kein Wort, sondern begnügt sich damit, unter seinen Augen zu arbeiten. Wir Heutigen haben die wunderbare Gabe früherer Völker verloren, nur mit den Augen zu lernen, indem wir den anderen zuschauen. Wer in den Wüsten Ägyptens nicht verstand, sich seiner Augen und Ohren zu bedienen, brauchte sich auf weiter nichts einzulassen: Der Weg zu den schwierigeren und höheren Wahrheiten war ihm unwiderruflich verschlossen. Wir haben in diesem Buch schon häufig darauf hingewiesen, dass die Wüstenanachoreten die Symbole konkret und buchstäblich auffassen; dies findet hier eine letzte Bestätigung: Die Schüler können nur auf dem Umweg über die sinnliche Erfahrung auf den Weg zu den schwierigeren Wahrheiten gelangen. So gibt der Abbas Joseph auf die Frage zweier Schüler, ob ihn die häufigen Besuche, die er empfängt, nicht am Beten hindern, keine Antwort. Er geht lediglich in seine Grotte, kommt in Lumpen gekleidet wieder und geht so vor ihnen auf und ab, ohne ein Wort zu verlieren. Dann verschwindet er erneut, kehrt in Kleidern zurück, die für Festtage vorbehalten sind, und geht wiederum ohne etwas zu sagen auf und ab. Die Schüler haben begriffen: Ob arm oder reich gekleidet, der Asket bleibt derselbe. Derselbe, ob er spricht oder schweigt. Das, worauf es ankommt, liegt im Herzen, nicht in der Erscheinung. Und all das wird ohne ein einziges Wort ausgedrückt!

Manche werden diese Art der Unterweisung für reichlich primitiv und das geistige Niveau des Durchschnittsanachoreten für außerordentlich niedrig halten. Das ist zugleich richtig und falsch. Denn diese Sprache der Taten und Beispiele konnte immer in ihrem übertragensten und abstraktesten Sinn gedeutet werden. Alle großen Religionen haben sich dieser Sprache bedient, fast in allen Mythen ist sie zu finden. Ihr ist es zu danken, dass in manchen asketischen Schriften der Wüste, wie in jenen des Evagrios Pontikos und des Johannes Klimakus, die höchsten Erfahrungen und die höchsten Stufen der Mystik in fasslichen, dem Bereich der sichtbaren Welt entnommenen Begriffen zum Ausdruck gebracht werden.

„Der Mönch im Zustande der *Hesychia* strebt danach, das Unkörperliche im Gewand des Fleisches zu fassen. Wie die Katze die Maus belauert,

Ein koptischer Mönch im seelsorglichen Gespräch,
Szene aus dem Wadi Natrun.

so lauert der Geist des Hesychasten der unsichtbaren Maus auf. Verachtet
meinen Vergleich nicht. Ihr zeiget damit nur, dass ihr die Einsamkeit noch
nicht kennt", schreibt Johannes Klimakus, Mönch auf dem Sinai, im 7.
Jahrhundert. Dasselbe gilt für die buchstäbliche Auslegung der Symbole
bei manchen Asketen. Darüber lächeln hieße in der Tat beweisen, dass wir
die Wüste noch nicht kennen.

Die Kunst der Apatheia

Die Einöden Ägyptens haben uns nicht nur den Teufel hinterlassen. Zwar konnten nicht alle Asketen mit der Exaktheit eines Evagrios Pontikos oder eines Johannes Klimakus angeben, warum sie in die Wüste zogen, aber selbst wenn nur einige wenige über die Voraussetzungen und die Folgen ihres Versuches nachgedacht hätten, so würde das doch genügen, um ihr Zeugnis unendlich wertvoll für uns zu machen.

Wundern wir uns nicht über den Terminus Versuch im Zusammenhang mit dem Fasten und der Anachorese. Denn was ist die Lebensweise der Anachoreten Ägyptens und Syriens anderes als ein Versuch – im wissenschaftlichen Sinn des Wortes –, als eine Untersuchung des Verhaltens, der Reaktionen des Leibes und der Seele auf ganz bestimmte materielle Bedingungen? Niemand kann sich heute rühmen, in irgendeiner Art – wissenschaftlich gesprochen – den Versuch eines Simeon Stylites gemacht zu haben, der sich vierzig Tage lang einschloss, ohne zu essen, oder den eines Makarios, der vierzig Tage lang zusammengekrümmt in einem Wüstenloch ausharrte. Und das umso weniger, als zu diesen einzigartigen materiellen Bedingungen – die man allerdings jederzeit rekonstruieren könnte – eine gewisse psychische Spannung hinzukommt, ein phänomenaler Wille und ein phänomenaler Glaube, die man ihrerseits nicht wiederherstellen kann, die letztlich aber doch Sinn und Zweck dieser Aufenthalte in beschränkter Umwelt ausmachen. Da man also in einem Laboratorium nicht gleichzeitig die physischen und psychischen Voraussetzungen für dieses Experiment vereinen kann, wird man die Veränderungen des Stoffwechsels, die sich in einem Organismus vollziehen, der solchen Prüfungen unterworfen wird, nie genau beurteilen können. Denn bei den bewusstesten Wüstenanachoreten – einem Makarios, einem Antonios, einem Pachomios, einem Johannes von Ägypten – geschieht tatsächlich alles, als wären sie von immer gleichen „Versuchsbedingungen" umgeben, die geeignet scheinen, die Seele, und sei es nur für wenige Minuten, von der Knechtschaft des Leibes zu befreien und gleich in eine visionäre Welt einzuführen. Fasten, Askese, Selbstabtötung, regloses Ausharren im Dunkel, Ketten, Wunden, die man schlimmer werden und vereitern lässt – all diese Versuche werden, wie sich leicht nachweisen ließe, nicht auf gut Glück durchgeführt. Bei den meisten von ihnen handelt es sich um empirische Methoden, die durch die Jahrhunderte hindurch immer dieselben bleiben und einer überkommenen asketischen Technik entsprechen.

Nun, sicher hätte es wenig Sinn, heute auf experimenteller Basis den Versuch eines Makarios oder eines Simeon Stylites wiederholen zu wollen, ohne das unerlässliche Klima des Glaubens und ohne das kulturelle Umfeld der damaligen Zeit, denn bei diesen Versuchen wurde der Asket von der allgemeinen Bewunderung und Frömmigkeit getragen; sein Unterfangen wurde weniger an sich als nach den voraufgegangenen Versuchen beurteilt. Claude Lévi-Strauss hat in einem Essay seiner *Anthropologie structurale* treffend aufgezeigt, wie in manchen archaischen Gesellschaften ein Einzelner, der einem aggressiven Druck einer sozialen Gruppe, zum Beispiel einem Zauber, ausgesetzt ist, „sich der Auflösung seiner sozialen Person nicht widersetzen kann". Der Behexte kann, schreibt Lévi-Strauss, „der Wirkung, die das starke Entsetzen, das er selbst empfindet, zusammen mit dem Umstand auf ihn ausübt, dass er plötzlich völlig aus dem vielfältigen Netz der Beziehungen, das durch das Einverständnis einer Gruppe gegeben ist, herausfällt, nicht standhalten", kurz, er stirbt eines, wie man sagen könnte, sozialen Todes. Warum sollte dann das Überleben der großen Asketen trotz der unglaublichen Lebensordnung, der sie sich unterwarfen, nicht von einem analogen, wenn auch umgekehrten Prozess ausgehen, wobei das Einverständnis der Gruppe im Gegenteil die Überlebenskräfte steigerte? Man darf also die Echtheit gewisser asketischer Leistungen nicht anhand des Verhaltens eines Menschen aus dem 20. Jahrhundert beurteilen, der unter gänzlich anderen Bedingungen lebt, was Ernährung, Klima, aber vor allem – und das ist das Ausschlaggebende – was den positiven fördernden Einfluss der sozialen Gruppe angeht, deren Einverständnis zum physischen Überleben des Heiligen beiträgt, wie unter den umgekehrten Verhältnissen zum Untergang und Tod des Ausgestoßenen. Mit anderen Worten: Man kann das Wunder, das heißt die Tatsache des Überlebens trotz solcher Prüfungen, als ein kulturelles Phänomen auffassen, das durch das Spiel von Kräften möglich gemacht wird, die bis jetzt noch kaum erforscht sind, von denen man nur weiß, dass sie von der Gesellschaft und nicht vom Einzelnen ausgehen. Und wer weiß, ob in einer solchen Perspektive das Fehlen von Schmerz, die Unempfindlichkeit des Leibes nicht ebenfalls kulturelle Phänomene sind?

„Der Welt sterben" – das Hauptziel der Askese in der Wüste, heißt also im Leib und im Geist sterben. Der Leib muss tot sein, muss aufhören, normal auf die Bedürfnisse des Fleisches zu reagieren, muss den Durst, den Hunger, die Müdigkeit, den Schlaf beherrschen. „Ich töte meinen Leib, weil er mich tötet", gab der heilige Dorotheus zur Antwort, als ihn Palladius über die Gründe seiner Askese befragte. Aber wenn er seinen Leib tötet, so offensichtlich um sich einen anderen zu schmieden, um „den Ton seines Leibes rein zu machen", kurz um den Zustand zu erreichen, den die asketischen Schriften *Apatheia* nennen.

Ursprünglich bedeutet die *Apatheia* (von griechisch *pathos*): kein Empfindungsvermögen mehr besitzen. Es handelt sich um einen physischen Zustand, der natürlich zu einem entsprechenden Seelenzustand führt. Die Unempfindlichkeit wird zur Leidenschaftslosigkeit. Der Apathische kennt keinen Zorn, keine Furcht, keine Begierden mehr, er hat die ganze Gefühlswelt aus sich verbannt, er lebt nicht mehr nach der Ordnung des Herzens. Denn das Herz, sagt Makarios, „ist ein Grab. Wenn der Fürst des Bösen und seine Engel darin wohnen, wenn die Mächte des Satans sich in eurem Geist und in euren Gedanken ergehen, seid ihr dann nicht Gott gestorben?" Und die Gefühle finden, nach seinem schönen Ausspruch, ihre Nahrung auf „den Weiden des Herzens". Um nun die Gefühle zurückzuweisen und zu verhindern, dass das Herz den ganzen Leib beherrscht und befehligt, muss man also ständig auf sich selbst aufmerken und die Sünde daran hindern, „durch das Herz und die Gedanken einzudringen wie das Wasser durch einen Kanal".

Gerade das strebt der Asket an; ein solch apathischer Mensch will er werden, ein Mensch, der, wie Johannes Klimakus sagt, „die Stille der Lippen dem Aufruhr des Herzens entgegenstellt", dessen Leib somit dem Leiden entzogen ist. Diesen neuen – apathischen – Leib dürfen wir jedoch nicht mit dem verklärten Leib des Asketen verwechseln, der, ohne sich dessen bewusst zu werden, auf dem Wasser geht, sich in die Lüfte erhebt, den Nil überschreitet. Dabei handelt es sich um den wunderbaren Leib, der nach der Überzeugung der Wüstenväter den leiblichen Endzustand nach dem Jüngsten Gericht darstellt. Zuvor kommt, wie Johannes Klimakus in seiner *Himmelsleiter* sagt, der apathische Leib: Jakobus von Nisibis, der im Winter in einer solchen Unbeweglichkeit betet, dass er sich vom Schnee begraben lässt, ohne es zu gewahren; Schenute, der, auf dem Felde betend, die Arme erhoben, erst sein Gebet zu Ende spricht, ehe er die Schlange tötet, die ihn gebissen hat – beide besitzen offensichtlich diesen Leib im Zustand der *Apatheia*.

Ein solcher leiblicher Zustand ist praktisch die Voraussetzung für das Ziel der Askese, die *hesychia*. Wir sind schon zu wiederholten Malen auf dieses Wort gestoßen und müssen es hier nun eingehender definieren. Der Begriff Ruhe, mit dem es gewöhnlich wiedergegeben wird, besagt nichts. Wie die *Apatheia* ist die *Hesychia* ein Phänomen, das in zwei Bereichen gilt: im biologischen und im psychischen Sinne. Sie ist eine vollständige Verfügbarkeit der Seele, die auf die „Stille des Herzens und der Gedanken" zurückgeht, eine Art Seiner-selbst-nicht-bewusst-Sein wie die *Apatheia* ein Des-eigenen-Leibes-nicht-bewusst-Sein war. Im Zustand der *Hesychia* bestürmt den Asketen kein Gefühl, kein Gedanke, kein Wissen mehr, auch keine Form, kein sinnliches Bild. „Wenn du betest", schreibt Evagrios Pontikos, „stell dir in deinem Inneren nicht die Gottheit vor, lass deinen Verstand nicht den Eindruck irgendeiner Form aufnehmen; halte dich im Unstofflichen vor dem Unstofflichen, und du wirst begreifen."

Was wird der Asket begreifen? „Dass er, wenn der Verstand den alten Menschen abgelegt und die Gnade ihn mit dem neuen Menschen bekleidet hat, beim Beten seinen Zustand gleich einem Saphir und der Farbe des Himmels sehen wird. Diesen haben die Alten, denen er sich auf dem Berge offenbarte, den ‚Ort Gottes' genannt."

Man sieht, wie grundlegend sich der Versuch und die Lehre der späteren asketischen Autoren von anderen Wüstenasketen gröberen Korns unterscheiden. Hier haben das Wunderbare, das Übernatürliche, die Engel und die Dämonen keinen Platz mehr. Sie gelten sogar für suspekt. Solchen Mystikern kommt es nur darauf an, Herz und Gedanken zu reinigen und jede Vorstellung daraus zu verbannen, nicht aber darauf, sich diesen Vorstellungen auszuliefern und sich den daraus ergebenden Visionen und widersprüchlichen Ergüssen zu überlassen. Ausdrücklich weisen sie jede Möglichkeit der Inkarnation des Unstofflichen, Unsichtbaren – ob teuflisch oder engelhaft – zurück. „Erscheint einem Athleten der Wüste ein Licht oder eine feurige Gestalt, so hüte er sich, einer solchen Vision stattzugeben. Sie ist offensichtlich nur eine Täuschung, vom Feind gesandt, denn solange wir in diesem vergänglichen Leibe wohnen, sind wir im Exil fern von Gott und können weder Ihn noch irgendeines seiner himmlischen Wunder mit Augen sehen", schreibt Diadochus von Photike, mystischer Autor aus dem 5. Jahrhundert, in seinem Buch *Hundert gnostische Kapitel.* Eine Vision Christi und der Engel ist aus dem asketischen Versuch zu verbannen, denn „sie kann nur zum Wahnsinn und zum Selbstmord führen".

Fazit: Ein wahrer Asket im Zustand der *Hesychia* kann nicht zugleich Gott und der Anschauung Gottes nahe sein! Im Gegenteil, er muss ohne Bedauern, ja freudig darauf verzichten, „dass ihm die Herrlichkeit Gottes sichtbar erscheint". Er muss auf Christus und die Engel verzichten!

Von all jenen, die so auf Christus und die Engel verzichteten, wusste einer besonders klar zu zeigen, bis zu welchem Punkt die *Hesychia* in der „Unbekümmertheit um alles Vernünftige und Unvernünftige" besteht und wie wenig sich der Hesychast „noch um seinen eigenen Leib kümmert". Es handelt sich um den von Theodoret erwähnten heiligen Salaman, einen Reklusen, der sich bei einem syrischen Dorf niedergelassen hatte und in einem solchen Ruf der Heiligkeit stand, dass die Einwohner der umliegenden Dörfer sich schon zu seinen Lebzeiten um seinen Leichnam stritten! Eines Nachts „setzten die Einwohner des Dorfes, in dem er geboren war, über den Fluss und drangen in das Häuschen ein, in dem er lebte, und schafften ihn fort, ohne dass er ein Zeichen der Zustimmung oder der Ablehnung gegeben hätte. Sie führten ihn in ihr Dorf, bauten ihm eine ähnliche Bleibe und schlossen ihn darin ein, während der heilige Mann in Schweigen verharrte, ohne zu irgendeinem zu sprechen.

Einige Tage danach kamen die Einwohner des Dorfes, in dem er vorher gelebt hatte, ihrerseits über den Fluss, brachen in sein Haus ein und führten ihn in ihr Dorf zurück. Und auch ihnen setzte der Heilige nicht den geringsten Widerstand entgegen; er machte weder eine Anstrengung, zu bleiben, wo er war, noch eine Anstrengung, fortzugehen, so sehr schien er wahrhaft der Welt gestorben!"

Der heilige Narr

So mündet die Askese schließlich ins Paradoxe. Denn ein Asket, der völlig der Welt gestorben ist, braucht diese Welt weder zu fürchten noch zu begehren. Er braucht sie nicht mehr zu fliehen. Die Verachtung der Welt oder die Angst vor ihr, die anfangs dem Aufbruch in die Wüste zugrunde lag, reinigt sich schließlich, erschöpft sich in ihrer eigenen Erfüllung. So vollendet sich dieser wunderbare Zyklus – begonnen aus Abscheu vor der Welt, aus Liebe zur Einsamkeit fortgesetzt – letztlich im Erlöschen aller Gefühle. Der Mensch erreicht dann die letzte Stufe der Askese, wo seine innere Entblößung so fortgeschritten ist, dass er sich, wieder nach Diadochus von Photike, „weil er keiner Leidenschaft mehr Untertan ist, ohne Sünde und Gefahr der Schwelgerei, der Ausschweifung hingeben und sich den verbotenen Leidenschaften überlassen kann"!

So kann der Asket nach den Jahren der Einsamkeit in die Städte, in seine Familie, zu seinen Freunden zurückkehren. Er verlässt die Wüste und mischt sich unter die Menge. Hebt er sich von ihr ab? Nein. Man denke an den heiligen Alexis, der nach 17 Jahren in seine eigene Familie zurückkehrt: Keiner erkennt ihn, weder seine Mutter noch seine Frau, er ist er selber und doch ein anderer. Von nun an kann er leben, wo er will. Was bedeutet es schon, dass diese Frau, die zu ihm spricht wie zu einem Fremden, in Wirklichkeit seine eigene Frau ist? Er ist jetzt ein Asket, der über der Askese steht und ohne die *Hesychia* zu zerstören, lachen, singen, sich erinnern kann. So berichtet uns Evagrios der Scholastiker in seiner *Kirchengeschichte* einen ähnlichen Fall aus dem Antiochia des 7. Jahrhunderts: den des Simeon Slos, des Heiligen, der Wahnsinn und Ausschweifung simulierte, um besser dartun zu können, dass er der Welt gestorben war. „Denn", so sagt Evagrios der Scholastiker, „es gibt Asketen, die sich durch eine lange Übung der Tugenden so sehr über die Leidenschaften erhoben haben, dass sie in die Städte zurückkehren, sich unter die Menge der Menschen mischen und so tun, als hätten sie den Verstand verloren, um ihre Verachtung für den leeren Ruhm zu zeigen, jene Tunika, die man nach Platon als Letztes auszieht. Das ist eine Anspielung auf Simeon Slos, der der heilige Narr und der ausschweifende Heilige genannt wurde, weil er sogar so weit ging, vorzugeben, er besuche Kurtisanen.

„Ja, er tat in Gegenwart aller so, als hätte er den Verstand verloren. Verspürte er Hunger, ging er in die Schenken und aß alles, was er dort fand. Eines Tages sah man ihn sogar das Zimmer einer Kurtisane betreten, sich lange Zeit mit ihr einschließen, schließlich, als sich die Türe öffnete, herauslaufen und nach allen Seiten schauen, um den Verdacht noch zu bestärken." Allgemein urteilt Evagrios über diese der Welt gestorbenen Asketen: „Sie besuchen die öffentlichen Bäder und baden unterschiedslos mit allen Arten von Personen. Sie haben die Leidenschaften so sehr besiegt und über die Natur triumphiert, dass kein Blick und keine Berührung in ihnen irgendeine schändliche Regung auslösen kann. Sie sind Männer, wenn sie unter Männern weilen, und scheinen wie Frauen zu sein, wenn sie unter Frauen sind. Die Gnade vereint in ihrer Person die widersprüchlichsten Dinge, ja selbst das Leben und den Tod, die im Übrigen unvereinbar sind. Kurz, es sind Athleten, die keinen Leib besitzen und die kämpfen, ohne Blut zu vergießen."

Mehr als drei Jahrhunderte vor Simeon Slos hat der heilige Antonios sein thebanisches Dorf verlassen, um in der Wüste zu leben, und damit den Weg der Einsamkeit eröffnet. Nun endet dieser Weg und Versuch unvorhergesehen in einer Rückkehr zur Welt. Wer aber hätte gedacht, dass jener Mann, der da in einer Taverne Antiochias lacht, plaudert, mit den Mädchen und Strolchen trinkt, wer hätte gedacht, dass dieser Mann ein echter Heiliger wäre?

 **TYROLIA**

www.tyrolia.at

„Und plötzlich in diesem mühsamen Nirgends …"

Gisbert Greshake
Spiritualität der Wüste

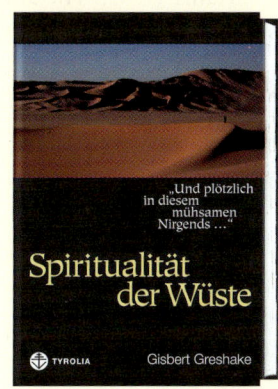

208 Seiten; 24 farb. Abbildungen;
gebunden mit Schutzumschlag
ISBN 3-7022-2470-X

Das Buch bietet eine Gesamtschau der Spiritualität der Wüste, von ihrer Bedeutung in biblischer Zeit über die Bewegung der Wüstenväter und die deutsche Mystik bis hin zu Charles de Foucauld. Im Mittelpunkt des Interesses stehen jedoch die existenziellen Erfahrungen, denen der Mensch in der „Wüste" seines Lebens begegnet. Die Wüste wird so zum Ort der Suche nach Orientierung, nach Richtung und Sinn. Sie führt letztlich zur Begegnung mit dem Göttlichen.

Gisbert Greshake
Die Wüste bestehen
Erlebnis und geistliche Erfahrung

112 Seiten; Broschur
Topos plus Taschenbuch
ISBN 3-7867-8528-7

In diesem spirituellen Tagebuch erzählt der Autor von seinen Erfahrungen und Einsichten während seiner zahlreichen Wüstenfahrten.

TYROLIA VERLAG · Innsbruck - Wien